庭先でつくる
トロピカルフルーツ

小さく育てておいしい34種

米本仁巳
Yonemoto Yoshimi

農文協

まえがき

日本の果実生産量は、かつての三分の一程度まで減少しました。温州ミカンの生産量の減少が大きな要因ですが、その他の果実類の消費量もおしなべて減少しました。それに反して、輸入果実は一八〇万トン程度で推移しています。バナナの一〇〇万トンが約半分を占め、オレンジ一一万トン、グレープフルーツ一六万トン、レモン五万トンを加えると、輸入量の大半を占めています。しかし、近年ではマンゴーやアボカドといった熱帯・亜熱帯性果実の輸入量も増えてきました。マンゴーは、国内でも四〇〇〇トン程度がビニルハウスで生産されるようになりました。また、アボカドも年間六万トン程度が輸入され、わが国の食材の一つとして認知されてきました。このようなことは、三〇年前には予想もできなかったことです。

わが国では、先人たちが苦労して傾斜地に石垣を築いてつくった美しい果樹園が廃園となり、かつてクリやカキなどが植えられて子供たちの遊び場でもあった里山もなくなってしまいました。筆者は里山に果樹を植えて、食料生産と治山治水と住民の憩いの場所として復活させることを夢見てきました。そこで注目したのが世界一栄養価の高いアボカドで、その栽培法をカリフォルニアで学んできました。これが三〇年以上も前のことで、筆者が熱帯果樹にのめり込んでいったきっかけでもあります。

近年の温暖化で、東京でもアボカドが結実するようになりました。「いつごろ収穫したらいいのでしょうか」とか、「国産のアボカドをどこで入手できますか」といった問い合わせが筆者のもとに届くようになりました。熱帯果樹は温室でないと冬季の寒さで枯らしてしまいますが、亜熱帯果樹の場合は、ちょっとした寒さ対策で露地でも越冬が可能です。さらに、温暖化で露地でも栽培できる地域が広がってきていることも事実です。かつて南カリフォルニアの傾斜地でみた、アボカド園の中に白壁に赤瓦のスペイン風の家を建てて、自然の恵みを満喫しながら暮らしている風景を、日本の西南暖地にもつくれないものか。そこまでできなくても、せめて庭先でアボカドやマカダミアなどのトロピカルフルーツの栽培を楽しんでもらえないものか。ハワイや熱帯に住む人たちは、モモなどの温帯果実にあこがれると聞きました。反対に温帯に住むわれわれはトロピカルフルーツにあこがれます。しかし、それらがわが国で栽培できることを知っている人は少なく、正しい栽培知識や栽培品種の入手も困難で、たんなるあこがれで終わってしまっています。

ところが、そうではないのです。筆者は過去三〇年以上にわたりさまざまなトロピカルフルーツを導入して栽培してきた経験から、温帯でこそより品質の高いトロピカルフルーツが栽培できると思っています。また、大木になり、結実までに時間がかかる熱帯果樹も、ポットや不織布による根域制限栽培をすることで、コンパクトな樹に育て、早い場合は定植した翌年から結実させられることも体験してきました。あこがれのトロピカルフルーツの栽培を少しでも多くの人に楽しんでもらいたい、その情報発信の場として〝日本熱帯果樹協会〟(http://www.jtfa.info/)を二〇一一年に仲間とともに立ち上げ、さらに、本書を執筆するに至りました。

本書は、初心者でも気軽にトロピカルフルーツ栽培を楽しめるように、ここさえおさえておけばよいという、トロピカルフルーツの特性とつくり方のポイントをわかりやすく紹介しました。トロピカルフルーツの花を楽しみ、続いて果実の風味を楽しみ、さらに友人たちとの熱帯果樹談義を楽しむ。本書が、わが国にはまだ定着していない、トロピカルフルーツを楽しむ文化を形成する一助となればと願っています。

二〇一三年十月

米本　仁巳

目次 contents

まえがき……1

part 1
トロピカルフルーツをつくり始める前に──基礎知識と栽培の基本……9

トロピカルフルーツの基礎知識……10
トロピカルフルーツの生育サイクル……10
その1　つねに葉がついている
その2　花芽形成に大事な葉の養分蓄積
その3　通常は乾燥ストレスで花芽分化
その4　温帯では低温も花芽分化に有効
その5　だらだら発芽し、開花期間も長い
花芽のつき方・果実の成り方……11
1　花芽分化から一気に発芽、出蕾
2　雌花と雄花、雌株と雄株、雌雄異熟花
3　日長に反応するトロピカルフルーツも
4　花は夜開く
幹・枝・根の伸び方と樹の仕立て方……13
1　果物づくり≠材木づくり
2　枝の水平誘引で着花促進
3　水平誘引や棚栽培で主幹や枝を細くつくる
4　根域制限で、根を浅く
トロピカルフルーツの基本技術……16
育てる場の条件……16
その1　冬季の最低気温のクリアー
その2　次に重要なのは日当たり
その3　風当たりの少なさも大事
その4　かん水用の水がつねにある
植付けから幼木期の管理……17
1　植付けのポイント……17
根鉢を置いて盛り土する
植え穴の大きさ、ポットの容積
増し土に便利な簡易ポット
春芽が伸び、地温が十分高まってから植え付ける
2　植付けの手順……19
苗木は乾燥させない
初めに熔リン、苦土を施用
支柱で固定し、こまめにかん水
活着までは遮光とかん水
3　幼木期の仕立て……20
低樹高整枝の方法を決めておく
無理に枝は下げず、水平に誘引
4　低樹高整枝の方法……23
成木期の管理……23
1　せん定は貯蔵養分と花芽を捨てるだけ……23
2　せん定はハサミよりノコギリを使う……24
3　更新枝を置いて古い枝と逐次換える……24
知っておくと便利な技術……26
1　カクテルツリー＝一樹で多品種を楽しむ……26
2　接ぎ木にも様々な方法……28
3　結果枝がつくれる捻枝……28
4　樹のコンパクト化に必要な技術＝摘心……30
5　環状剥皮─樹勢矯正と苗木つくりに……31
6　取り木でも苗木をつくれる……31
7　挿し木繁殖は難しいが…32
8　移植は極力避ける……32
9　大事な排水とかん水対策……33
10　病気と害虫、生理障害……33

目次 contents

part 2

さぁ、はじめてみようトロピカルフルーツ34種――各果樹の特徴と栽培ポイント……35

アセロラ（バルバドスチェリー）……36
1. 生育の特徴とつくり方
灌木性の果樹
ジベレリンで着果させる
環状剥皮か土壌乾燥で着花促進
ビタミンCのかたまり
2. 果実の成り方と仕立て方
主幹形仕立てがお勧め
二〇ℓ程度のポット栽培が可能

アテモヤ……39
1. 生育の特徴とつくり方
バンレイシとチェリモヤの交配種
「一時的落葉果樹」
花芽分化には少しの低温が必要
花は夜開く――雌しべ先熟性
開花前日に無理やり花弁を広げて受粉させる
受粉は雨の日が一番
2. 果実の成り方と仕立て方
Y字形二本主枝か一文字整枝
新梢の長さで施肥量の適否判断

アボカド……42
1. 生育の特徴とつくり方
根は浅くて酸素を要求する
栽培には南東面傾斜地が一番
寒さに強い品種を選ぶ
開花型の異なる品種を混植
2. 果実の成り方と仕立て方
摘心と整枝で樹をコンパクトに
根域制限と水平誘引で
枝の先端部に房状の花がつく
新梢の発育が生理落果を助長する
梅雨明けの乾燥ストレスに注意
摘果も必要
いつ収穫してもよい
収穫した果実は二五℃程度で追熟

インドナツメ……46
1. 生育の特徴とつくり方
ブドウのツルのように伸びる
トゲがあるのが難点
無霜地帯では露地栽培が可能？
2. 果実の成り方と仕立て方
接ぎ木苗を六〇ℓ鉢で栽培
石垣では年二回、本土では年一回収穫
新梢が伸びながら花芽分化
果実成熟期はやや乾燥させる

カシュー……49
1. 生育の特徴とつくり方
沖縄では露地栽培できる
着花習性はマンゴーと同じ
果実の形態も楽しむ
2. 果実の成り方と仕立て方
接ぎ木苗を購入
施肥は控えめに
花芽が出たらかん水を
ナッツは必ずローストして食べる

カニステル（クダモノタマゴ）……51
1. 生育の特徴とつくり方
七℃以上で栽培する
クリのような果肉でとても甘い
2. 果実の成り方と仕立て方
接ぎ木か取り木苗で
整枝は開心自然形
果実は追熟して食べる

グアバ（バンジロウ）……53
1. 生育の特徴とつくり方

無霜地帯なら露地栽培も可能
サクサクの白肉系とねっとり赤肉系
2．果実の成り方と仕立て方
植付けて数ヵ月で開花
二年生苗を定植、こまめな施肥・かん水管理で早期結実
果実は収穫前に急速肥大し、虫が食べにくる
追熟・貯蔵法と有効成分

ゴレンシ（スターフルーツ）……55
1．生育の特徴とつくり方
強風に弱い枝葉
酸味が少なく、結果しやすい品種を選ぶ
2．果実の成り方と仕立て方
並木（フェンス）仕立てが便利
虫媒花で自家受粉
果皮に橙色が出てから収穫

サポジラ……57
1．生育の特徴とつくり方
果実成熟に長期間が必要
広範囲の土壌に適応
2．果実の成り方と仕立て方
開心自然形に仕立てる
接ぎ木苗なら定植後一年で花芽がつく
結果性を高めるには異品種を混植
収穫したら追熟を

ジャボチカバ……59
1．生育の特徴とつくり方
樹の生育が遅い
アルカリ土壌では生育不良
自家結実性で、結果しやすい
2．果実の成り方と仕立て方
果実は枝や幹に直接つく
三本主枝の直立仕立て
収穫したらすぐに食べる

シロサポテ（ホワイトサポテ）……61
1．生育の特徴とつくり方
平均気温二〇℃以下で花芽分化
大果になるのは花粉のない品種
家屋の側に植えない
2．果実の成り方と仕立て方
カクテルツリー方式でポット栽培
開心自然形に仕立てる
室温で追熟させて食べる

スイショウガキ（スターアップル、ミルクフルーツ）……64
1．生育の特徴とつくり方
開花期の気温が高いほどよい
観賞用としても美しい葉裏と果実
スターアップルとも呼ばれる果実
2．果実の成り方と仕立て方
ポット栽培で結実可能
開心自然形に仕立てる
熟期は果皮色が教えてくれる

ストロベリーグアバ（キミノバンジロウ、テリハバンジロウ）……66
1．生育の特徴とつくり方
イチゴの香りの果実
関東以南で露地栽培できる
根の生長が遅い
2．果実の成り方と仕立て方
ポット栽培でよく着果
側枝の葉腋にたくさん結実
熟期に虫や鳥に食べられやすい
ポリフェノールが赤ワインの一・五倍

チェリモヤ……68
1．生育の特徴とつくり方
意外と低温に耐える
雌しべと雄しべは機能する時間帯が別、人工受粉が必要
土壌は選ばない
2．果実の成り方と仕立て方
開心形かY字整枝
周年開花させることも可能
新梢の長さで施肥量を判断
収穫日から逆算して受粉する

目次 contents

追熟性果実である

ドラゴンフルーツ（ピタヤ）……72
1．生育の特徴とつくり方
登攀性のサボテン
花もゴージャスで香りがよい
白肉系は自家和合性、赤肉系は自家不和合性
人工受粉で確実に着果
栽培は無霜地帯で
2．果実の成り方と仕立て方
二五ℓポットでも栽培は可能
水と肥料は豊富に与える
長日条件で花芽をつける
果実は短期間で成熟
便通がよくなる

パイナップル……75
1．生育の特徴とつくり方
北海道の室内でも育つ
アルカリ性土壌では枯死する
植付けから二年かけて収穫
2．果実の成り方と仕立て方
できる限り大きな苗を購入する
果実生産には施肥とかん水を
パイナップルは単為結果する

パッションフルーツ（クダモノトケイ）……77
1．生育の特徴とつくり方
つる性で、日陰植物としても最高
無霜地帯では露地で越冬する
2．果実の成り方と仕立て方
二五ℓポットでの行灯栽培がお勧め
下垂させた側枝を更新
チッソ肥料、硫安と尿素は禁物
ポット栽培ではかん水をこまめに
微量要素欠乏にも注意
キイロ系は他家受粉、ムラサキ系は自家受粉
花粉は雨水で破裂
長日条件で着花

バナナ（矮性種）……81
1．生育の特徴とつくり方
矮性品種ならポットで結実
果実の成長には一五℃以上必要
2．果実の成り方と仕立て方
株分けで増やす
葉を早く増やし、横に広げることがポイント
水と肥料で大きくする
チッソよりもカリ肥料を多く
最下段に一果実だけ残す摘果
追熟性果実だが樹上完熟も可能

パパイア……84
1．生育の特徴とつくり方
開花期の適温は二三～二五℃
組織培養苗が有利
切り返して数年間栽培可能
2．果実の成り方と仕立て方
ポット栽培で甘い果実に
チッソとカリ肥料を十分に
夏季はたっぷりかん水、冬季は控える
収穫は完全着色で

ハママンゴスチン……86
1．生育の特徴とつくり方
マンゴスチンに似るが小ぶりの果実
2．果実の成り方と仕立て方
ポット栽培する
主幹形の仕立て
収穫は完全着色してから

パラミツ（ジャックフルーツ）……88
1．生育の特徴とつくり方
本州ではハウスが必要
自家結実性なので一樹でも結実
2．果実の成り方と仕立て方
排水に注意しながらポット栽培
低樹高整枝も可能

収穫は匂いで判断

バンレイシ（シャカトウ）……90
1. 生育の特徴とつくり方
寒さと過湿に弱い
葉は小さく、樹もコンパクト
赤色と黄緑色の果皮がある
2. 果実の成り方と仕立て方
整枝せん定はアテモヤと同じ
果実成熟期のかん水で裂果
収穫はアテモヤと同様に

ピタンガ（スリナムチェリー）……92
1. 生育の特徴とつくり方
意外に耐寒性がある
もともとは生垣に活用
2. 果実の成り方と仕立て方
接ぎ木した翌年に着花
着花には受光態勢をよくする
収穫は暗赤色の完熟で
果実のえぐみは果皮に多い

ビリバ……94
1. 生育の特徴とつくり方
気温適応性はバンレイシと同じ
人工受粉で着果
2. 果実の成り方と仕立て方
ポット栽培で定植一年後に結実
果皮が黄色くなったら収穫

ペカン（ピーカン）……96
1. 生育の特徴とつくり方
夏季高温でも優良なナッツが収穫できる
高木性で強風に弱い
2. 果実の成り方と仕立て方
風媒花で自家結実性あり
三本主枝の盃状形仕立て
野生化して、無肥料でも生育
収穫期は秋、落果した種子を防風ネットでキャッチ

マカダミア（マカデミア、クイーンズランドナッツ）……98
1. 生育の特徴とつくり方
湿潤や乾燥にも強い
わが国では高木にならない
ピンクと白色の花がつく
2. 果実の成り方と仕立て方
根は浅く、倒伏しやすい
二回めに発芽した芽を伸ばす
間引き主体のせん定
収穫は硬い殻が茶色になってから
簡単なローストの仕方

マンゴー……100
1. 生育の特徴とつくり方
寒さに弱い
花芽分化には一七℃以下の低温が有効
開花期の注意——乾燥ストレスは禁物
2. 果実の成り方と仕立て方
盃状形整枝に限る
新梢の摘芯と間引きをくり返し、充実した枝葉を多くつける
根域制限も必須
せん定は収穫後に
カクテルツリーで多品種を楽しむ
収穫は落果したとき？

レイシ（ライチ）……103
1. 生育の特徴とつくり方
無霜地帯なら露地栽培も
切り返しせん定でコンパクト樹形に
花芽は新梢の先端部につく
花は咲けども実が少ない
2. 果実の成り方と仕立て方
仕立ては開心自然形
乾燥ストレスで生理落果、こまめなかん水を
好みで収穫時期を決める
十月以後はやや乾燥気味に
施肥は緩効性肥料を
いろいろな品種を楽しもう

目次 contents

リュウガン（ロンガン）……105

1．生育の特徴とつくり方

レイシより少し耐寒性あり

花芽は充実した枝の先端部に

2．果実の成り方と仕立て方

成る枝、成らない枝を半々に

かん水の重要性

レイシよりも豊産性

収穫期は九月以降

レンブ……107

1．生育の特徴とつくり方

冬季は室内で保温

レンブの台木にフトモモを使用

湿潤土壌でもよく生育

虫媒花でよく結実する

観賞用果樹としての価値

2．果実の成り方と仕立て方

ポット栽培でも容易に結果

収穫後にせん定してコンパクトに

水ストレスで容易に花芽分化、分化後はこまめにかん水

収穫期は着色で判断

食味は淡白

＊以下は、純熱帯性果樹で一定の栽培環境が必要ですが、挑戦してみるのも面白い４種です

ドリアン……109

1．生育の特徴とつくり方

純粋な熱帯性果樹

酸性土壌で栽培

フィトフトラ菌に弱い

定植三年後で着花

2．果実の成り方と仕立て方

ポットでの根域制限栽培

主枝は横方向に伸びる

早く主枝を太らせ、花芽をつける

夜中に人工受粉する

収穫は落果を待つ

食べ頃は打音で

種衣を食べる

マンゴスチン……112

1．生育の特徴とつくり方

石垣島では無加温ハウスでも越冬

酸性で排水性のよい肥沃な土壌で栽培

ポット栽培なら定植後三～五年で結実

2．果実の成り方と仕立て方

小枝の先端に花芽がつく

ポットでドリアンと同様に栽培

水ストレスで花芽をつける

収穫期は果皮の色で判断

ランブータン（ランブタン）……114

1．生育の特徴とつくり方

冬季一〇℃以上で越冬可能

酸性土壌を好み、強風の当たるところは避ける

ポット栽培で結実

2．果実の成り方と仕立て方

レイシ、リュウガンと同じ栽培で

熟期は色で判断

チュパチュパ……116

1．生育の特徴とつくり方

ドリアンと同じパンヤ科の果樹

2．果実の成り方と仕立て方

果実は主枝に直接つく

資料……117

あとがき……124

part1

トロピカルフルーツをつくり始める前に

「基礎知識と栽培の基本」

トロピカルフルーツの基礎知識

トロピカルフルーツの生育サイクル

その1 つねに葉がついている

カキやモモなど温帯果樹は落葉果樹ともいわれ、冬季に落葉して樹体内の老廃物を葉とともに地面に落としてリセットする。そして翌春には新たな葉を出して新鮮な葉で果実を生産する。

しかし、トロピカルフルーツは常緑果樹と呼ばれ、つねに葉がついている。マンゴーなどは二年間以上も古い葉をつけたままで、落葉果樹のようなリセットができない。また、葉がつねについているということは、つねに水分を蒸散し、光合成を行なっているので、冬季もかん水を必要とする。さらに、葉に寄生した病害虫も落葉によるリセットができないから、病害虫の観察と防除に常時気を配らなければならない。

しかし冬季に葉があるということは一方で、その色や萎れ加減を観察しながらかん水量などを調節して、翌春の花芽をたくさんつけさせることができるということでもある。

その2 花芽形成に大事な葉の養分蓄積

落葉果樹は、秋に枝、主幹、根などに養分を蓄積して、その貯蔵養分が翌春の発芽や開花のエネルギーとして使われる。これに対しトロピカルフルーツでは、枝や主幹、根に加えて葉に蓄積される養分が、花芽の分化に重要な役割を果たす。

マンゴーでは枝の先端部の葉に十分な養分が蓄えられ、これらの葉に太陽光線が当たることで、枝の先端部の芽の中で花芽が分化する（図1－1）。

その3 通常は乾燥ストレスで花芽分化

温帯果樹には「自発休眠」といって、寒い冬をのりきるために休眠してエネルギーを使わない性質がある。亜熱帯果樹の温州ミカンにも休眠がある。温帯果樹や温州ミカンが休眠から覚めて発芽や開花をするには、一定の低温に一定期間遭遇しないといけない。カキやモモ、温州ミカンなどは、早期出荷をねらってハウス栽培しても、一定の低温に一定期間遭って休眠が覚めていないと、いくら加温して温度を高めても発芽しな

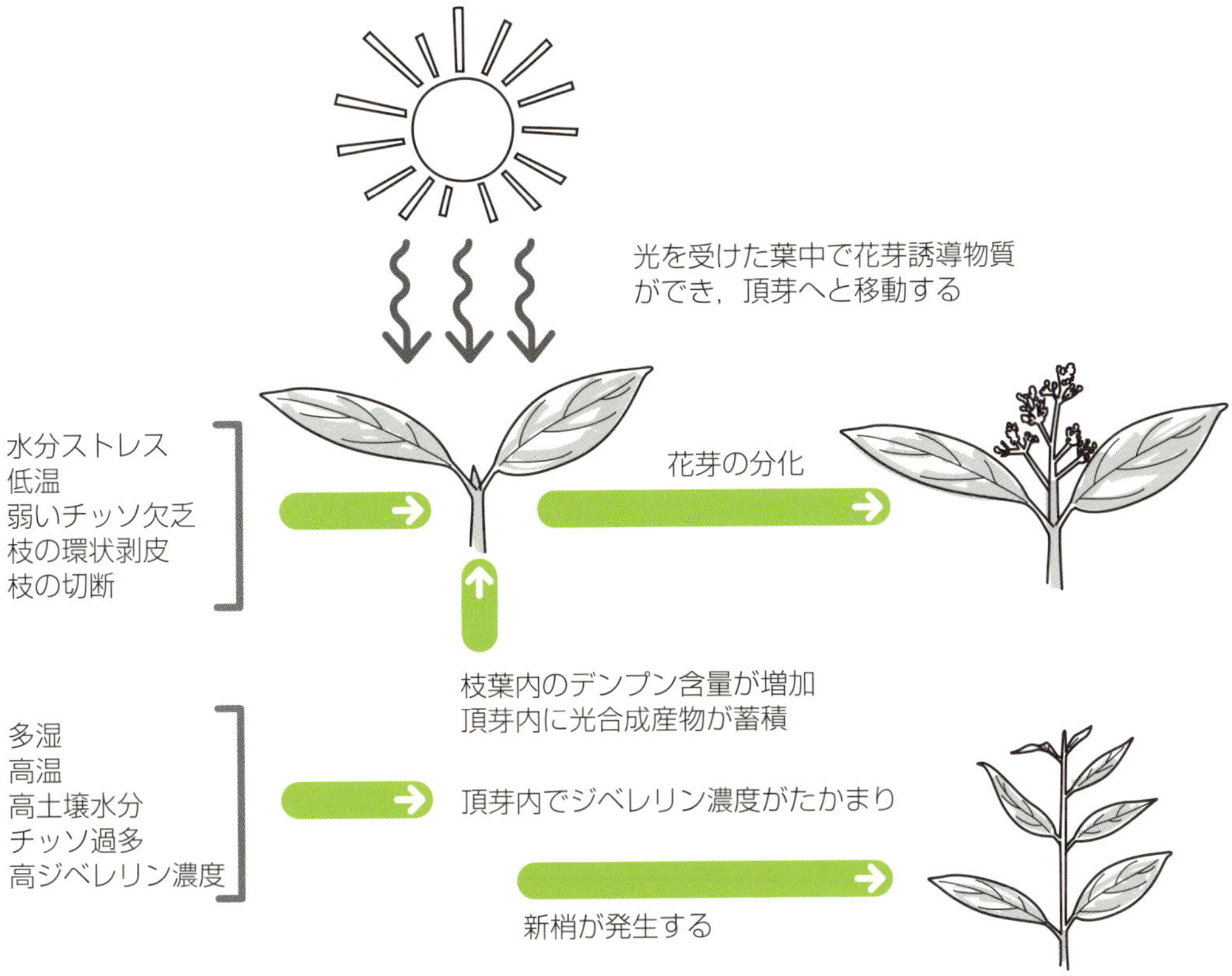
光を受けた葉中で花芽誘導物質
ができ，頂芽へと移動する
水分ストレス
低温
弱いチッソ欠乏
枝の環状剥皮
枝の切断
花芽の分化
枝葉内のデンプン含量が増加
頂芽内に光合成産物が蓄積
多湿
高温
高土壌水分
チッソ過多
高ジベレリン濃度
頂芽内でジベレリン濃度がたかまり
新梢が発生する

図 1-1　マンゴーの花芽分化には枝先端の葉の蓄積養分が大事

い。露地のふつうの栽培でも、最近は温暖化の影響で休眠から覚める（休眠覚醒）ためにたくさんの低温時間を要求するカキやモモなどで、春の芽吹きが揃わない問題が発生している。

しかしトロピカルフルーツは、この休眠という概念が適用されないことが多い。休眠がないというわけではないが、熱帯地域の気候の特徴として、雨季と乾季の変化がある。多くのトロピカルフルーツはこの雨季から乾季に移行する過程（乾燥ストレス）で花芽が形成され、乾季に入ってから開花、結実し、乾季の終わりから雨季の初めにかけて果実が収穫される。だから雨季でも土壌乾燥させる処理や植物生長調節剤を用いて花芽を形成させることができる。

その4 温帯では低温も花芽分化に有効

冬季に気温が下がる日本では、トロピカルフルーツの花芽分化に乾燥より低温が有効で、沖縄（亜熱帯気候）以外では花芽形成に必要な低温遭遇は十分に得られる（ここでいう低温遭遇とは、温帯果樹の自発休眠打破に必要なものではないが）。そのためわが国では生育に必要な温度さえ確保できれば、年中果実を収穫できる可能性がある。

ふつうマンゴーはわが国では冬の低温に遭って花芽分化し、春からの気温上昇に伴って発芽し、開花、結実して、夏季に収穫しているが、夏が冷涼な北海道では、その夏に花芽分化させてただちに出蕾、開花・結実させ、年末に収穫することも可能で、実際に行なわれている。同じように筆者の研究所ではパッションフルーツやゴレンシといったトロピカルフルーツが一年中プラスチックハウスの中で果実を成らせ続けている。

その5 だらだら発芽し、開花期間も長い

温帯果樹は休眠から覚めていても、冬季の低温で発芽できない。春になり、気温が上昇するとともに一斉に発芽して開花する。春の発芽が一斉ならば、その後の開花・結実や夏芽

の発芽も一斉に行なわれ、栽培管理が容易である。

これに対し、トロピカルフルーツは充実した枝から順に発芽する。そのため発芽が不揃いである。また、開花結実後もだらだらと新梢が発芽するため、生理落果が多い。安定的な果実生産を行なうには、新梢の発生と生育をコントロールする技術が求められる。この技術が開発されれば、トロピカルフルーツの栽培は格段に容易になる。

また、トロピカルフルーツの開花は一ヵ月間以上も続く。受粉が一斉に行なえない危険性もあるが、反対に何度も受粉させるチャンスがあるのだともいえる。

次々と花をつけて長期間にわたって開花するのは、害虫や動物たちに食害される危険性を回避するため。トロピカルフルーツが身につけた子孫を残すためのすべてであろう。長い開花期間とつきあう気の長さが、トロピカルフルーツを栽培する者には求められる。

花芽のつき方・果実の成り方

① 花芽分化から一気に発芽、出蕾

落葉果樹では、春から伸びた新梢の葉えき（葉のつけ根）や先端部で夏に花芽が分化、発達し、休眠を経て春に発芽・出蕾する。

トロピカルフルーツでも同様な場所に花芽が分化するが、休眠がほとんどないから花芽が分化すると一気に発芽、出蕾へと進む。枝の先端部に花芽が形成されるマンゴー、アボカド、レイシ、リュウガンなどは、せん定で先端部を切り落としたりすると花芽がなくなり、果実が成らなくなる。また、このような果樹は冬季の低温障害で枝の先端部が枯死すると、花芽も枯死して結実は望めなくなる。冬季の寒害防止がとくに重要となる。

② 雌花と雄花、雌株と雄株、雌雄異熟花

温帯果樹には、花芽と新梢になる葉芽が一緒になった混合花芽を有する果樹と、花芽と葉芽が別々のものとがある。トロピカルフルーツでも同様であるが、マンゴスチンのように雌花しか形成しないもの、パパイアのように雌花だけをつける雌株、雄花だけをつける雄株、両性花をつける両性株に分かれるもの、レイシやリュウガンのように一つの花房中に雌花、雄花、両性花を有するもの、アボカドやチェリモヤのように両性花であるが雌雄異熟のものと、様々である。

雄株だけを育てても果実は成らない。雌株だけを育てていても同様で、受粉樹を混植してやらねばならない。また、両性花であっても適期に受粉できないと結実しない。樹種や品種個々の特性を知り、それに対応することがトロピカルフルーツでは重要である。

③ 日長に反応するトロピカルフルーツも

赤道直下の熱帯は、つねに一二時間以上の長日条件である。トロピカルフルーツの生育に日長は影響しないといわれてきたが、必ずしもそうではないようである。温帯のわが国では、冬季の日長は一二時間以下となる。ドラゴンフルーツやパッションフルーツは一二時間以下の短日条件下では花芽が形成されないが、電照で一二時間以上の長日条件にすると冬季でも花芽をつける。また、アテモヤも短日条件下では新梢の発育が阻害されるが、沖縄などでは冬季の果実生産に電照による長日処理が有効であることもわかってきた。

こうした日長処理を家庭での栽培で実現するには、六〇ワット程度の電球を夜中の一一時から二時まで三時間程度樹上で点灯して、夜間を分断してやればよい（暗期中断という）。樹は夜が分断されて短くなったことで長日になったと錯覚し、花芽をつける。深夜電力料金での電照なので経済的である。

④ 花は夜開く

熱帯の強日射下では、訪花昆虫が活動しないことがある。熱帯では人間も動物も日中は昼寝して、日が陰って涼しくなってから活動を開始す

る。ドリアン、マンゴスチン、チェリモヤ、ドラゴンフルーツなどの花は、夕方から開花して夜中に受粉する。

近年はしかし、熱帯でも殺虫剤の使用などで訪花者が減少し、人間が夜中に人工受粉しないと結実しないことが多くなった。ましてや、もともとトロピカルフルーツの受粉に有効な訪花者のいないわが国では、樹種によって人間がミツバチやコウモリの代わりをしてやる必要がある。しかし、受粉のタイミングさえ心得ておけば、案外容易に結実させられるものである。

幹・枝・根の伸び方と樹の仕立て方

① 果物づくり≠材木づくり

樹ばかり大きく生長して果実がほとんど成らないアボカドを、筆者が以前、試験研究に従事していた和歌山では「アッポケの樹」と呼んだ。そのようなアボカド栽培に熱中する人間もまた「アッポケ」と呼ばれた。しかし熱帯地方にゆくと、現地の農家が大きなマンゴーの樹を見せて、「どうだ、立派な樹だろう」と自慢したものだ（写真1-1）。

熱帯では雑草が繁茂しやすく、果樹は雑草に負けないよう早く大きく育つ、樹勢が強いものだけが生き残ってきた。栽培種も人間が雑草刈りをしなくてすむように、写真のような樹勢の強い品種だけが残されてきた。実際、熱帯地域で矮性《わいせい》（樹が小型になる）の品種を探すのは容易ではない。

タイの農家の庭のマンゴーの大樹（写真 1-1）

このような強樹勢の樹は、巨大な地上部を支えるために根も深く伸びる。乾季に果実を生産するトロピカルフルーツは、深く根を伸ばすことで地下水をくみ上げて果実に送るが、乾季のない温帯で、深い根を張って水をくみ上げる必要はない。深い根を張らないなら大木にする必要もない。樹が低いほど収穫も楽である。

幸い日本には温帯果樹で培ってきた低樹高化技術がある。これをトロピカルフルーツに適用して〝木〟をつくるのでなく（材木づくりではなく）、いかにして多くの果実を収穫するかを考えたい。

② 枝の水平誘引で着花促進

そのためには「水平誘引」という整枝法がお勧めだ。

筆者がベトナムに果樹栽培の指導に行ったとき、ゴレンシになかなか花がつかず、何かよい方法はないかと訊かれた。そこで、日本でもやっている枝に石やレンガをぶら下げて先端を下垂させるやり方を教えたところ、すぐに花芽が形成された。

一方で、冬に一五℃以下の花芽分化に有効な低温を十分に満たさない石垣島でマンゴーの花芽がつかない問題を解決するために、秋に枝の水平誘引が行なわれている。そういわれてみれば熱帯地方でもマンゴーの果実は自身の重みで下垂した枝にぶら下がっている（写真1-2）。沖縄

果実は自身の重みで下垂した枝にぶら下がっている（マンゴーのトミーアトキンス）（写真 1-2）

や宮崎などでマンゴーの果実が葉よりも上に吊り上げらて栽培されているが、これは日本でしか見られない異様な光景である（写真1-3）。着色促進のためとはいえ、高く吊り上げた果実に養水分を送るのに、樹は涙ぐましい努力をしているだろう。

着色のため枝を吊り上げている日本の栽培マンゴー（品種はアーウィン）（写真 1-3）

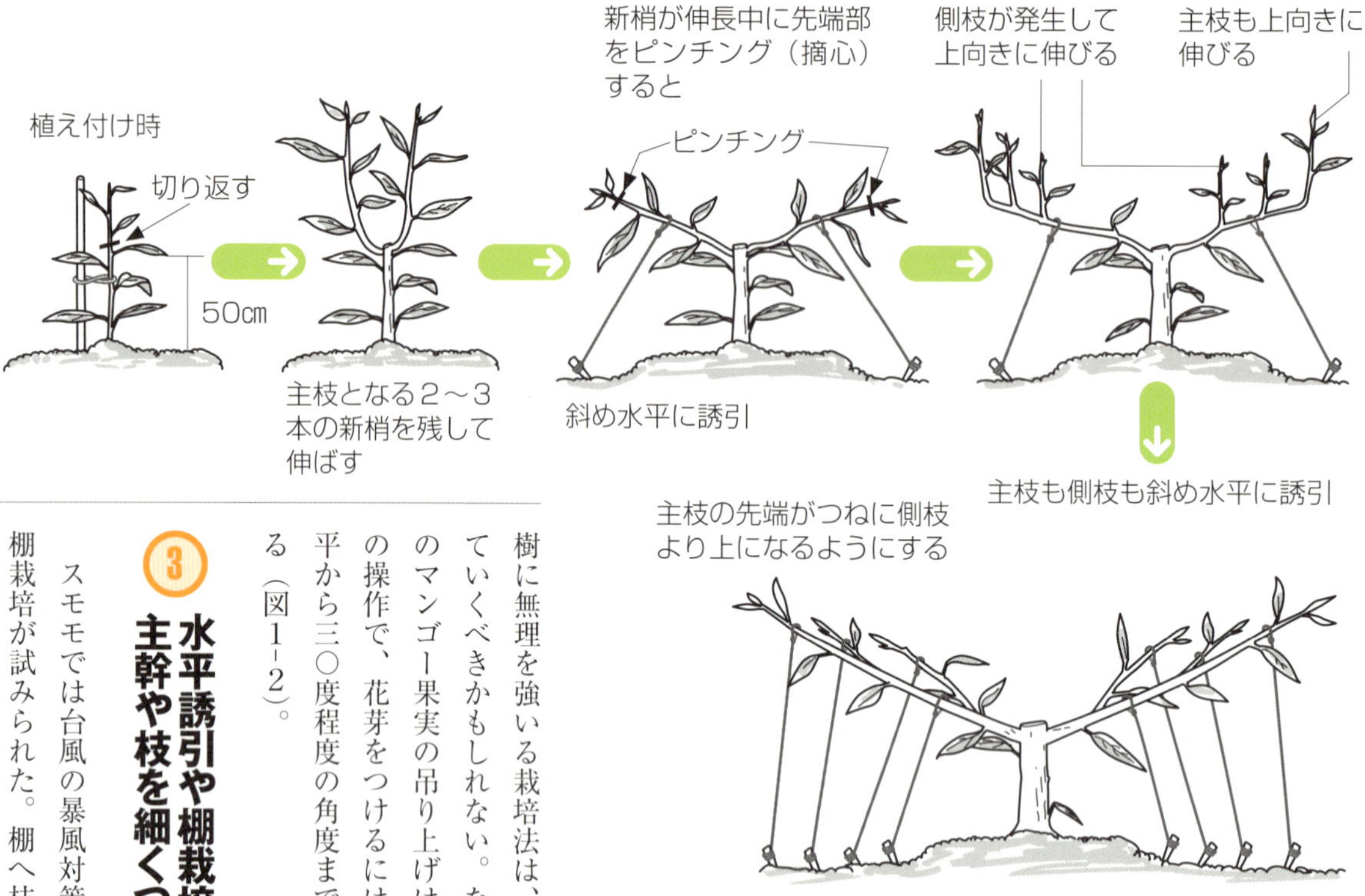
植え付け時
切り返す
50㎝
主枝となる２～３本の新梢を残して伸ばす
新梢が伸長中に先端部をピンチング（摘心）すると
ピンチング
斜め水平に誘引
側枝が発生して上向きに伸びる
主枝も上向きに伸びる
主枝も側枝も斜め水平に誘引
主枝の先端がつねに側枝より上になるようにする

図 1-2　枝を水平誘引、徹底して下げてつくるのが基本（例：マンゴー）

樹に無理を強いる栽培法は、改善していくべきかもしれない。なお、このマンゴー果実の吊り上げは着花後の操作で、花芽をつけるには枝は水平から三〇度程度の角度まで誘引する（図1-2）。

③ 水平誘引や棚栽培で主幹や枝を細くつくる

スモモでは台風の暴風対策として棚栽培が試みられた。棚へ枝を誘引することにより果実の重さを支える樹の負担が減り、枝は太くなる必要がなくなった。そのぶん果実は大き

幹を倒したために太くなったパパイアの幹（写真 1-5）

ポット栽培で直立状態のパパイア（写真 1-4）

ポット栽培（容量60ℓ）とベンチ栽培。新梢の下方誘引と根域制限は基本の技術　（写真1-6）

く甘くなり、高品質・多収量につながった。トロピカルフルーツでも同じことがいえる。パパイアの幹は垂直に立っているときは、細いままでも重い果実を支えられるが（写真1-4）、幹を斜めにしたら自分の体と果実を支えるために太くならざるをえない（写真1-5）。しかし果実や枝を誘引して支えてやれば、幹を太らせるエネルギーを果実生産に向けることができる。

もともと樹勢の強いトロピカルフルーツは放っておくと枝を上方向に伸ばそうとする。少しでも油断すると、アッという間に枝がビニルハウスの天井を突き破る。だから、温帯果樹よりもさらに頻繁な、枝の水平誘導を行なう必要がある（写真1-6右側のポットの樹）。

4 根域制限で根を浅く

低樹高栽培には枝の「水平誘引」あるのみだが、じつは根が深く伸びてしまうと、水平誘引するほど徒長枝が多く発生してくる。そうなると水平な樹形を維持しにくくなる。

根を深く伸ばさないためには、防根シートやポット栽培などによる「根域制限」が必要となる。根を浅くして、頻繁に水分と養分を供給してやることで、太い根は必要なくなり、養水分を吸収する細い根が多くなってくる。樹勢の強いマンゴーやアボカドも樹勢をコントロールしやすくなり、狭いハウス空間での栽培が可能となる（写真1-6中央）。

さらに、根を浅くすることで土壌乾燥による水分ストレスも人為的に与えやすくなる。水ストレスは低温と同様な花芽誘導効果がある。花芽がつけば結実し、果実が成ることでコンパクトに樹を維持できる。反対に、花芽がつかないと果実が成らず、樹ばかり生長して花芽がつかない。この悪循環を根域制限で断ち切り、徹底した水平誘引で花芽をつけていく。水平誘引と根域制限――この二つがトロピカルフルーツをつくりこなす基本技術である。

トロピカルフルーツの基本技術

育てる場の条件

その1 冬季の最低気温のクリアー

トロピカルフルーツの栽培でもっとも怖いのが冬季の寒害である。筆者も和歌山県の山間部、アボカド栽培の極限ともいえる地域で栽培を始めたところ、寒波や放射冷却によって何度も地上部が枯れる悔しい思いをさせられた。

果樹の育つ温度条件としてよく使われるのが、年平均気温である。カンキツだと一五℃以上とか、パイナップルだと二〇℃以上などと言われる。わが国の夏季の気温は熱帯並みだが、冬季の気温で年平均値を下げている。トロピカルフルーツの果実生育に必要な夏季の気温は、わが国ではほとんどの地域で満たされている。問題なのは冬季の低温障害による枯死であり、それを決めるのは最低気温である。

たとえば、アボカドの「ベーコン」という品種は三～五時間程度の短時間ならマイナス五℃までの低温に耐える。しかし「ハス」はマイナス二℃程度で枝が枯死する。また最低気温よりも、低温が何時間継続するかで寒害の程度が決まる。樹種、品種別の耐寒性を把握したうえで（表1-1）、栽培地を選ぶことが重要である。

なお、耐寒性は樹の生長とともにある程度強化される。定植一～二年目の幼樹は寒害で葉や小枝が枯れるが、アボカドでは樹が生長してくると寒害を受けなくなった。樹もだんだんと栽培地の気候に馴化《じゅんか》してくるようだ。

その2 次に重要なのは日当たり

糖度の高い果実や油分の多い果実を生産するには、より多くの光合成

表 1-1　主なトロピカルフルーツの冬期の耐凍性の強弱と寒害限界温度

強弱	果樹名	寒害限界温度（℃）
最強	ペカン	-6 ～ -15
強	メキシコ系アボカド，キミノバンジロウ，テリハバンジロウ，フェイジョア	-5
やや強	シロサポテ，マカダミア	-3
中	グアテマラ系アボカド，ピタンガ	-2
やや弱	西インド諸島系アボカド，インドナツメ，レイシ，リュウガン，パッションフルーツ，サポジラ，グアバ，レンブ，カニステル	0
弱	バナナ，パパイア，パイナップル	5
最弱	ドリアン，マンゴスチン，カシュー	10

産物が必要になる。光合成に必要なのはご存知のとおり、水と光と二酸化炭素。いずれも人為的に与えようとすれば与えられるが、一番コストがかかるのは光である。やはり、日当たりのよい場所を選ぶことが第一である。

また、マンゴーの赤色種では赤い色素のアントシアニンは紫外線が当たることでつくられる。より赤い果実をつくるには、より多くの紫外線が必要になる。このために、わが国のマンゴー生産者は果実を枝葉より高い位置に吊り上げ、直射光を当てる工夫をしている（前に述べた）。たとえ、それが樹や果実にとってはいらぬお世話であっても。

その3 風当たりの少なさも大事

台風がくるわが国では、強風による倒伏がもっとも怖い。アボカドなどは強風で果実が落下しやすく、根こそぎ倒されてしまうこともある。倒れぬまでも果実が風で揺すられると、果皮に傷がつく。

冬季の北西の寒風により落葉すると、樹が衰弱しやすい。冬季は地温が低く、土中に水分があっても根は吸水できない。そこに寒風が吹きつけると、葉から水分が奪われてゆく。根からの水分供給がないなかで、葉が水分ストレスを受けて落葉するのである。夏の台風対策だけでなく冬季の寒害防止のためにも、栽培地には風当たりの少ない場所を選ぶ必要がある。

その4 かん水用の水がつねにある

トロピカルフルーツは夏季に多くの水を要求する。とくに、開花・結実期から果実生育初期にかけては、絶対に乾燥ストレスにあわせてはならない。乾燥ストレスで、落花、結実不良、果実生育不良が助長されるからだ。また、コンパクトな栽培ができるポット栽培では、根域に貯蔵できる水分が限られるから、夏季にはほぼ毎日のかん水が必要となる。かん水のできる場所を選ぶことも重要である。

植付けから幼木期の管理

① 植付けのポイント

根鉢を置いて盛り土する

トロピカルフルーツは意外と過湿に弱い。乾燥よりも湿害で樹を枯らす場合が多い。とくにアボカドは湿害による根の病気（フィトフトラ根腐れ菌）で枯死することが多々ある。また、掘った植え穴に雨水が溜まって根腐れを起こすことがある。植え穴を掘る場合は、穴の深さと同じ深さまで畑全体の土を耕して、植え穴に雨水がたまらないようにする。必要なら明渠や暗渠排水も設置する。

こうした面倒をかけたくないなら

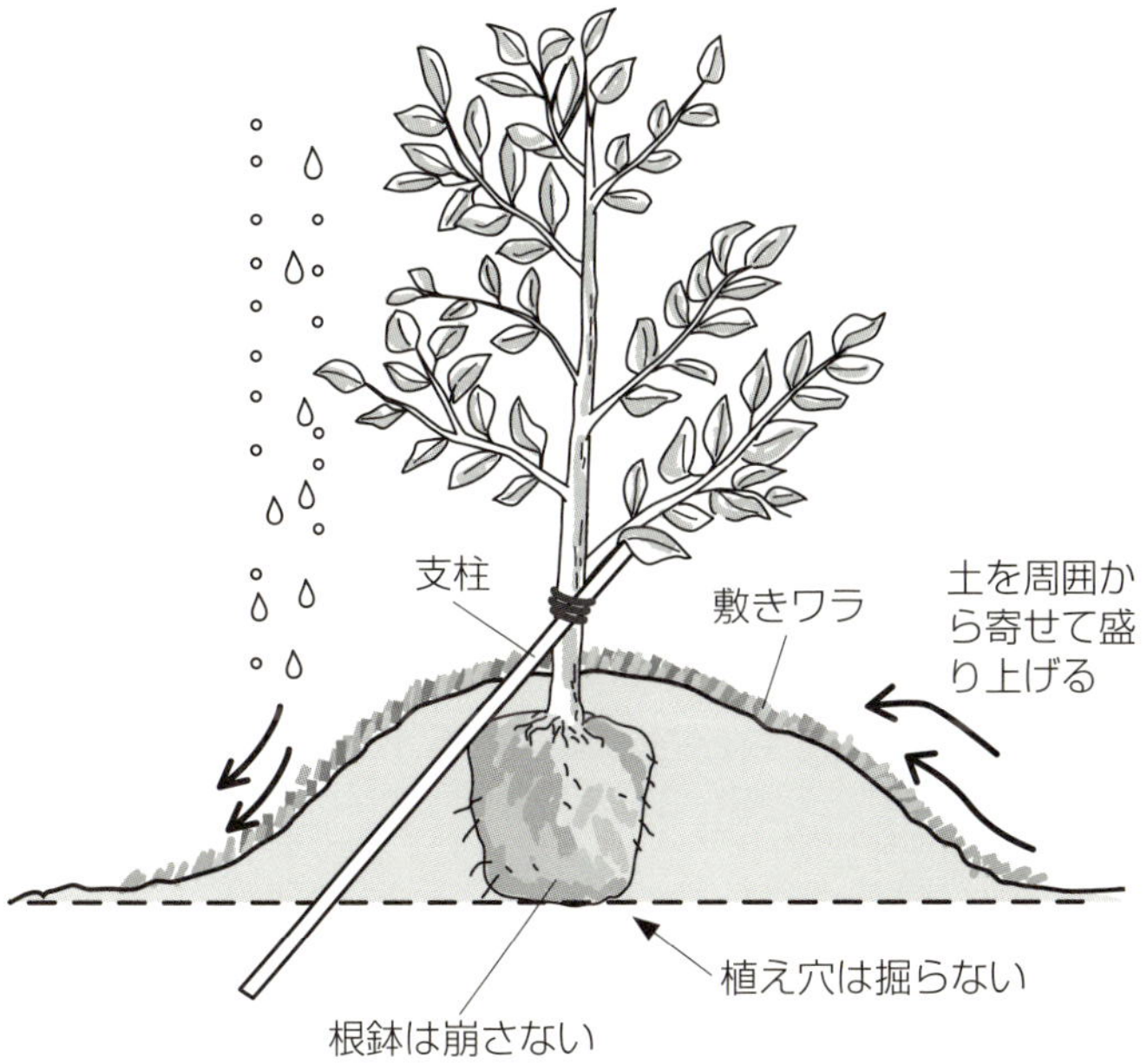
支柱
敷きワラ
土を周囲から寄せて盛り上げる
植え穴は掘らない
根鉢は崩さない

図 1-3 地面より株元が高くなるように植え付け、周囲の土を寄せる

植え穴を掘らないで植え付けるやり方もある。植え穴は掘らずに、株元周囲から土を寄せ集めて盛り土するような植え方をすると、必然的に雨水は株元から周辺に向かって流れてゆく（図1-3）。

植え穴の大きさ、ポットの容積

根域制限栽培をする場合、樹の大きさを想定して植え穴の大きさやポットの容積を決める。樹冠の大きさは土壌の面積の五倍程度というのが一般的な指標で、直径五〇cmの円形ポット（六〇ℓ）の場合、拡大できる樹冠面積は約一㎡程度である。

直植えの場合は、植え穴は大きければ大きいほど定植後の根張りがよく、樹の生長も早くなるが、大きな穴を掘るのは大変。植え穴は購入した苗木の根鉢の大きさの三～五倍程度あればよい。

根域制限栽培では、限られた根域から養水分を効率よく吸収するために、細根量が多く必要である。そのためポット栽培や根域制限した直植え栽培を行なう場合、用土には最初から有機物やパーライトなどの保水、保肥効果が高くて通気性もよい資材を多く混入しておく（図1-4）。

また地植えでは、毛管水が周りの土壌から内部に侵入し、地上に置いたポットのように側面からの蒸発もないのでかん水の節約ができるが、ポットの場合、一日一回のかん水では一時的な水ストレスを受ける。そこで、数回に分けてかん水する。ただ、かん水回数が多かったり土壌中の有機物が分解したりすることで土壌間隙が減少して徐々に土が硬くなり、目詰まり状態となりやすく、樹の生育も悪くなる。この場合は、鉢増しによる土壌改良と土量の増加を行なう。ポットの用土を増やしてやるのだ。ポット栽培ではこの鉢増しを将来行なうことを計算して用意しておくとよい。

ポット栽培用土壌の作成方法

山土２：ピートモス１：パーライト１の割合でよく混合したものを作成する
この混合土壌１㎥当たり以下の土壌改良資材を混和する

ポット栽培用土壌１㎥中に施用する土壌改良資材の目安

完熟たい肥	6kg
BM ヨウリン	1.5kg
苦土石灰	3kg
F.T.E など総合微量要素	0.15kg

１㎥は 1000ℓ であるから

	60ℓポット	90ℓポット	150ℓポット
完熟たい肥	360g	540g	900g
BM ヨウリン	90g	135g	225g
苦土石灰	180g	270g	450g
F.T.E など総合微量要素	9g	13.5g	22.5g

図 1-4　用土には保水・保肥性がよく、かつ排水性のよい資材を用いる

増し土に便利な簡易ポット

筆者は、ポットの代わりに田植え時に使う帯状の波板（幅二〇～四〇cm）で円形をつくり、内部に防根シートを張って培土を入れ、そこに植え付けることをしている。波板を巻く際、少し余裕をもって二重に巻いておき、外側を結束バンドで固定する。防根シートも広めのものを設置しておく。将来、鉢増ししたくなったときは結束バンドを緩めて波板の円を大きくし、防根シートも折り返していたぶんを戻してできた空間に培土を足してやればいい（図1-5）。

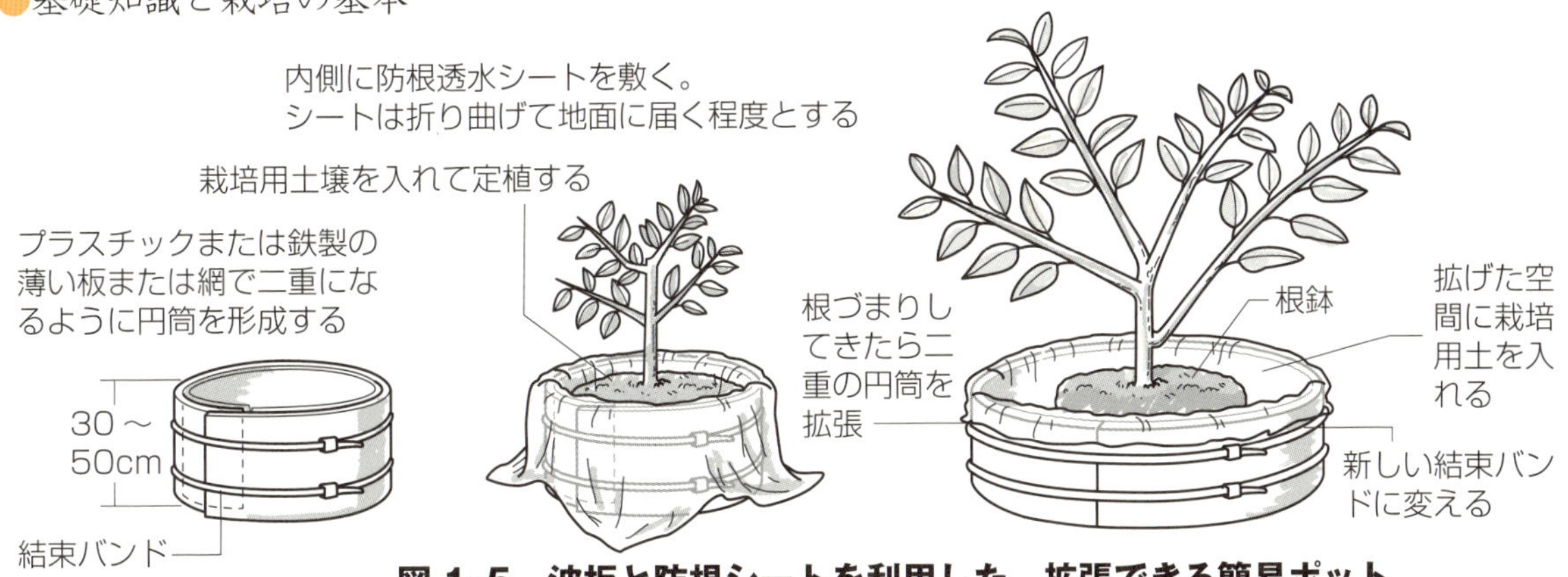
内側に防根透水シートを敷く。
シートは折り曲げて地面に届く程度とする
栽培用土壌を入れて定植する
プラスチックまたは鉄製の
薄い板または網で二重にな
るように円筒を形成する
30～
50cm
結束バンド
根づまりし
てきたら二
重の円筒を
拡張
根鉢
拡げた空
間に栽培
用土を入
れる
新しい結束バン
ドに変える

図 1-5　波板と防根シートを利用した、拡張できる簡易ポット

家庭園芸なら、鉢の直径を一・五m、樹冠面積で約九㎡までは育てられるだろうから、最初は直径一m程度にして樹冠面積が四㎡以上になったら一・五mに拡張するという具合でよい。

けれども、何度も鉢増しを行なうのは大変。樹の寿命を一〇年としたら、その半分の五年目に一回鉢増しして、以後は樹の寿命まで栽培する。老木の管理が困難になってきたら、新しい苗木で一から始めるのが簡単だ。

春芽が伸び、地温が十分高まってから植え付ける

落葉果樹の植付けは一般に根の活動が止まっている休眠期、葉が落葉した後に行なう。常緑果樹では春になって地温が高まってくる四～五月がよいが、この時期は芽が発芽してくるので、芽が動き始める直前の三月下旬～四月上旬に行なう。アボカドなどの移植を嫌う樹種では、発芽後の植付けは禁物である。

トロピカルフルーツは発根に、より高温を要求するので、植付け時の地温は二〇℃以上が望ましい。ハウスの場合、内部の気温を二〇℃以上に高めておけば、数日で地温も上がってくる。とにかく気温より地温を重視して植え付ける。春先にあわてて植え付けるより、春芽が伸びて充実し、その後夏芽が発生する直前の六月以後に、地温が十分に高まってから植えたほうが活着もよいし、その後の生育もよい。ただし、夏季の植付けは日焼けや乾燥の問題があるので、寒冷紗などで樹全体を覆い、主幹基部に水性白色ペンキを塗る。さらに、株元の土壌につねに十分な湿り気を保つように、敷ワラをしてかん水を頻繁に行なう。

② 植付けの手順

苗木は乾燥させない

トロピカルフルーツの苗木は、たいていがポット苗である。すぐに植え付けられなくても、かん水してやれば保存可能である。苗木は絶対に乾燥させないのが鉄則である。また、落葉果樹ではポット苗でも土を落として植えるが、トロピカルフルーツでは土を落とさないで植える。

初めに熔リン、苦土を施用

植付け前に熔リンと苦土石灰を土中に混合しておく。リン酸肥料は土中での移動が少なく、土壌表面から追肥として与えてもなかなか土中深くに移行しない。根が伸びてきてリン酸肥料に接しないとなかなか吸収できない。根の少ない幼木期には、元肥としてリン酸肥料を施用しておくことが重要である。

一方、苦土（Mg）と石灰（Ca）は多量要素といって、植物の生長にとってチッソ、リン酸、カリに次いで多く必要とされる。また、苦土と石灰は酸性土壌の中和に効果がある。わが国の土壌は一部の隆起サンゴ礁の土壌を除いておおむね強酸性であるので、これらの肥料を前もって土中に混和し、土壌の中和を図っておく。

ポットで栽培する場合も、同様の用土に調整しておく。

支柱で固定し、こまめにかん水

苗は根鉢を崩さないで植えるので、

遮光ネットを被せたドリアンの苗木　(写真 1-7)

枝の切り返しの必要はとくにない。風によって苗木が揺すられ、根鉢と栽培地の土の隙間に空間ができるようでは、新しい根が新しい土壌中に伸びていけない。風で揺すられないよう、しっかりと支柱で固定する（図1-3参照）。

苗木ポットの土壌は排水性のよい培地を使っているので、植付け後、周りの土壌は湿っているのに根鉢部だけ乾燥することがある。これでは新しい根の生長は望めないので、こまめにかん水してやる。新しい根が根鉢より外側に伸び出したら、かん水回数を少なくしてもよい。

活着までは遮光とかん水

常緑果樹の定植後に怖いのが、直射光による日焼けである。葉があって土壌中から水分を吸収して蒸散している間は日焼けも起こらない。しかし、少しでも乾燥ストレスを受けると、葉が日焼けを起こして落葉する。すると、枝や幹が直射光にさらされて、地上部全体がひどい日焼けを起こす。このような状態にならないよう、植付けから活着までの水分供給は怠らない。できれば寒冷紗などで覆ってやるくらいの愛情も必要である。熱帯地方では、ドリアンやマンゴスチンは定植後に遮光して強日射から守ってやらないと日焼けして枯れてしまう。かつては竹かごをかぶせて遮光していたが、近年では遮光ネットを用いている（写真1-7）。材木をつくらず果実をつくるには枝は水平誘引し、樹はコンパクトに低樹高整枝をするのがベストであることはすでに述べた。植付け前に誘引用の支柱や棚を設置しておけば、これらを活用して日覆いもできる。

とにかく定植時に植え傷みをさせない。させてしまうと、その後の回復は困難である。日焼けと水分ストレスをなくしたスタートダッシュが大切である。

3 幼木期の仕立て

筆者はハウス栽培の場合は定植後三年、露地栽培の場合は五年程度を幼木期間としている。

低樹高整枝の方法を決めておく

骨格つくりを行なうには、まず仕立て方（整枝法）を選ばなければならない。トロピカルフルーツの低樹高のための仕立て方には、以下の四つのパターン（図1-6）があり、果樹の特性に応じてもっとも適するパターンを選ぶ必要がある。

①アボカドの場合の盃状形仕立て
②マンゴーの場合の盃状形仕立て
③チェリモヤの場合の一文字形仕立て
④ゴレンシやインドナツメなどの場合の棚仕立て

アボカドの場合の樹のつくり方はモモに準じる。マンゴーの場合はどちらかというと主枝、亜主枝、側枝は棚仕立てのように水平にし、それらから斜め上向きの結果枝を立たせ、その頂芽に花房をつけるやり方である。

チェリモヤの一文字形はイチジクのそれとは異なり、横一文字の主枝から左右に水平に側枝を出して、これに着花させる。棚栽培のアテモヤで、一文字整枝を棚上で行ない、側枝を長く伸ばす事例もある。

ゴレンシやインドナツメの棚仕立てはブドウのそれに準じる。

トロピカルフルーツは生育が速く、もたもたしていると整枝できなくなる。あらかじめ低樹高整枝の方法を決めておき、そのために必要な支柱や棚をつくっておく。そして伸びてくる枝を随時支柱に誘引して、斜め上の横方向に伸ばす。このたゆまぬ作業ができるかどうかで、早く実がなるかどうかが決まる。

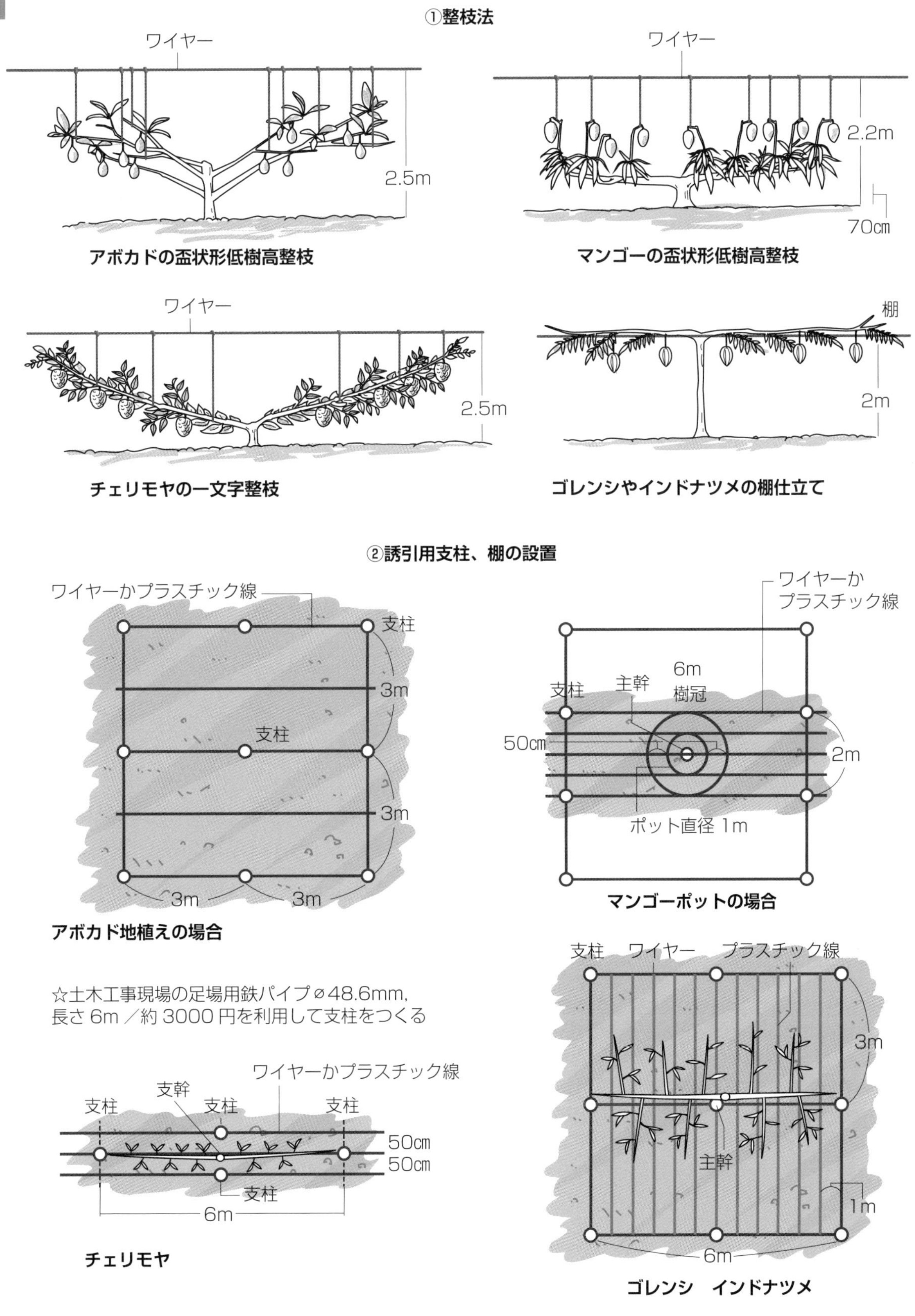
①整枝法
ワイヤー
2.5m
アボカドの盃状形低樹高整枝
ワイヤー
2.2m
70cm
マンゴーの盃状形低樹高整枝
ワイヤー
2.5m
チェリモヤの一文字整枝
棚
2m
ゴレンシやインドナツメの棚仕立て
②誘引用支柱、棚の設置
ワイヤーかプラスチック線
支柱
3m
支柱
3m
3m
3m
アボカド地植えの場合
ワイヤーか
プラスチック線
6m
樹冠
主幹
支柱
50cm
2m
ポット直径 1m
マンゴーポットの場合
☆土木工事現場の足場用鉄パイプø48.6mm,
長さ 6m ／約 3000 円を利用して支柱をつくる
ワイヤーかプラスチック線
支幹
支柱
支柱
支柱
50cm
50cm
支柱
6m
チェリモヤ
支柱
ワイヤー
プラスチック線
3m
主幹
1m
6m
ゴレンシ　インドナツメ

図 1-6　低樹高の各種整枝法

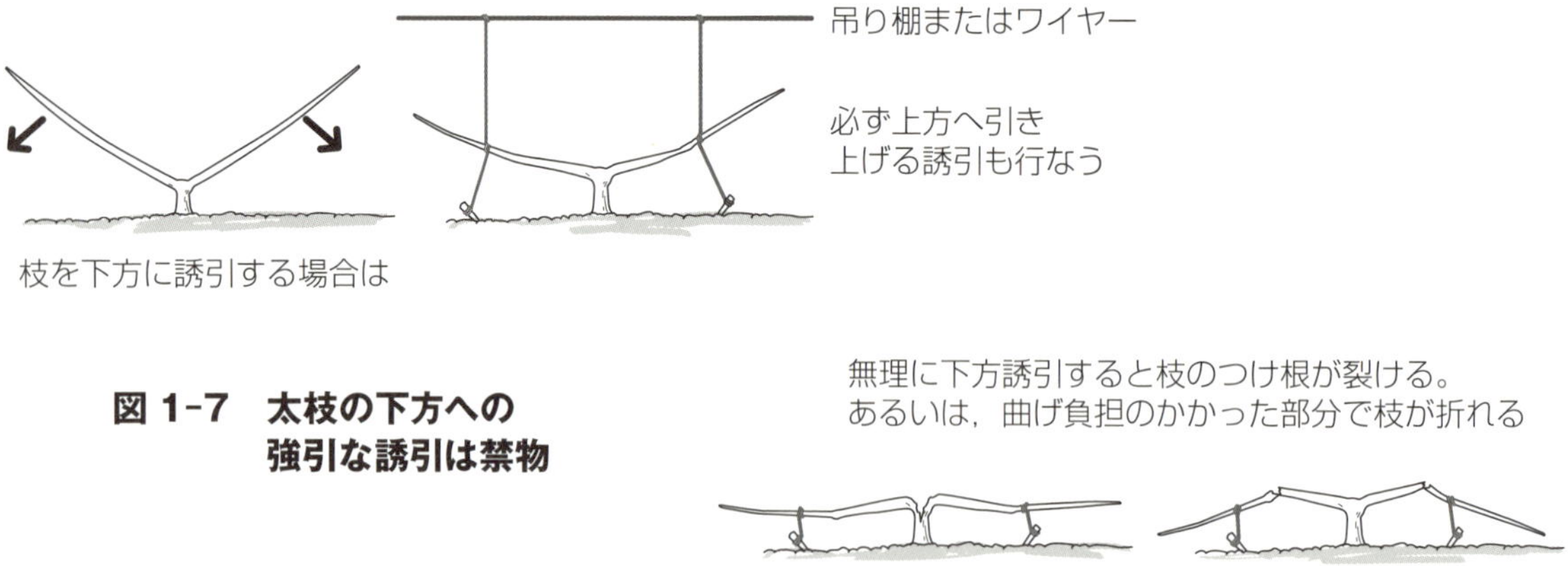
吊り棚またはワイヤー
必ず上方へ引き
上げる誘引も行なう
枝を下方に誘引する場合は
無理に下方誘引すると枝のつけ根が裂ける。
あるいは，曲げ負担のかかった部分で枝が折れる

図 1-7　太枝の下方への強引な誘引は禁物

パイプを周囲に巡らし誘引ヒモを固定、低樹高と枝の水平誘引を徹底したマンゴー　（写真 1-8）

無理に枝は下げず、水平に誘引

落葉果樹のように樹の枝だけで整枝しようとすると、枝の重みで枝の先端部が下垂し、枝の基部から徒長枝が大発生して整枝不能となる。また、枝自身の重さを支えるために枝が太くなり、そのぶん果実生産が遅れる。ロープや紐で下方に引っ張る誘引を行なう場合、必ず上方へ吊りあげる誘引も行なって無理な負担はかけない。急ぎすぎると、大切な誘引した枝がポッキリと折れてしまうことになる（図1-7）。

とくに太い枝の無理な下方誘引は禁物である。ノコギリで枝の下方向から半分程度まで切り込みを何ヵ所

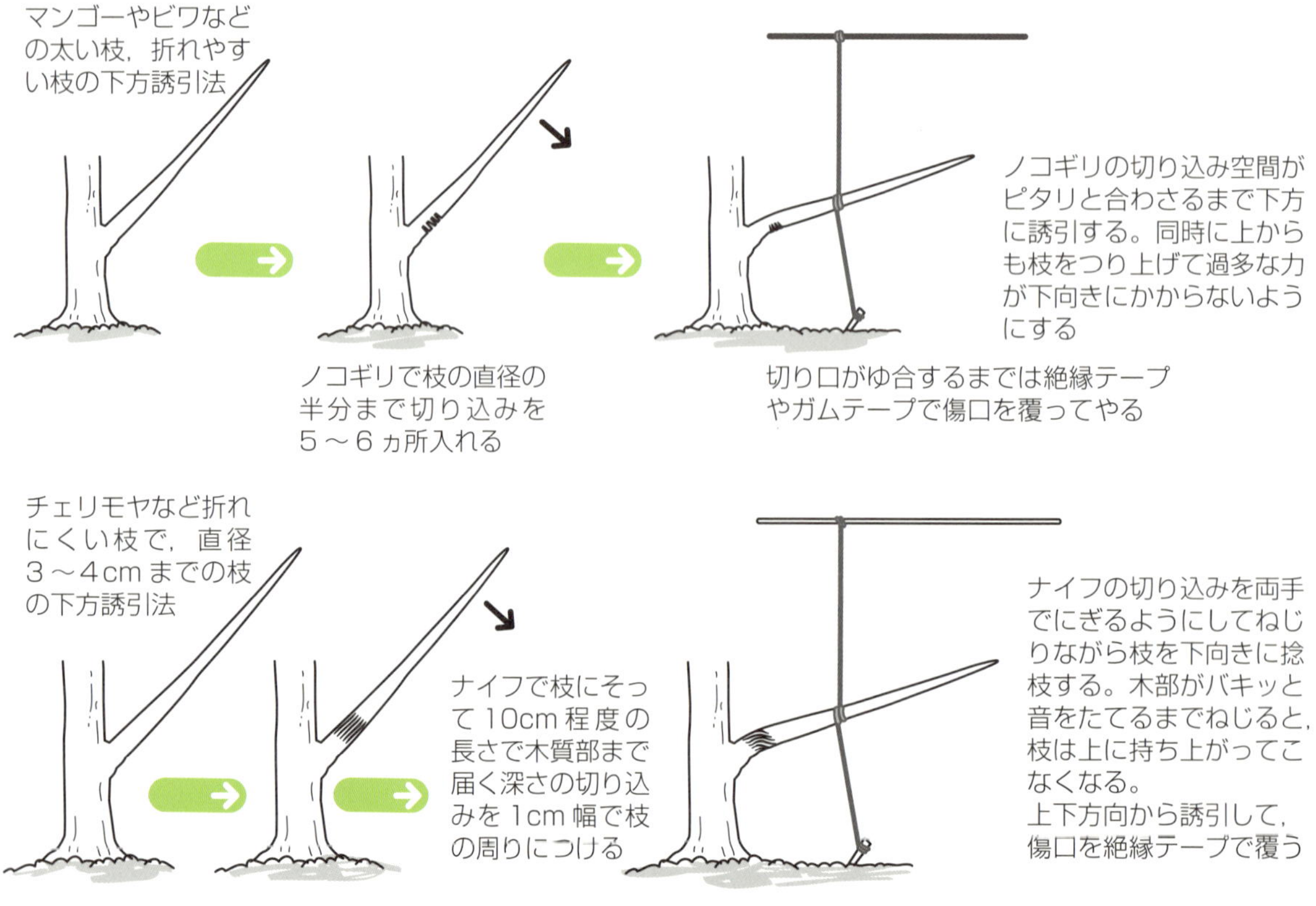
マンゴーやビワなどの太い枝，折れやすい枝の下方誘引法
ノコギリで枝の直径の半分まで切り込みを5～6ヵ所入れる
ノコギリの切り込み空間がピタリと合わさるまで下方に誘引する。同時に上からも枝をつり上げて過多な力が下向きにかからないようにする
切り口がゆ合するまでは絶縁テープやガムテープで傷口を覆ってやる
チェリモヤなど折れにくい枝で，直径3～4cmまでの枝の下方誘引法
ナイフで枝にそって10cm程度の長さで木質部まで届く深さの切り込みを1cm幅で枝の周りにつける
ナイフの切り込みを両手でにぎるようにしてねじりながら枝を下向きに捻枝する。木部がバキッと音をたてるまでねじると，枝は上に持ち上がってこなくなる。
上下方向から誘引して，傷口を絶縁テープで覆う

図 1-8　太い枝の下方誘引は数年かけて少しずつ行なう

か入れ、ノコギリ刃の厚さ分の空間が密着するまで下に下げると、枝の上部の樹皮が裂けて折れることはない。それでも水平にできない場合はあるが、数年かけて少しずつ下方に下げるようにする（図1-8）。

落葉果樹には盃状形、主幹形、一文字形などさまざまな整枝法があるが、トロピカルフルーツでは難しいことは考えず、水平整枝あるのみ（写真1-8）。果実が成りだすまでは、切り返しせん定など行なわず、込み合ってきたら枝を間引くにとどめる。そういう意味ではトロピカルフルーツの仕立て、整枝せん定は容易である。

④ 低樹高整枝の方法

基本は、

・主枝を二～三本とする
・主枝と定めた枝は切り返さず、斜め上方向にまっすぐに伸ばす
・主枝から発生する亜主枝は絶対に主枝より高くならないように下方誘引する
・亜主枝から発生する側枝は絶対に亜主枝より高くならないように下方誘引する
・発生するすべての徒長枝は早めに切り取る

などだが、以下にアボカド、マンゴー、チェリモヤ、ゴレンシの整枝法について図解したので参照してほしい（図1-9①～③）。

成木期の管理

① せん定は貯蔵養分と花芽を捨てるだけ

わが国の落葉果樹は歴史的に花芽が多くつく品種が選抜されてきた。だから、せん定して花芽をある程度減らさないと、摘果作業が大変になる。

しかし、トロピカルフルーツでは摘果するほど多く結実することは少ない。落葉果樹の性質を有するバンレイシ属（チェリモヤやアテモヤ）のように、強い切り返しせん定を行なっても花が確保できるものもあるが、一般的には、切り返しせん定で枝葉を減らすことは貯蔵養分を捨て、着花量を減らし、果実も減らしてし

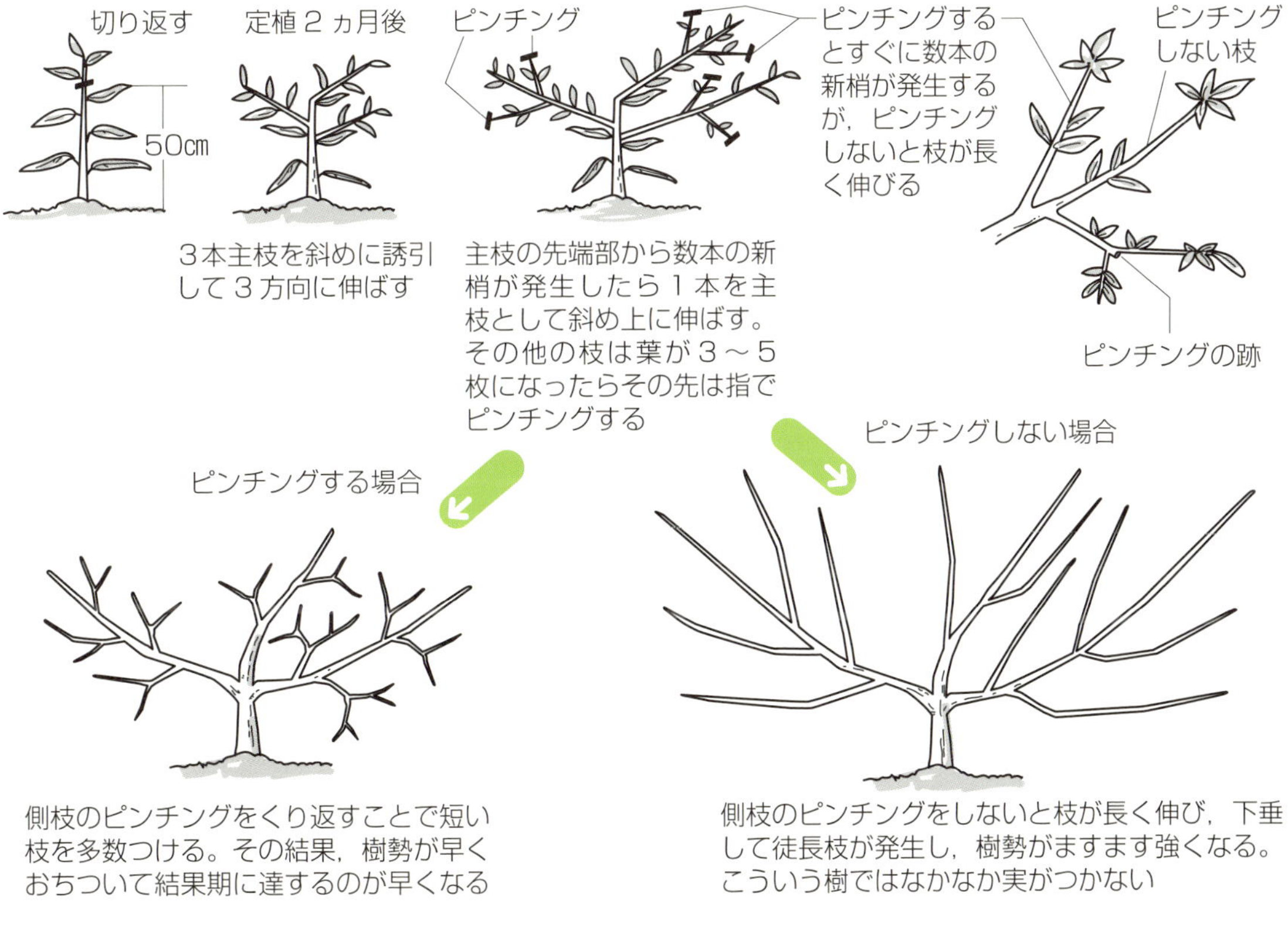
切り返す
50cm
定植２ヵ月後
３本主枝を斜めに誘引して３方向に伸ばす
ピンチング
主枝の先端部から数本の新梢が発生したら１本を主枝として斜め上に伸ばす。その他の枝は葉が３～５枚になったらその先は指でピンチングする
ピンチングするとすぐに数本の新梢が発生するが，ピンチングしないと枝が長く伸びる
ピンチングしない枝
ピンチングの跡
ピンチングする場合
ピンチングしない場合
側枝のピンチングをくり返すことで短い枝を多数つける。その結果，樹勢が早くおちついて結果期に達するのが早くなる
側枝のピンチングをしないと枝が長く伸び，下垂して徒長枝が発生し，樹勢がますます強くなる。こういう樹ではなかなか実がつかない

図 1-9 ①　アボカドの低樹高整枝法

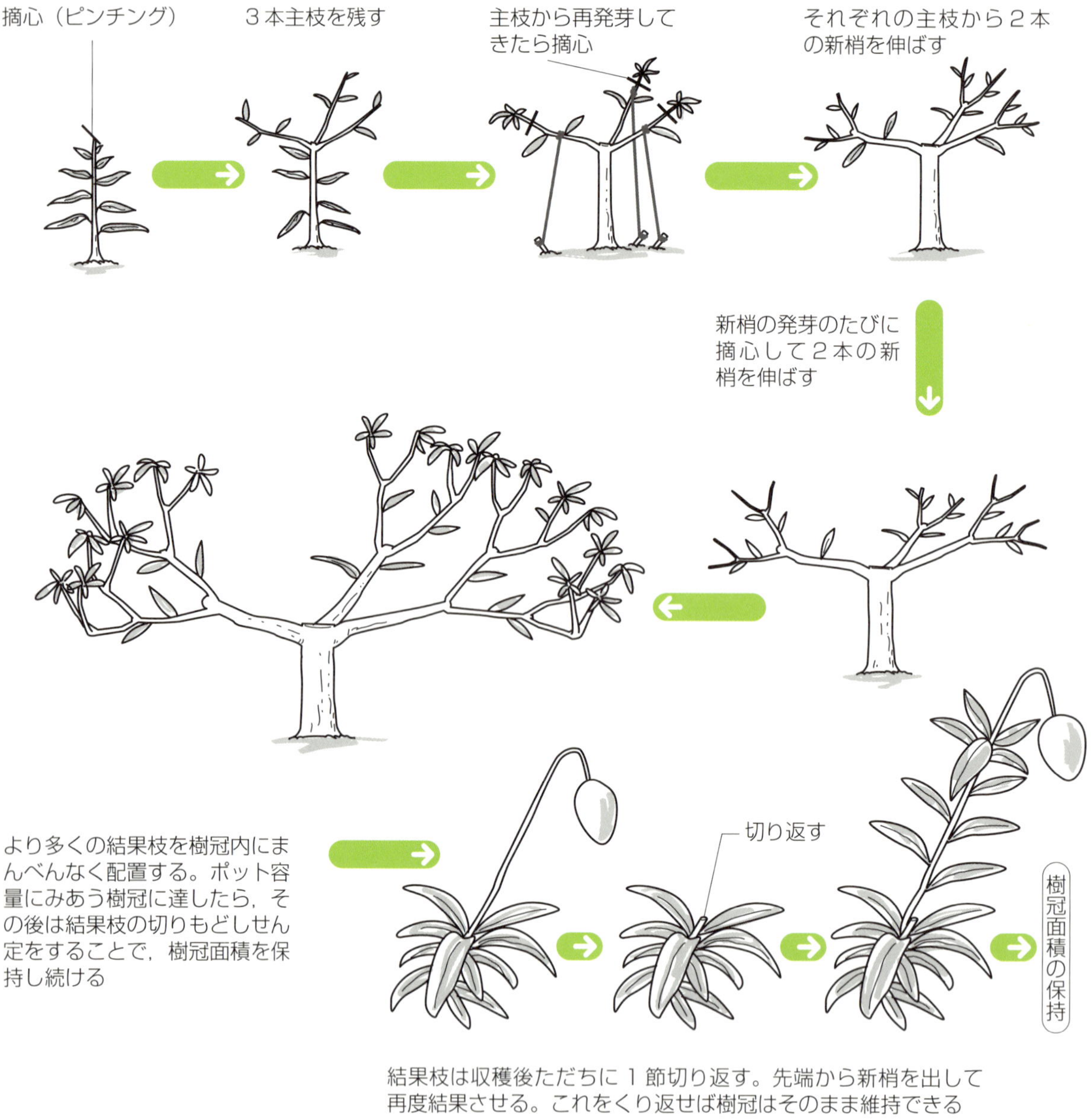
摘心（ピンチング）
3本主枝を残す
主枝から再発芽してきたら摘心
それぞれの主枝から2本の新梢を伸ばす
新梢の発芽のたびに摘心して2本の新梢を伸ばす
より多くの結果枝を樹冠内にまんべんなく配置する。ポット容量にみあう樹冠に達したら，その後は結果枝の切りもどしせん定をすることで，樹冠面積を保持し続ける
切り返す
樹冠面積の保持
結果枝は収穫後ただちに1節切り返す。先端から新梢を出して再度結果させる。これをくり返せば樹冠はそのまま維持できる

図1-9② マンゴーの低樹高整枝法

まうことになる。トロピカルフルーツではできる限り、切り取る枝葉の量を少なくすべきである。

② せん定はハサミよりノコギリを使う

せん定には、切り返しせん定と間引きせん定がある（図1―10）。切り返しせん定すると樹勢は強くなり、花芽が少なくなる。一方、間引きせん定すると、樹内への日当たりが改善され、新梢の伸びが短くなって花芽のつきもよくなる。落葉果樹やカンキツでは「素人はハサミでせん定するな、ノコギリを使え」と言われるが、トロピカルフルーツでもそのとおりである（図1―11）。ノコギリで切り取る場合には、切り口に癒合剤を塗布してやると枯れ込みが少なくなる。親指以上の太さの枝を切ったら、切り口に癒合剤を塗布してやるべきだ。

③ 更新枝を置いて古い枝と逐次換える

切り返しを少なくして間引きせん定ばかりだと、樹冠は外側に広がっ

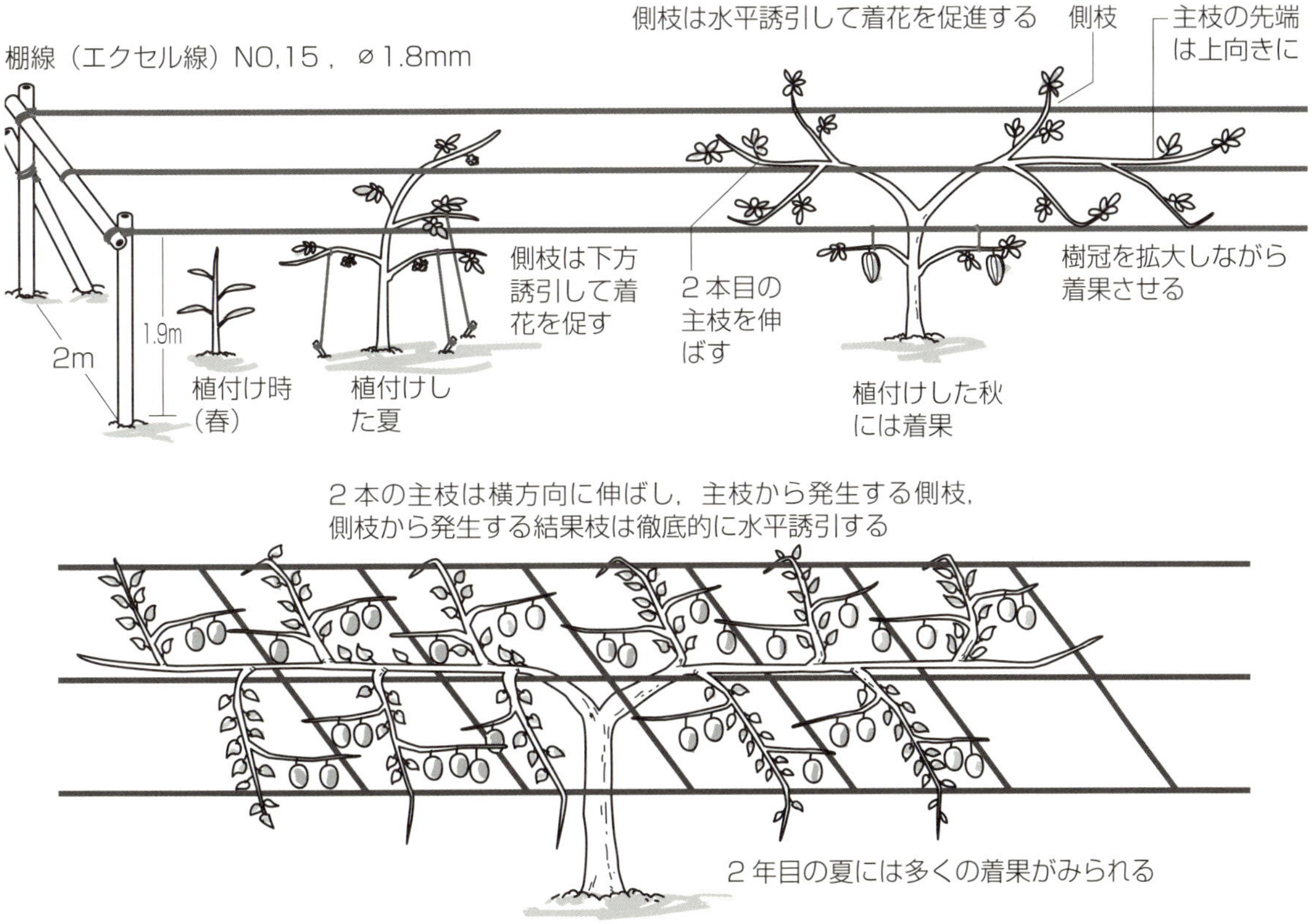
側枝は水平誘引して着花を促進する
側枝
主枝の先端
は上向きに
棚線（エクセル線）NO,15，ø1.8mm
側枝は下方
誘引して着
花を促す
2本目の
主枝を伸
ばす
樹冠を拡大しながら
着果させる
2m
1.9m
植付け時
（春）
植付けし
た夏
植付けした秋
には着果
2本の主枝は横方向に伸ばし，主枝から発生する側枝，
側枝から発生する結果枝は徹底的に水平誘引する
2年目の夏には多くの着果がみられる

図 1-9 ③　ゴレンシやインドナツメの棚仕立て

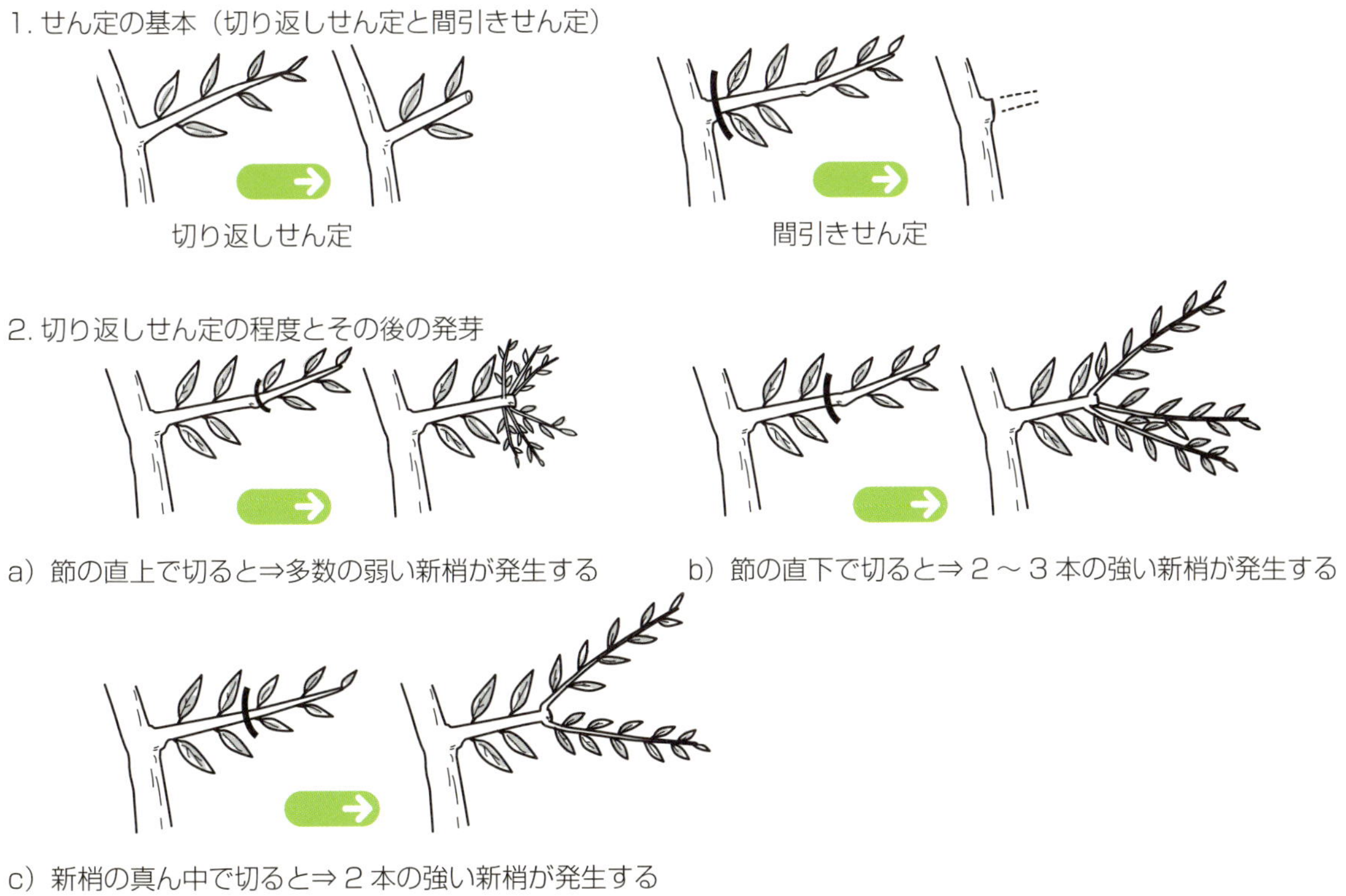
1. せん定の基本（切り返しせん定と間引きせん定）
切り返しせん定
間引きせん定
2. 切り返しせん定の程度とその後の発芽
a）節の直上で切ると⇒多数の弱い新梢が発生する
b）節の直下で切ると⇒2～3本の強い新梢が発生する
c）新梢の真ん中で切ると⇒2本の強い新梢が発生する

図 1-10　切り返しせん定と間引きせん定

ていく。間引きで幹に日が当たるようにすれば、たいてい新梢が発生してくるので、この新梢を古い枝より上方に誘引して、更新枝として育てる。更新枝が充実したら、収穫後に古い結果枝を間引きせん定で切り取る。更新枝は元の古い枝の空間部で果実を生産しながら生長する（図1－12）。

頂芽優勢性のマンゴーなどで主幹の基部でハゲ上がる場合がある。こういう場合は、ハゲ上がった幹に太い穂木を腹接ぎして新しい枝を形成することができる。この枝を伸ばして更新枝とすることも可能である。

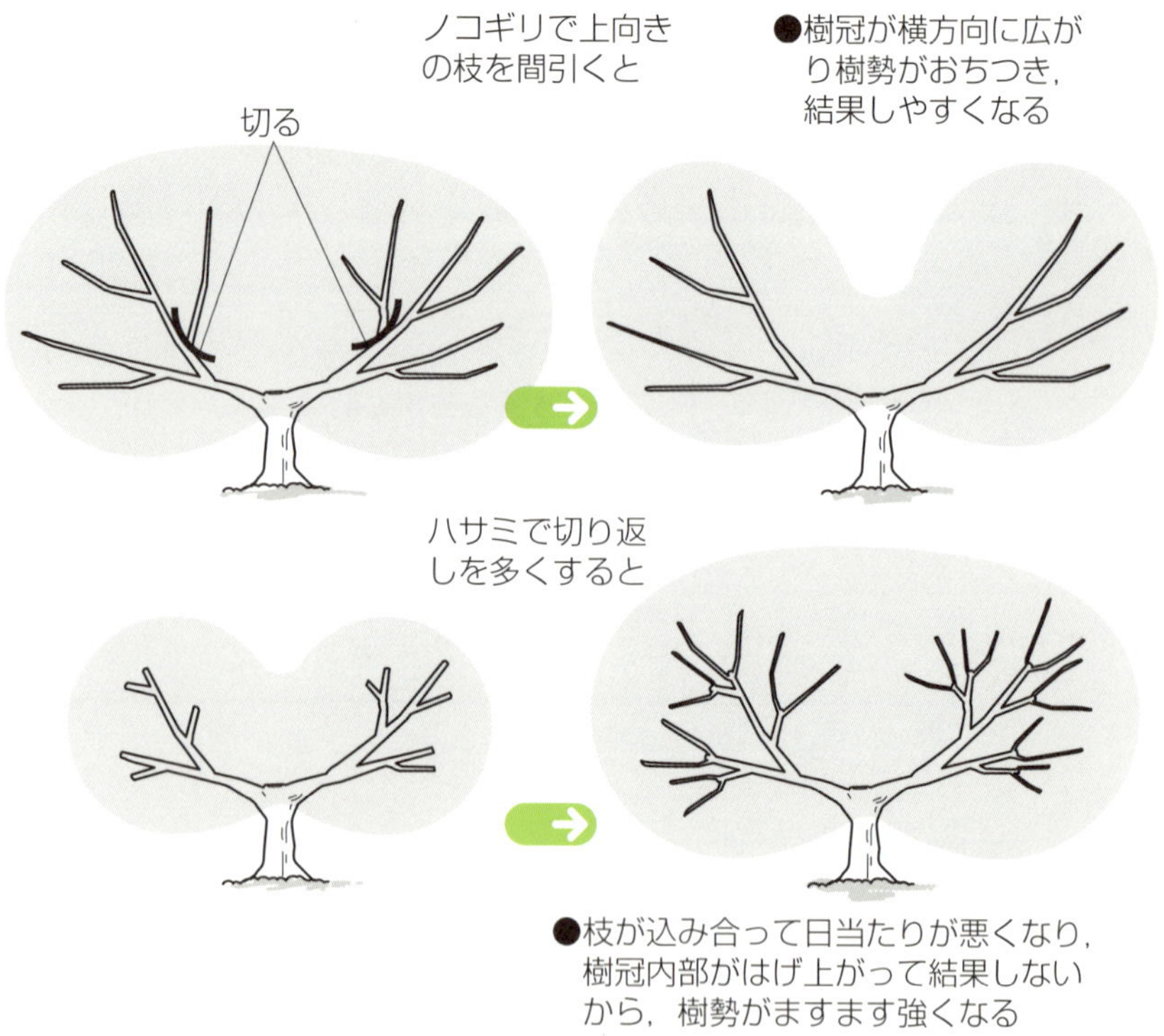

ノコギリで上向きの枝を間引くと
切る
●樹冠が横方向に広がり樹勢がおちつき，結果しやすくなる
ハサミで切り返しを多くすると
●枝が込み合って日当たりが悪くなり，樹冠内部がはげ上がって結果しないから，樹勢がますます強くなる

図 1-11　枝の整理はノコギリを上手に使う

結果枝の背部から徒長枝が発生するので，
果実収穫後に結果枝を間引き，背部の徒長枝を下方誘引して，これに結果させる
同じことのくり返し

図 1-12　古枝の更新の仕方　ゴレンシやシロサポテ，インドナツメ，アボカド等で用いる。

知っておくと便利な技術

① カクテルツリー＝一樹で多品種を楽しむ

接ぎ木樹は台木となる品種に別の品種を接いだものである。落葉果樹でも生長力や病気に強い品種を実生で育てて、これに糖度が高いなど栽培に適した品種を接ぎ、接いだ穂から主幹を育て、さらにそこから数本の主枝や亜主枝を出させて樹冠を形成する。

ところで、この樹になる実は当然ながらどの枝も同じ品種である。ふつうは一品種の果実の風味しか楽しめないわけである。そこで、枝ごとに別々の品種を接ぎ木したらいろいろな品種の風味を味わえるのではないかと、欲張りな人間は考えた。ただし、カンキツにリンゴは接ぎ木できない。接ぎ木親和性というのがあって、カンキツならカンキツどうし、マンゴーならマンゴーどうしでないと接ぎ木できない（図1－13）。

また、この方法はアボカドのように雌しべと雄しべの活動時期が正反

マンゴーの台木から3本の主枝を発生させてアーウィン，トルベット，ナムドクマイの枝を接ぎ木すると，3品種の形と色と風味が1本の樹で味わえる
トルベットの丸い果実
ナムドクマイの細長い果実
アーウィンのだ円形の果実

図 1-13　1本の樹で複数品種が楽しめるカクテルツリー（葉は省略）

対のグループに別れるものや、シロサポテのように花粉を有する品種と花粉を有しない品種がある場合に有効である（表1－2）。すなわち、異なるグループ、あるいは受粉用品種を接ぎ木しておけば、受粉率が高まって実がよく結果するからである（写真1－9）。

表 1-2　カクテルツリーの組み合わせ

アボカド	Aタイプ開花型品種	ハス，ピンカートン
	Bタイプ開花型品種	フェルテ，ベーコン
グアバ	赤肉系	中南米からの品種（品種名なし）
	白肉系	東南アジアからの品種（品種名なし）
ゴレンシ	長花柱花の品種	カレー，ホウザン -17
	短花柱花の品種	B-10，B-17，カイラ，ファンタン
シロサポテ	花粉のある品種	モルツビー，バーノン，スーベール
	花粉のない品種	クシオ，チェストナット，スマザーズ
バンレイシ科	チェリモヤ	フィノデヘテ，ビッグシスター，ホワイト
	アテモヤ	クーチーアイランド，ジェフナー，ピンクスマンモス
バンレイシ	赤色果皮	品種名なし
	緑色果皮	品種名なし
ストロベリーグアバ	テリハバンジロウ	品種名なし
	キミノバンジロウ	品種名なし
ピタンガ	赤色果実	ラバー，バーミリオン
	黒紫色果実	カワハラ，ブラック
マカダミア	赤花品種	カリフォルニア品種（バーモント，クーパー）
	白花品種	カリフォルニア品種バーディック，ハワイの品種（カウー，キアウ，カケア）
マンゴー	早生品種	アーウィン，ナムドクマイ，リペンス，ダンカン
	中生品種	ゴールデンナゲット，マンサニーヨ，トルベット，オステーン
	晩生品種	キーツ，パルマー，センセーション
マンゴー	黄色品種	ナムドクマイ，リペンス，ダンカン，ゴールデンナゲット
	赤色品種	アーウィン，マナンサニーヨ，トルベット，オスティーン，パルマー，センセーション
	黄緑色品種	キーツ
レンブ	赤色系	品種名なし
	ピンク系	品種名なし

＊品種名なし：品種名はないが国内で栽培されているので入手可能

受粉樹の接ぎ木などにより，よく結実したシロサポテ（上、品種：スマザーズ）とアボカド（下）（写真 1-9）

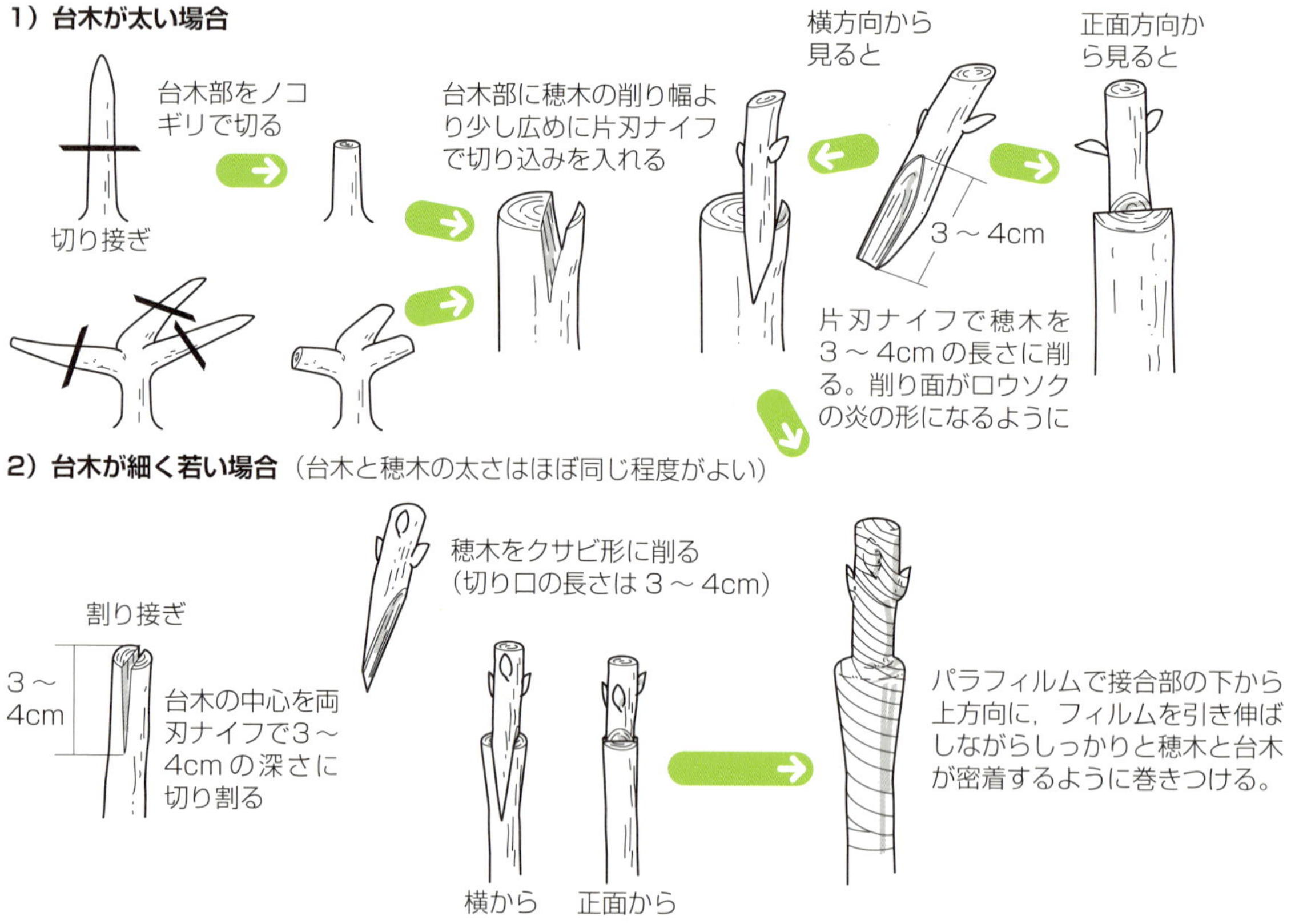
1）台木が太い場合
台木部をノコギリで切る
切り接ぎ
台木部に穂木の削り幅より少し広めに片刃ナイフで切り込みを入れる
横方向から見ると
正面方向から見ると
3～4cm
片刃ナイフで穂木を3～4cmの長さに削る。削り面がロウソクの炎の形になるように
2）台木が細く若い場合（台木と穂木の太さはほぼ同じ程度がよい）
穂木をクサビ形に削る（切り口の長さは3～4cm）
割り接ぎ
3～4cm
台木の中心を両刃ナイフで3～4cmの深さに切り割る
横から
正面から
パラフィルムで接合部の下から上方向に，フィルムを引き伸ばしながらしっかりと穂木と台木が密着するように巻きつける。

②接ぎ木にも様々な方法

カンキツなどでよく行なわれているのが、切り接ぎ、腹接ぎ、芽接ぎである。トロピカルフルーツでは合わせ接ぎ、割り接ぎなどもよく行なわれる（図1－14）。

接ぎ木の成功を決める要因は、一に時期、二に切れる刃物、三に腕といわれる。どんなに腕のよい名人でも、不適な時期に接ぎ木したら失敗する。

また、よく充実した穂木を選んで採取する腕も要求される。熱帯では常時新梢が発生しているので、充実した穂木を得にくい。それではどうするかというと、「環状剥皮《かんじょうはくひ》」といって、穂木を採取する枝の基部の樹皮をぐるりとはぎ取ってやる。こうすると、葉で生産された養分は根の方向に移行できず枝の中に蓄積される。環状剥皮して一ヵ月ほどしてから枝を切り取ると、充実した穂木が得られるというわけである。

温帯では冬季が低温で新梢が発生しないので、この時期に穂木を採取する。しかし、この時期は気温が低すぎて、暖房施設のあるハウスの中でしか接ぎ木できない。アボカドなどの苗木生産は冬季に穂木を採取してハウスの中で行なうと、接ぎ木が容易である。露地で行なう場合は、三月に芽が動き出す直前の枝を穂木として採取してポリ袋に包んで冷蔵庫で保存し、四月に接ぎ木する。トロピカルフルーツの穂木は冷蔵期間が長くなると低温障害を受けやすいので、冷蔵保存は勧められない。

マンゴーなどでは夏季に穂木を採取してただちに接ぎ木する。これを取り接ぎという。穂木は、新梢が展葉して硬化し十分に養分が蓄積され、次の発芽のために芽がふくらんできたときに採取する。頂芽優勢性（先端の芽が優先して伸長する）なので、先端の芽の部分だけ二節ほど切り取ると、残りの芽が数日するとふくらんでくる。ふたたび二節程度を切り取って接ぎ木する（図1－15）。

③結果枝がつくれる捻枝

マンゴーなどは直立性の枝に花が

3）台木が穂木より太い場合

穂木を台木の切り込みに挿入する

その後は穂木全体を引き伸ばしたパラフィルムではりつける程度の強さで巻きつける
4）台木と穂木が同じで，両方が若い場合

2cm 程度の長さに，芽の部分を木質部までえぐるように切り取る

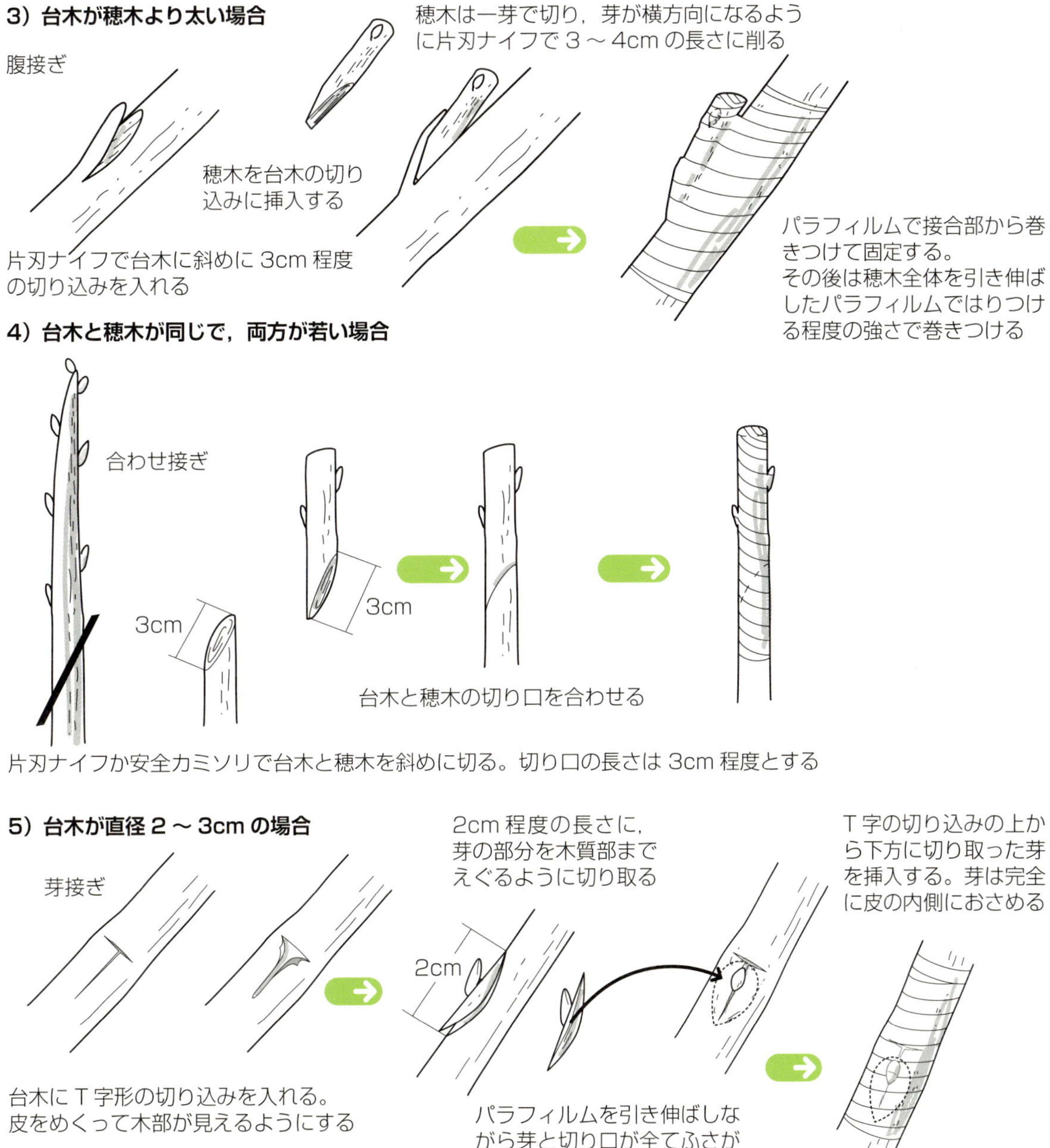
T 字の切り込みの上から下方に切り取った芽を挿入する。芽は完全に皮の内側におさめる
皮をめくって木部が見えるようにする
パラフィルムを引き伸ばしながら芽と切り口が全てふさがるように巻きつける

1-14　各種接ぎ木法

つきにくい。そこで、直立性の枝を捻枝して斜め横～水平に誘引してやると、花芽がつきやすくなる。ただし、捻枝の時期が遅いと木質化して枝が折れやすいので、新梢が伸び始めたら軟らかいうちにねじるように曲げる。枝が元に戻らないようにヒモで誘引してやるとよい（図1‐16、写真1‐10）。

捻枝は徒《と》長《ちょう》枝《し》を結果枝として活用するのにも便利である。チェリモヤは徒長枝が発生して樹形を乱しやすい。発生したらすぐに基部から切り取ることが望ましい。しかし、枝のハゲ上がりなどで、どうしても結果枝をおきたい場合には、この徒長枝を捻枝してやると、枝が落ち着いてきて結果枝として使えるようになる。切るなら早めに、切らぬなら捻枝を、である。

幼樹の樹冠拡大期には、捻枝を頻繁に行なって結果枝をより多くつくることで、早期から実を成らせる態勢をつくるのがよい。

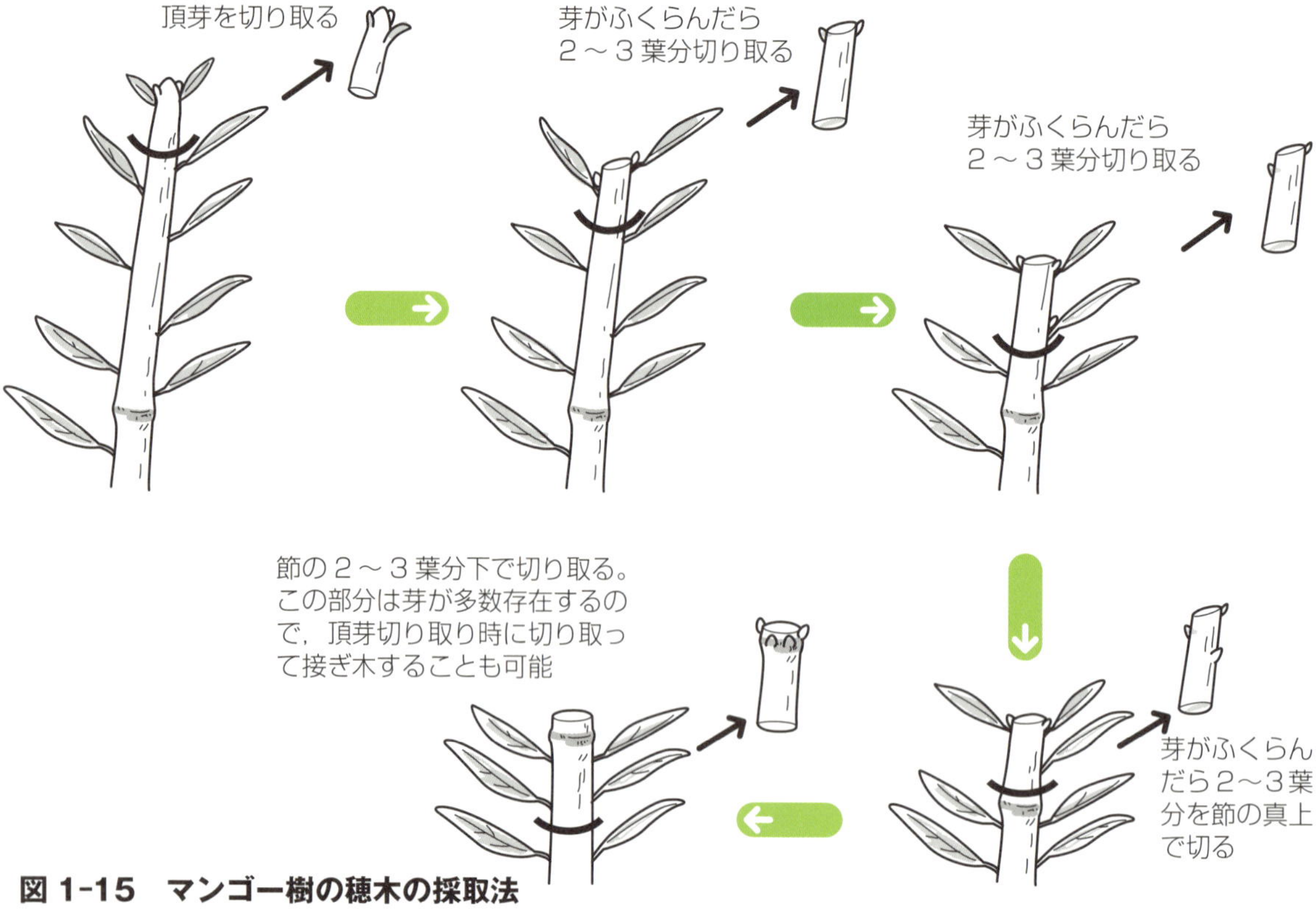

2～3葉分切り取る

2～3葉分切り取る
節の2～3葉分下で切り取る。

芽がふくらんだら2～3葉分を節の真上で切る

図 1-15　マンゴー樹の穂木の採取法

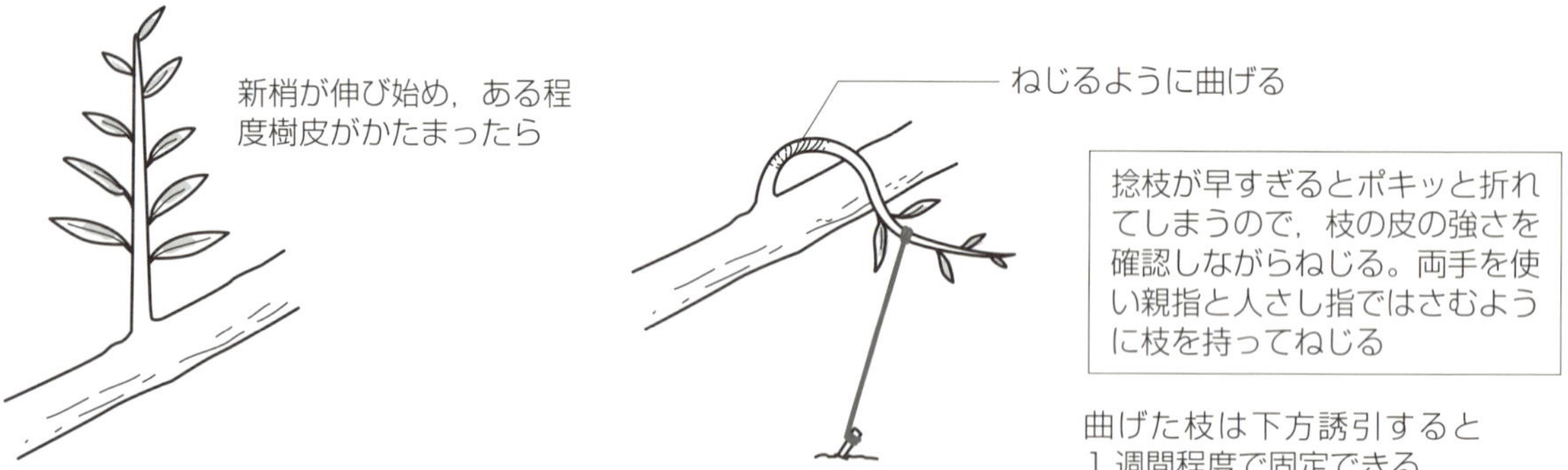
新梢が伸び始め，ある程度樹皮がかたまったら
捻枝が早すぎるとポキッと折れてしまうので，枝の皮の強さを確認しながらねじる。両手を使い親指と人さし指ではさむように枝を持ってねじる
曲げた枝は下方誘引すると1週間程度で固定できる

図 1-16　直立した枝を捻枝して斜め横～水平に倒すと花芽がつきやすくなる

捻枝は枝が軟らかいうちにねじるように曲げ、元に戻らないようにヒモで誘引（写真 1-10）

④ 樹のコンパクト化に必要な技術＝摘心

生育中の新梢の先端を指先でつまみ取ることである。アボカドでは摘芯した場所から下の腋芽が数本発芽してくる。放っておけば一本だけ長

く伸びてしまう新梢も、こうすることで数本に分岐する。分岐数が多いと新梢の伸びる長さが短くなる。摘芯をこまめにくり返すことで、樹をコンパクトにすることが可能だ（図1-17）。

チェリモヤなどは、新梢が基部に果実をつけたまま伸び続ける。放っておくと、果実へ回るはずの光合成産物が新梢のほうに行ってしまい、生理落果や果実生育不良の原因となる。そこで、着果位置から先に葉が一〇枚程度伸びたら摘心してやると新梢はそれ以上伸びず、葉で生産された光合成産物はすべて果実に転流する（図1-18）。

5 環状剥皮――樹勢矯正と苗木つくりに

二八ページの穂木の採取法のところで述べた「環状剥皮」は穂木を採る以外にも、樹勢が強くて栄養生長が止まらず、なかなか着花しない樹を果実生産に向かわせる場合にも有効である。

剥皮幅の目安は直径の五分の一。刃物で形成層まで達する深さにぐるりと樹皮をはぎとると、葉で生産された光合成産物が根に送られなくなり、光合成生産物が地上部に溜まり、花芽の分化、果実の肥大、着色などがよくなる。花芽分化促進には花芽分化期の直前に、果実肥大や着色の促進にはそれらの直前に行なう。

ただし、トロピカルフルーツであまり頻繁に環状剥皮を行なうと樹が衰弱することがある。また主幹に行なうと樹を枯らしてしまう危険性もあるため、亜主枝単位で行なうのが望ましい。剥皮部にはガムテープを巻きつけておけば乾燥を防げて、癒《ゆ》合《ごう》が正常に行なわれる。

6 取り木でも苗木をつくれる

環状剥皮のもう一つの使い道は取り木苗の作出である。現在のような

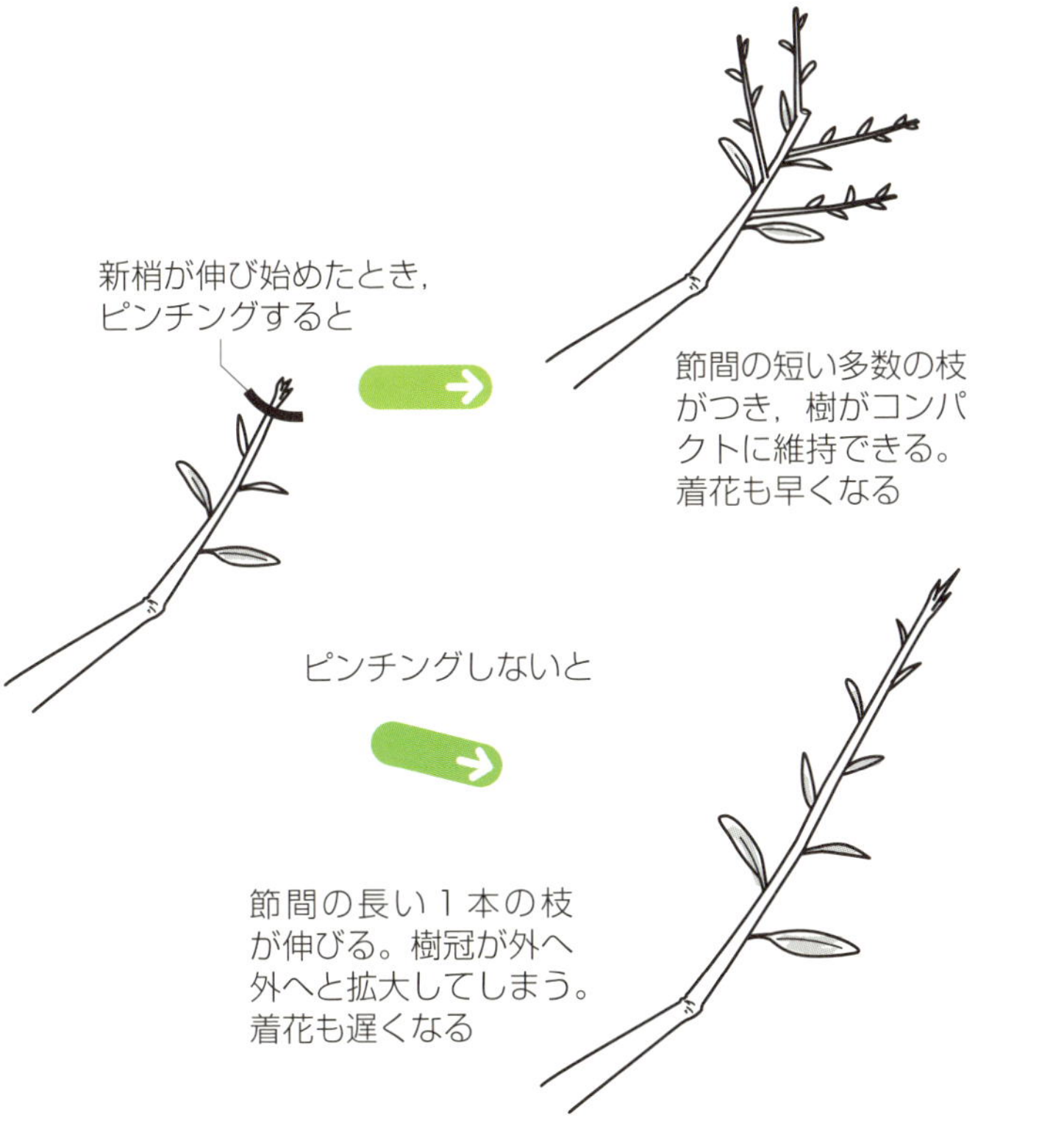
新梢が伸び始めたとき，ピンチングすると
節間の短い多数の枝がつき，樹がコンパクトに維持できる。着花も早くなる
ピンチングしないと
節間の長い１本の枝が伸びる。樹冠が外へ外へと拡大してしまう。着花も遅くなる

図 1-17　樹をコンパクトに保つ摘心

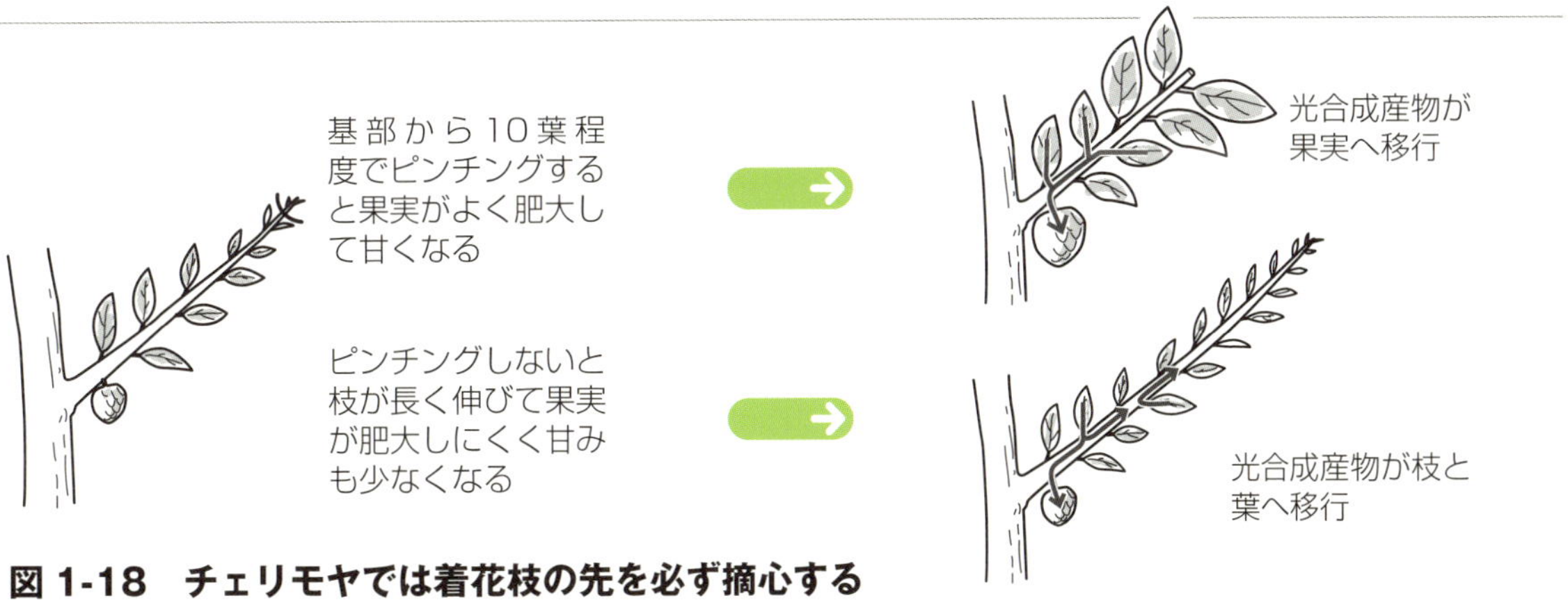
基部から10葉程度でピンチングすると果実がよく肥大して甘くなる
光合成産物が果実へ移行
ピンチングしないと枝が長く伸びて果実が肥大しにくく甘みも少なくなる
光合成産物が枝と葉へ移行

図 1-18　チェリモヤでは着花枝の先を必ず摘心する

便利な接ぎ木用具がなかった時代、苗木はこの方法で生産された。また、接ぎ木が困難なレイシやリュウガンなどでは、現在でも取り木法による増殖が行なわれている。

花芽分化や果実生産促進のために行なう場合は、一定期間で剥皮部分に形成層ができて癒合することを前提にするが、取り木法では癒合させない程度に幅広く剥皮する。そして、この部分を湿らせたミズゴケなどで覆い、さらに外側からビニルフィルムなどで包んで保湿して発根を促す。発根を確認したら、発根した部分の下で切り取り、ビニルフィルムをはがしてポットに植え付ける。これで、母樹の枝から接ぎ木したと同じ新しい苗木ができる（図1-19）。

取り木苗は結実するまでの期間が短いが、直根がないために強風による倒伏に弱い欠点がある。

⑦ 挿し木繁殖は難しいが…

落葉果樹と異なり、トロピカルフルーツはアボカドのように挿し木してもなかなか発根してこないものが多い。マンゴーでも品種によって発根しやすいものと、そうでないものがある。

国内で台木が得られにくいもの、種子が一つしか入ってなく、高価なものなどは、挿し木で台木を繁殖し、これに接ぎ木したいと考える。しかし、そう簡単にはいかないのが現状である。なかなか発根してこないからである。

挿し木の方法は温帯果樹と変わらないが、トロピカルフルーツの場合は挿し穂の採取が重要で、接ぎ木のところでも述べたが、新梢の伸びが止まって枝内に十分に養分が蓄えられ、次の発芽が見られる直前に採取するようにする。または、採取する一ヵ月前に環状剥皮し、枝内に貯蔵養分がたまってから採取することである。

⑧ 移植は極力避ける

温帯果樹と異なり、一般的にトロピカルフルーツは移植を嫌う。だから幼い苗木でもポット育苗して根鉢を崩さないように定植する。

1　ナイフで枝の直径 1/5 以上の幅で枝の上下２ヵ所をぐるりと切り込む。
2　枝と水平にタテに切り込みを入れて，木質部まで皮をすっぽりとはぎとる。
3　水ゴケを水でしめらせ，手でにぎって水分を落とす。切り口をすっぽりと水ゴケでおおい，サランラップをかぶせて上下２カ所をひもでしばる。日光で熱せられる場合には外側にアルミホイルをかぶせる。
4　水ゴケの中に発根が確認できたらラップをはがし，発根している下で枝を切り取る。
5　根は弱いので水ゴケをつけたままそっと鉢に植えつけ，鉢土に根が伸びて活着するまでは遮光して守ってやる。取り木苗の根は化成肥料に弱いので，根がしっかりするまでは液肥の葉面散布が望ましい。

図 1-19　取り木法で母樹の枝から新しい苗木ができる

大きく育った樹の移植となるとダメージが多すぎる。冬季や春先では気温や地温が低すぎて発根しない。夏季は高温と乾燥で衰弱しやすい。残るは六月の梅雨の時期だが、筆者は移植を嫌うアボカドで、樹体内にもっとも養分が溜まった発芽直前の樹の枝葉を切り落として移植し、活着させた経験がある。

一方、マンゴーは移植しやすく、筆者は、五～七年生で幹の直径が一〇cm程度の樹でも移植したことがある。芽が動き出す直前のタイミングを選び、地上部と地下部（根）を切り縮め、移植後は日覆いをして日焼けから守る。こうしたやり方で、移植した年の結実は望めないが、翌年には結実させることができた。

9 大事な排水とかん水対策

トロピカルフルーツには、マンゴーのように根を地中深く伸ばすものと、アボカドのように地表近くに幅広く伸ばすものがある。植物はこの二つの方法で雨水を吸収する。おもしろい例が、砂漠で生育するホホバビーンと柱サボテンである。前者はマンゴー同様地中深く根を伸ばし、地下水をくみ上げる。後者はめったに降らない雨水を、地表面に張り巡らせた根群により短期間に吸収し、体内に貯水して生き延びようとする。

深く根を伸ばすマンゴーやマンゴスチンなどは、雨季の湿潤な土壌環境でも生き延びられるが、地表近くに根を広げるアボカドは水が溜まると酸素欠乏になって枯れてしまうか根腐れ病菌に侵されやすくなる。

また、マンゴーやカシューなどは乾燥しても樹液で萎れを防ぐ、あるいは葉を落として樹体を維持させようとする。常時適量の降雨のある環境で甘やかされて育ってきた亜熱帯性のアボカドは、少しの乾燥ストレスでも大きなダメージを受けやすい。

こうしたトロピカルフルーツを栽培するには、必要なときに必要な水を与えられるかん水施設を持ち、また降雨などで必要以上の水がある場合には、さっと排水できる土壌をつくっておくことだが、広い園地の土壌改良となると大変だ。しかし、庭やポット程度の土壌改良ならそれほど手間はかからない。地植えでもっとも失敗が少ないのは、高うね栽培にして自動かん水装置をつけておくことだ。

水は雨水を利用するといいだろう。雨樋などを利用して貯水タンクに貯めておく。量は、真夏のマンゴー（樹冠直径二m、葉数一五〇〇枚程度）の一日の蒸発散量は約五ℓ程度なので、二〇日に一回しか雨が降らないとして、一〇〇ℓ分のタンクがあればよい。この場合、家庭用の小さい水中ポンプとタイマーをセットしてかん水する（図1-20、雨水利用事業者の会 http://amamizu-pro.net/cat1/）。また、水道に家庭用水やりタイマーを直結すれば動力は必要なくなる。かん水には、低圧で少量ずつかん水できるドリップイリゲーション（写真1-11）がお勧め（タカギ社製「屋外一般家庭用自動水やりセット」等がホームセンターで購入可能）。筆者はこのかん水設備と簡易な一坪程度のビニルハウスをセットにして、一般家庭でのトロピカルフルーツ栽培用キットとして販売できればと考えている。

10 病気と害虫、生理障害

雨と強風によって病原菌が傷口から侵入する。病気から守ってやるために雨風をビニルや防風ネット等で防いでやることが一番である。年中ハウスの中で生育させていると、ほとんど病気には感染しない。また、感染したと思ったら、感染した枝葉や果実を早く切り取って焼却処分することで、被害がずいぶん減少する。

しかし、ハウスで雨を遮断して栽培しているとダニが発生しやすくなる。露地で発生が少ないのは、ダニ

ポット栽培で便利なドリップかん水（写真 1-11）

と葉の表面のホコリが雨で洗い流されることと、ホコリがないと天敵がダニを発見しやすくなることなどが考えられる。実際、毎月一回程度、晴天日に葉の表面だけではなく裏側も動力噴霧器などで圧力をかけて洗浄してやると、ダニだけでなく、その他の害虫の密度も低下する。

ほかから飛来してくる害虫は、防虫ネットや袋かけなどで防ぐしかない。見つけたら早めに手で除去するか農薬散布することで、大発生は未然に防げる。

トロピカルフルーツの生理障害としては、寒害、日焼け、乾燥害、微量要素欠乏などがある。

それぞれの果樹の寒さに耐えられる温度や乾燥に耐えられる程度を知って、その範囲で栽培するようにする（表1-3、一六ページ表1-1も参照）。また、ポット栽培など根域の土壌が少ない栽培では、かん水で土壌中の肥料要素が溶解して流亡し、微量要素欠乏を起こしやすい。チッソ、カリ、リンの三要素は施肥で補われるが、カルシウムやマグネシウム、その他の微量要素も年に数回、定期的に補給してやる必要がある。

資料4（巻末）に、熱帯果樹品目別に主な病害虫と生理障害の対策を記したので参照してほしい。

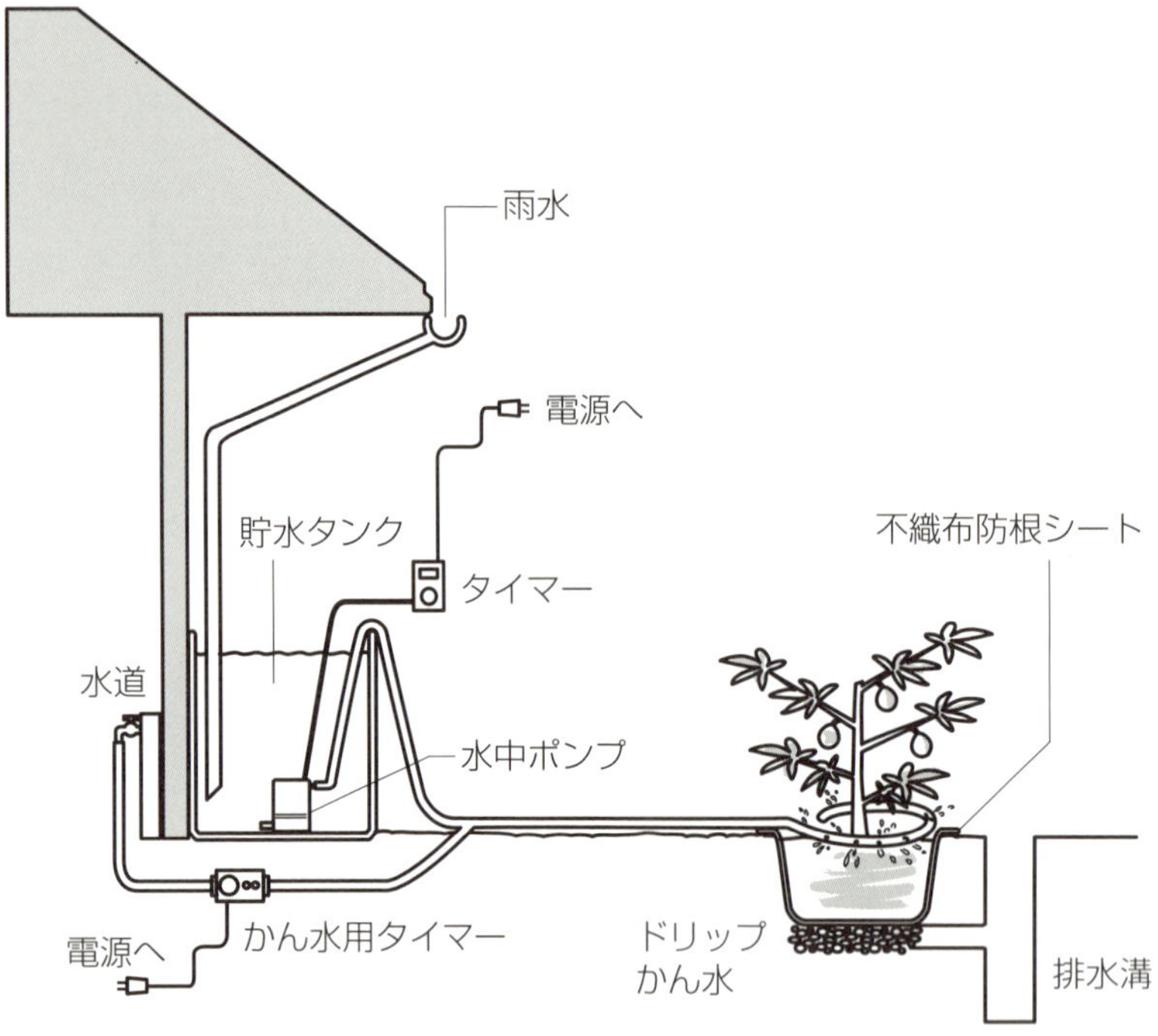

・安藤電気製作所　「水やりくん」
・ネタフィルムジャパン　「ミラクルブニス」
・サンホープ　「スプリンクラーシンカー」など

図 1-20　家庭でも取り入れられる簡易かん水装置

表 1-3　トロピカルフルーツの特性と日当たり・水はけ・乾燥の程度

耐陰性	日陰に非常に弱い（日当たりを大変好む）	マンゴー，カシュー，レイシ，リュウガン，パパイア
	日陰に弱い	アボカド，バンレイシ，ドラゴンフルーツ，ゴレンシ，スイショウガキ，ブラックサポテ，バナナ
	日陰に強い	チェリモヤ，アテモヤ，パイナップル
耐湿性	強い（やや水はけが悪くてもよい）	マンゴー，インドナツメ，ピタンガ，ペカン，マンゴスチン
	弱い（水はけのよい場所を好む）	チェリモヤ，アテモヤ，ドリアン，マカダミア，パパイア，パイナップル，パラミツ，バナナ，ドラゴンフルーツ，ゴレンシ，パッションフルーツ，カニステル
	非常に弱い（根ぐされしやすい）	アボカド，バンレイシ，ドラゴンフルーツ
耐乾性	強い	マンゴー，カシュー，パラミツ，バンレイシ，野生バナナ，カニステル
	やや強い	マンゴスチン，ドリアン，インドナツメ，レイシ，リュウガン，バナナ，パパイア，レンブ，スイショウガキ，ドラゴンフルーツ
	弱い（夏の乾燥に弱い）	アボカド，グアバ，ゴレンシ，ランブータン，レンブ

part2

さぁ、はじめてみよう トロピカルフルーツ34種

「各果樹の特徴と栽培ポイント」

Data

- キントラノオ科ヒイラギトラノオ属／中央アメリカ，西インド諸島原産。
- 主な品種　甘味系：フロリダスウィート，ハワイアンクイーン，トロピカルルビー，マノアスウィート，沖縄在来／酸味系：マウナウイリー，レッドジャンボ，C.F. レンボーグ，F. ハーレー
- 開花期は温帯では春から秋にかけて，熱帯では周年。両性花だが気温が低いと花粉不稔で単為結果する。
- 5～11 月（開花後 28～45 日後）収穫

アセロラ

（バルバドスチェリー）

acerola, barbados cherry

（アセロラ栽培暦）

（月）

1	2	3	4	5	6	7	8	9	10	11	12
		土壌乾燥	かん水	土壌乾燥	かん水	土壌乾燥	かん水	土壌乾燥	かん水		
			開花結実	収穫せん定	開花結実	収穫せん定	開花結実	収穫せん定	開花結実	収穫せん定	
		花芽形成		花芽形成		花芽形成		花芽形成			
			出蕾・開花・果実肥大・成熟を４回程度くり返す								
			春肥施用		夏肥施用		夏肥施用		秋肥施用		

① 生育の特徴とつくり方

灌木性の果樹

アセロラは典型的な灌木で，株元から多くの枝を発生させる。筆者はプエルトリコで樹高四m以上もある樹（写真2-1-1）を見たことがある。灌木のくせに意外に強風に弱く，石垣島で筆者が露地栽培していた樹が根こそぎ倒されたことがある。もっとも，石垣島の台風時には秒速六〇m程度の風が吹いたのだが。

生育適温は二五～三〇℃で，五℃以下では生育が停滞する。冬季は果実生産を行なわず，越冬だけを目的にするならば，最低気温が三℃以下にならないように保護してやればよい。

樹高４ｍを超すアセロラの大樹（写真 2-1-1）

ジベレリンで着果させる

花は両性花で，虫媒花である。サクラの花に似て咲き始めの花弁は濃桃色であるが，翌日には白色に変化して落弁する（写真2-1-2）。この花の色の変化をめでるのも一興である。

温度が低いわが国では不稔花粉が多く，なかなか結果しない。そこで，市販のジベレリン（五～二五ppm，すなわち水一ℓに五～二五mg溶かす）を開花している花に霧吹きで散布して結果させる。花は継続的に開花するので，一～三日間隔で散布すればよい。ただし，夏季の高温時に濃度の高いものを散布すると，果面に筋状の紋様が出て外観を損なうので，

アセロラの花は開花した翌日には白色に変化して落ちる（写真 2-1-2）

濃度は低めにする。果実は開花から二八～四五日で熟期に達する。気温が高いほど、短期間で熟期に達する。

環状剥皮か土壌乾燥で着花促進

一樹当たりの年間施肥量は、三要素が一〇：一〇：一〇の緩効性化成肥料（くみあい尿素入りIB化成1号）で、三～四年生樹が二三〇g、五年生以上の樹が一・四～二・三kgである。春、夏、夏、秋の四回に等量ずつ分施するとよい。栄養状態がよすぎて樹勢が強いと着花しにくい。そんな場合は主幹基部を直径の五分の一程度の幅で環状剥皮してやる。環状剥皮は強すぎると樹を衰弱させる危険性があるので、土壌乾燥処理が一般に行なわれる。

収穫後、せん定したらかん水量を少なくして乾燥ストレスを与えることで花芽を分化させる。花芽が見えてきたらかん水量を増やし、果実収穫期までは十分な土壌水分を保つ。

ビタミンCのかたまり

未熟果実は緑色で、成熟期になると赤色になり、完熟期には暗赤色となる。樹上完熟果実の果肉は軟らかく、少しの衝撃で傷つきやすいので、果皮に薄い紅色が出てきたら収穫する。室温で二～三日置けば赤色になる。

アセロラの特徴はビタミンCを非常に多く含むことだ。果肉一〇〇g中の含量は未熟果実で四〇〇〇mg、それから成熟に向かって減少するが、赤色になったときでも一七〇〇mg程度はある。レモン果汁は一〇〇ml中に一〇〇mg程度（五訂増補食品成分表2010）といわれるから、その含量がいかに多いかがわかる。石垣島のアセロラ生産農家は収穫した果実をそのまま冷凍保存して、毎日数個食べている。おかげで風邪など全然ひかないそうだ。ビタミンC摂取が風邪の予防に効果的なことは医学的にも証明されている。

しかし、甘くないのが欠点である。もしもアセロラで糖度一五度程度の甘い品種があったら、サクランボを凌駕する果実となろう。筆者はその甘い品種を求めてプエルトリコまで旅をしたが、とうとう見つけることはできなかった。「フロリダスウィート」「マノアスウィート」などの甘味系がもっとも酸味が少ないが、たくさん食べられるものではない。ミラクルフルーツという酸味の知覚神経をブロックする果物を食べてからアセロラを食べると非常に甘いリンゴを食べたような錯覚にとらわれる。

② 果実の成り方と仕立て方

主幹形仕立てがお勧め

花は、前年生枝または前年生枝より発生した新梢の基部側の葉腋に一～五花をつける（写真2-1-3）。

アセロラは新梢基部の葉腋に1～5花着花（写真 2-1-3）

主幹形仕立てと筆者（写真 2-1-4）

熱帯地方では年間六～七回、亜熱帯地方では五～六回、暖温帯地方では四～五回着果する。好適な肥培管理を行なえば、品種により二年目から結果する。

元来灌木であるが、主幹三本程度を残して樹高二m以下の主幹形（写真2－1－4）に仕立てるのが、後のせん定、ジベレリン散布や収穫時に便利である。

主幹から発生する側枝に結実させ、収穫が終わったら側枝を二～三節に切り返して新梢を発生させ、これに結実させることをくり返す。

また、主幹や側枝から出る太くて短い短果枝には何度でも着花する（写真2－1－5）ので、短果枝は切り返さず何度でも果実生産させる。短果枝に花がこなくなったら切り返して新しい短果枝を形成するようにする（図2－1－1）。

せん定時にはマスクと長そでシャツを着用することをお勧めする。葉には毛じがたくさんついており、せん定時にこの毛じが皮膚につくと、かゆくてたまらなくなる。

二〇ℓ程度のポット栽培が可能

写真2－1－4のように二〇ℓ容量のプラスチック鉢で十分育てられる。容量の少ない鉢栽培のほうが、収穫後の花芽分化促進のための土壌乾燥ストレスを与えやすい。ただし、開花期から果実生育期にかけては、毎日定期的にかん水しなければならないから、タイマーつきの自動かん水装置を設置するのが便利だ。

太くて短い短果枝には何度でも着果する（写真 2-1-5）

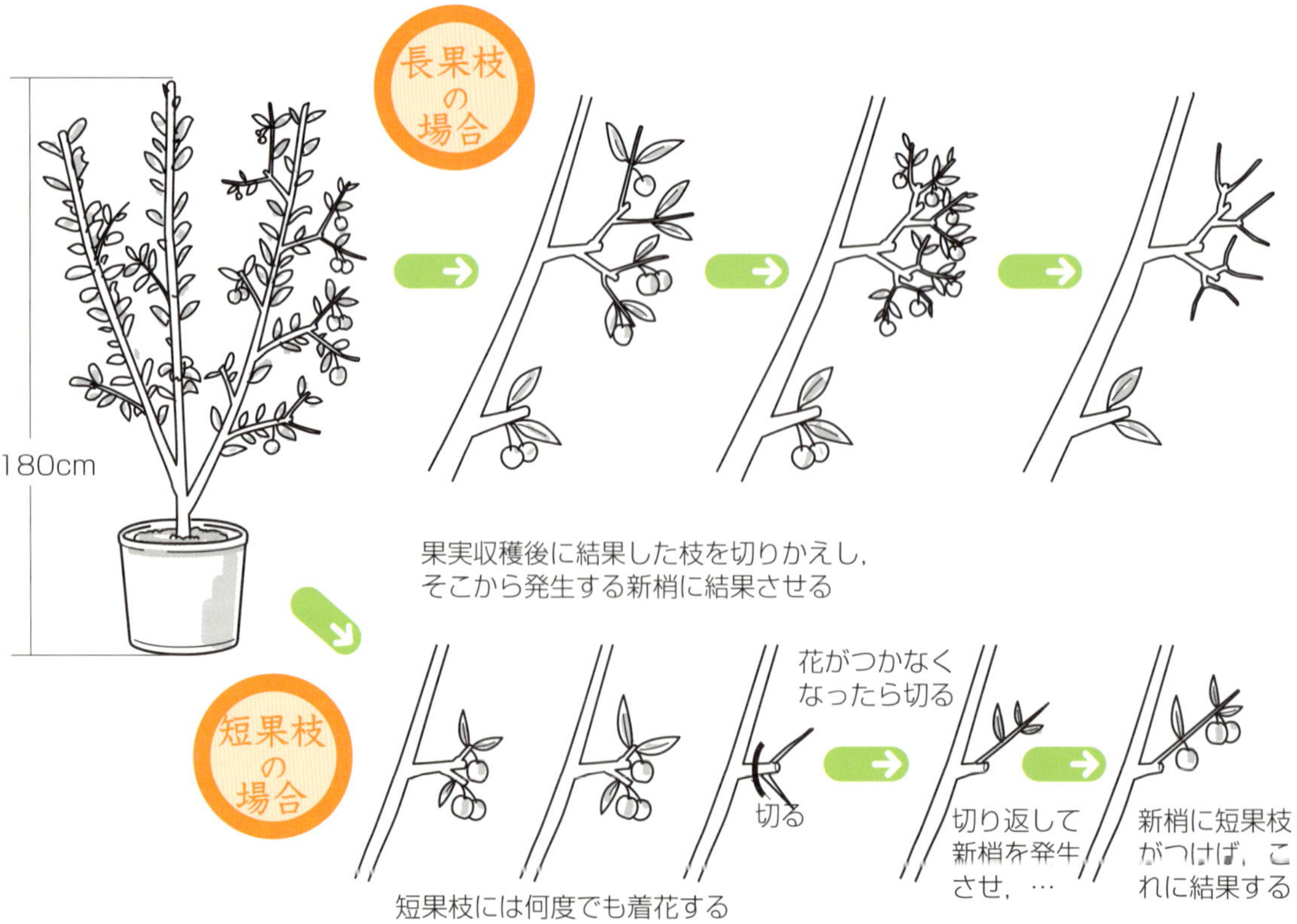

長果枝の場合
180cm
果実収穫後に結果した枝を切りかえし，そこから発生する新梢に結果させる
短果枝の場合
花がつかなくなったら切る
切る
切り返して新梢を発生させ，…
新梢に短果枝がつけば，これに結果する
短果枝には何度でも着花する

図 2-1-1　アセロラのせん定法

Data

- バンレイシ科バンレイシ属，シャカトウにチェリモヤの花粉を交配して作出。
- おもな品種　ジェフナー，ピンクスマンモス，アフリカンプライド，ジョイほか
- 開花期は５月から６月。両性花だが，雌雄異熟，雌ずい先熟性。人工受粉が必要，かん水して湿度を高めると結実率アップ。
- 開花後 150 日程度で収穫可。

アテモヤ

atemoya

（アテモヤ栽培暦）

（月）

1	2	3	4	5	6	7	8	9	10	11	12
休眠期		発芽期		開花期		果実肥大期			成熟期		休眠期
防寒対策 休眠期のかん水は少なめに		春肥		人工受粉		夏肥 果実肥大期にかん水			秋肥 成熟期にはかん水を少なめに		
				整形で縦長のものを残して摘果する							

① 生育の特徴とつくり方

バンレイシとチェリモヤの交配種

熱帯性気候に適したバンレイシと暖温帯性気候に適したチェリモヤの交配種であるから、アテモヤは亜熱帯性気候の沖縄での栽培に適している。

樹の生育適温は一〇～三二℃で、果実の発育適温は一三～二六℃。冬季の最低気温が〇℃以下になると枯死する。安全に冬を乗り切るには三℃以上の保温が必要であろう。

「一時的落葉果樹」

葉芽や花芽は葉柄の直下に形成されるため、芽が生長するにはこの葉柄が邪魔になる。自然条件下では春になると旧葉が黄色く色づいて落葉し、葉柄がついていたところがふくらんで発芽してくる（図2-2-1、写真2-2-1）。ふつうの落葉果樹が秋に落葉して越冬し、春に発芽するのとは異なるので、筆者は「一時的落葉果樹」と呼んでいる。このため、夏季であっても人工的に摘葉してやると、葉のついていたところから発芽して着花する。この性質を利用すれば、年中着花させて果実生産することができる。

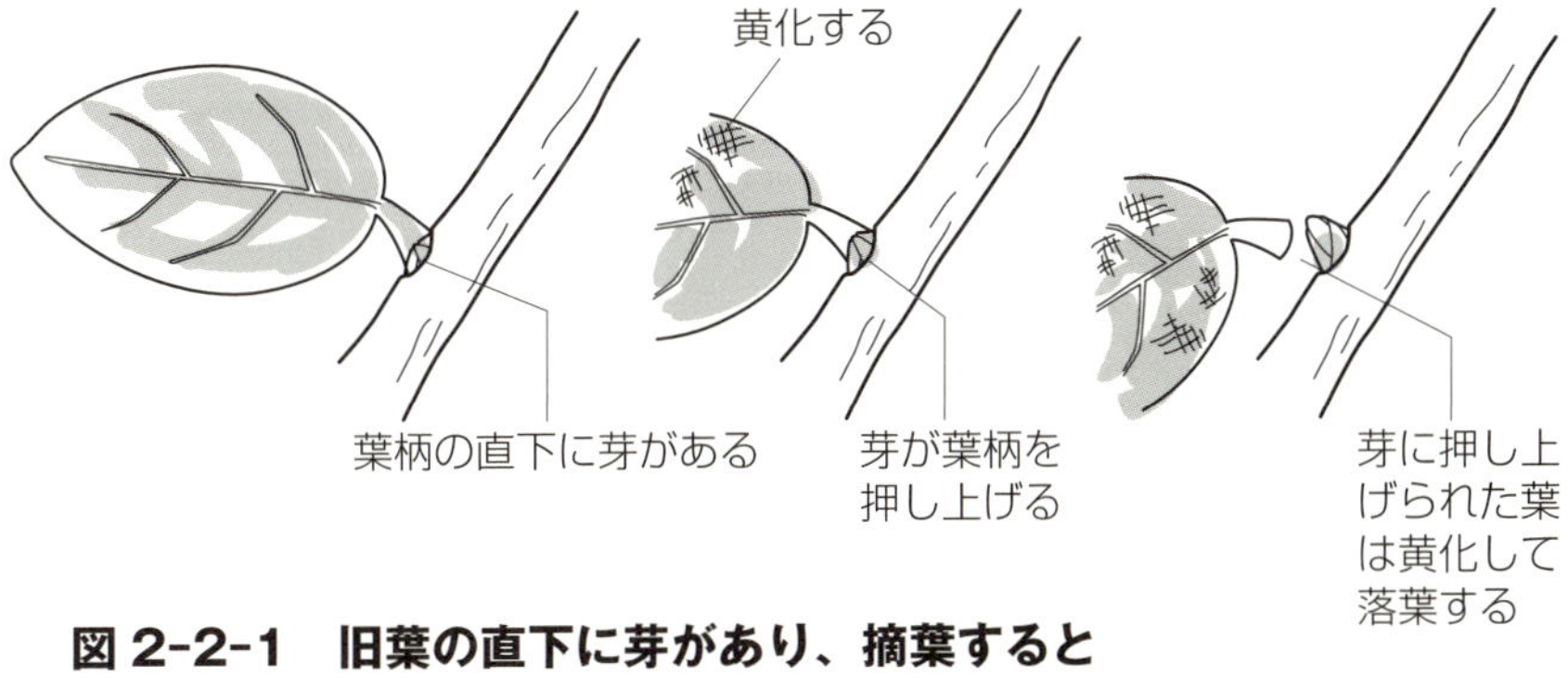
黄化する
葉柄の直下に芽がある
芽が葉柄を押し上げる
芽に押し上げられた葉は黄化して落葉する

図 2-2-1　旧葉の直下に芽があり、摘葉すると葉のついていたところから発芽して着花する

落葉前の葉柄。この直下から花芽や葉芽が発芽する（写真 2-2-1）

花芽分化には少しの低温が必要

チェリモヤは二〇℃以上では花芽の分化が阻害され、八℃程度の低温が五〇時間程度あれば花芽分化する。アテモヤは熱帯性のバンレイシの血をひいているので、より高い温度でも花芽分化する。たとえば、石垣島の冬季の最低気温は一五℃程度だが、この温度でも十分に花芽分化した。

花は夜開く
——雌しべ先熟性

摘葉して一ヵ月後くらいに開花する。

開花ステージの変化。右から順に花弁間がゆるみ，先端部が開いてくる。左端の状態で受精態勢後期。もうすぐ開花して花粉を放出する（写真 2-2-2）

蜜状の粘液で覆われた受粉可能な雌しべ（左）と，乾いて受粉不可能な雌しべ（右）（写真 2-2-3）

午後から夕方にかけて雄しべから花粉が放出（左），右は開花 1 日前（写真 2-2-4）

開花ステージを観察すると、開花の三日前くらいに花弁間にゆるみが生じ、二日前に少し隙間が現われる。そして、開花前日の朝に花弁先端部が少し開いて、開花日の午後までそのままでいる（写真2-2-2）。この時期が雌しべの受粉可能期間で、その表面には蜜状の粘液があふれている（写真2-2-3）。その日の天気によるが、午後から夕方になると、みるみる花弁が開いてきて、雄しべから花粉が放出されるのが観察できる（写真2-2-4）。この雄しべの花粉放出時を筆者らは「開花時」と呼んでいるが、じつは雄しべから花粉が放出されるころになると雌しべ表面の粘液はなくなり、茶色く変色して花粉を受け付けなくなっている。このような花を「雌しべ先熟性」と呼んで、バンレイシ科のチェリモヤ、バンレイシ、トゲバンレイシなどが同じような性質を持っている。

開花前日に無理やり花弁を広げて受粉させる

結局、雌しべの受粉適期は、開花前日の夕方から当日の午前中で、雌しべ表面に粘液があふれているときである。このときに、開花中の花から採集した生花粉か、前夜に開花した花から収集して冷蔵庫で保存しておいた花粉を絵筆などで雌しべ表面に満遍なく振りかけると、粘液によって付着する。付着した花粉は一五分程度で発芽し、六時間後には受精する。

それでは生花粉も貯蔵花粉もない場合はどうするか？ そのときは、

①まず受粉適期の花の花弁を一～二枚取り外して、雌しべと雄しべを露出させ、

②細い竹べらやプラスチック製のヘラ状のもので雄しべ部をそぎ取るようにし、

アテモヤの自家受粉。雄しべを竹べらなどでそぎ取り，雌しべの上に乗せてやる（写真 2-2-5）

③まだ花粉放出していない葯を粘液に覆われた雌しべ上に移動させて付着させ（写真2-2-5）、いわゆる自分の花粉で受粉させる、自家受粉を行なう。

受粉は雨の日が一番

花が夜開くのは、乾燥を嫌うからである。湿度が六〇％以下になると花粉はみるみる発芽能力を低下させる。土壌乾燥で水ストレスを受けると、雌しべの粘液も少なくなる。日中が晴天で高温・乾燥の日に受粉しても結果率はきわめて低いが、雨天時にハウスの中（つまり、雨のかからないところ）で受粉したら百発百中受精に成功する。

とにかく、開花期間中には乾燥させないように、かん水、打ち水、ミスト散布などに心がけることが重要である。

② 果実の成り方と仕立て方

Y字形二本主枝か一文字整枝

六〇ℓポット栽培の場合はY字形二本主枝の主幹形仕立てにして（図2-2-2）、樹高二mで切り返し、主枝から亜主枝と側枝を出して、これらから出る新梢上に着花させる。果実を成らせるには人工受粉は必須であるから、花に手が届き、花粉を振りかける作業が容易に行なえるような樹形にする必要がある。放任しておくと枝が込み合って、花までたどり着くのが大変になる。

主枝は樹高2mで切り返し
果実

図 2-2-2　Y字形2本主枝の主幹形仕立て（ポットの場合）

主枝上に側枝を等間隔に配置し，
これから出る新梢に着果させる。

図 2-2-3　一文字整枝（地植えの場合）

庭に地植えする場合は、一文字整枝で二本の主枝を左右に長く伸ばし、この主枝に側枝を等間隔に配置する（図2-2-3）。この側枝から出る新梢上に着果させることがお勧めである。側枝は毎年二節程度で切り返し（写真2-2-6）、ブドウの短梢せん定のようにすれば、樹冠は二m×五m以内に収めることが可能となる。

新梢の長さで施肥量の適否判断

新梢は伸び続けて一m以上に達することがある。葉も大きくて枝葉が繁茂し、果実は枝葉の内側で直射光から守られて生育する。施肥量が適当かどうかの判断基準として、新梢の長さが一mに達するかどうかが一つの指標になる。一m以下では肥料が不足、一・五m以上なら肥料のやりすぎである。

五年生以上の成木の年間施肥量は「くみあい尿素入りIB化成1号」（一〇：一〇：一〇）で二kg程度、新梢の発芽期、果実肥大期、果実収穫終了期の三回に分けて施す。果実はカルシウムを多く含み、収穫期には旧葉にマグネシウム欠乏が見られるので、苦土石灰をIB化成肥料と同じ時期に一kg程度施用するとよい。

せん定は毎年2節程度で切り返す。写真はその後の発芽と着蕾の様子（写真 2-2-6）

Data

- クスノキ科ワニナシ属，アメリカ大陸，とくにメキシコ，グアテマラ，西インド諸島原産。
- おもな品種　ベーコン，フェルテ，ハス，メキシコーラ，ピンカートンなど。
- 開花時期のあう品種を混植，花は虫媒花。
- ベーコンで10月以降，フェルテで11月以降に収穫できる。脂質を多く含み「森のバター」とも称される。

アボカド

avocado

（アボカド栽培暦）

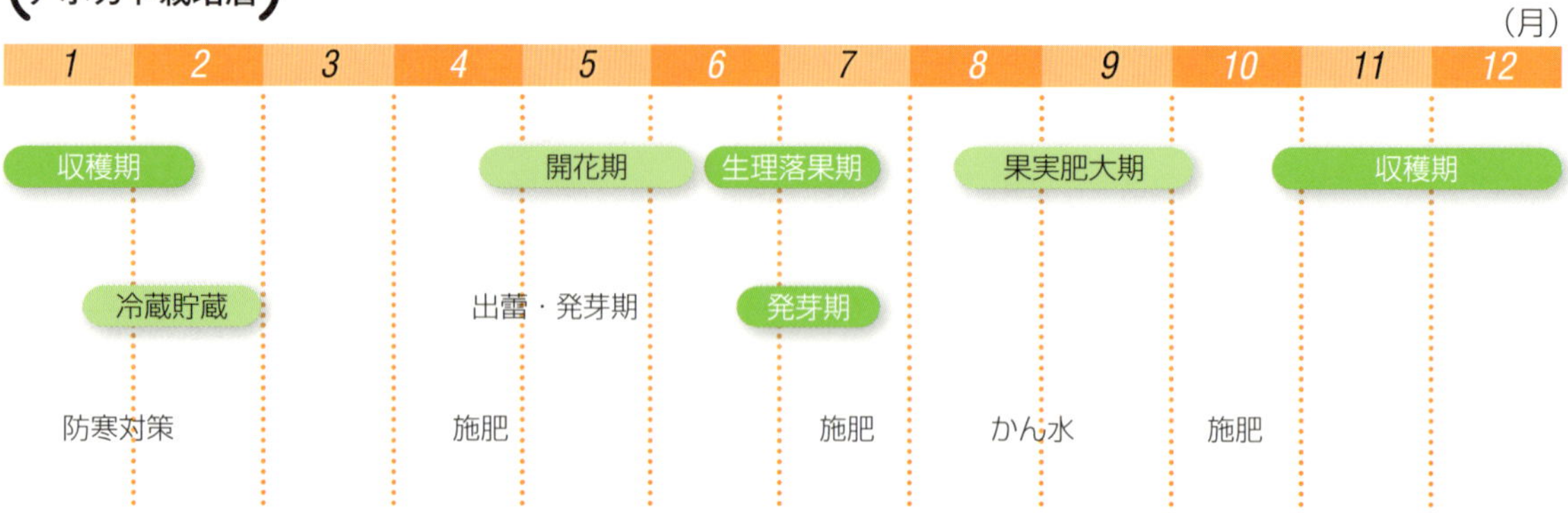

（月）
1 2 3 4 5 6 7 8 9 10 11 12
収穫期
開花期
生理落果期
果実肥大期
収穫期
冷蔵貯蔵
出蕾・発芽期
発芽期
防寒対策
施肥
施肥
かん水
施肥

① 生育の特徴とつくり方

根は浅くて酸素を要求する

地表に堆積した落ち葉をはがすと、素麺の太さのクリーム色をした細根が樹冠下にマット状にびっしりとある。それが、健康なアボカドの根の状態である。この堆積した落ち葉が腐植となり、ここから養分を得て生育するのが、原産地のジャングルでの自然の状態である。

このようにアボカドの根は表層に浅く張っており、台風の強風により根こそぎ倒されやすい。低地での栽培では、幼木期の生長は早いが成木となって果実が成り始めた頃に突然枯死することが多い。長雨などで土壌が水浸しになってしまうと、根が呼吸困難になって衰弱し、衰弱した根から根腐病菌が入って、木を枯らしてしまうのである。だから、アボカドは海岸部の砂地以外では平坦地に植えない。植えるなら傾斜地に限る。ポットに植える場合は、山土二に対してピートモス一、パーライト一の割合で配合した、排水性、保水性、保肥性のよい土壌を選ぶ。

栽培には南東面傾斜地が一番

冬の北西の寒風により、水分ストレスを受けて落葉して寒害を受けやすい。栽培には、この寒風が当たらない南面傾斜地がよい。また、傾斜地は冷気が停滞せずに下方に下がっていくので、冬季の寒害を受けにくい。

放射冷却で冷える夜、傾斜地のミカン畑の中の道路をバイクで登っていき、ある標高に達すると、急に気温が高くなるのを体感できる。この高さが気温の逆転層と呼ばれるもので、地面から放射されて上空へと登った暖かい空気が帯状に停滞している。このような場所にアボカドを植えるのが一番である。しかも、その場所が道路の側面にあり、上から肥えた土壌や、肥料分や雨水が流れ落ちてくるところがよい。傾斜地の上部だと、かん水設備がないと夏季の乾燥による衰弱が心配されるからだ。

寒さに強い品種を選ぶ

わが国に輸入されているのは「ハ

ス」という寒さに弱い晩生の品種である。この果実を食べて残った種子を播いて育てている人がいる。しかし実生だと結実するまでに五～六年間かかるし、結実してもその果実は「ハス」とは形質が異なる。育種家ならそれも楽しいが、食べるための果実を望むなら、接ぎ木苗を購入すべきである。しかも、寒さに強い品種を。

わが国で露地栽培されている寒さに強い品種で食味のよいものは、「フェルテ」（マイナス四℃）と「ベーコン」（マイナス五℃）である。その他に「ズタノ」や「ヤルナ」「メキシコーラ」などもあるが、商品としての価値は少し劣る。

東京都内で「ハス」の実生が結実したという話を聞いた。和歌山県や鹿児島県の沿岸部の無霜地帯と呼ばれる場所では「ハス」や「ピンカートン」が結実している。多少の寒害防止ができるのなら、「ハス」と同じ程度の耐寒性の品種でも栽培は可能である（表2-3-1）。

表 2-3-1　アボカドの品種特性

品種	開花型	食味	油分含量（%）	果実重（g）	果皮色	熟期	耐寒性	系統
ハス	A	秀	18 ～ 25	200 ～ 340	黒	翌年の 4 月以降	弱	グアテマラ系
ベーコン	B	優	18	220 ～ 340	緑	10 月以降	強	メキシコ系×グアテマラ系
フェルテ	B	秀	18	220 ～ 400	緑	11 月以降	中	メキシコ系×グアテマラ系
ズタノ	B	優	16	280	緑	12 月以降	強	メキシコ系×グアテマラ系
ピンカートン	A	秀	18 ～ 20	340	緑	12 月以降	中	グアテマラ系

わが国の露地栽培実績のある品種のみを記載した。

開花型の異なる品種を混植

アボカドの花は両性花で、同じ花が二回開花する。簡単にいうと、午前が雌で午後が雄の活動をするものをAタイプ、反対に午後が雌で午前が雄の活動をするものをBタイプという。だから、AとBの両方を混植することで受粉確率が高まるのである。

2 果実の成り方と仕立て方

摘心と整枝で樹をコンパクトに

露地栽培ではとにかく早く樹を大きくし、寒さに耐える樹体を形成せねばならないとして、かつては無せん定で伸びるにまかせた栽培が勧められた。そうすることが、早期結実への近道だと教わってきたからだ。

その結果、和歌山県のアボカド栽培農家の樹は一〇m近い高木となり、収穫が困難となった。とくに「ベーコン」や「ズタノ」といった直立性の品種は、放任しておくと電柱のようになってしまう（写真2-3-1）。

しかし、新梢が発生するたびにその先端をすべて根気よく指先で摘心すると（図2-3-1）、枝数が増加して枝の長さが短くなり、コンパクトな樹に育てることが可能である。

根域制限と水平誘引で

ここで筆者の経験を言えば、直径一・二m、深さ〇・三mの円筒形のベンチ（三〇〇ℓ程度）に防根シートを敷き、そこに「ベーコン」（二年生苗木）を定植、摘心を加えながら盃状形整枝を行なった（写真2-3-2）。この根域制限と水平誘引

10 mにもなろうかという「ズタノ」の樹高（写真 2-3-1）

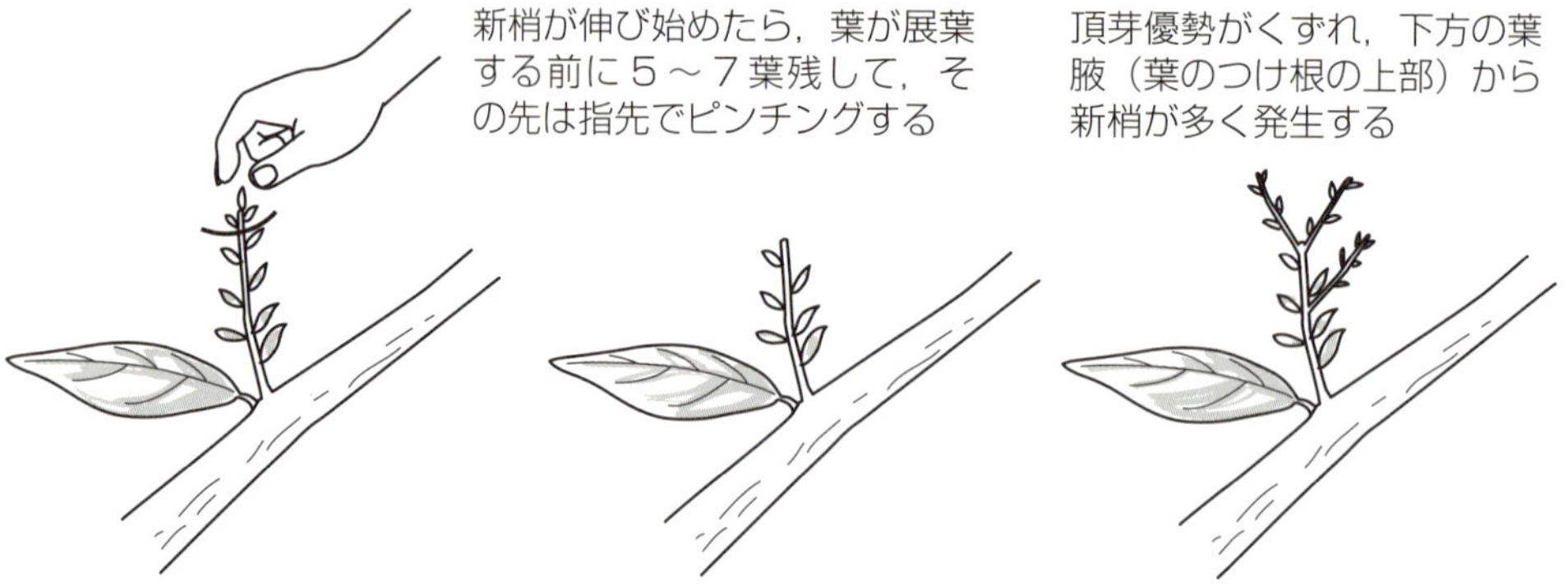
新梢が伸び始めたら，葉が展葉する前に５～７葉残して，その先は指先でピンチングする
頂芽優勢がくずれ，下方の葉腋（葉のつけ根の上部）から新梢が多く発生する

図 2-3-1　新梢摘心によりアボカドを小さく、コンパクトにつくる

とで樹高二m以下の低樹高栽培が可能になり、定植の翌年から結実、現在三年目になるが結実数は年々増加している（二〇一三年現在）。

さらに、「ハス」の系統の「ハーベスト」「ピンカートン」など豊産性品種では六〇ℓプラスチック製ポットで、定植の翌年に五個、二年目に一七個、三年目に六〇個の果実を収穫し、四年目となる二〇一三年十一月現在では一〇〇～一五〇個の果実を実らせている。

直径 1.2ｍ，深さ 30㎝の円筒ベンチに防根シートを敷いて植栽。この根域制限と，摘心，水平誘引とで樹高２ｍのコンパクト仕立てを実現（写真 2-3-2）

枝の先端部に房状の花がつく

アボカドは、晩秋季から初冬にかけて花芽分化し、冬季は寒さに耐えながら芽の内部で花芽を形成していく。四月頃から気温の上昇とともに房状の花芽が生長して、五月から六月にかけて開花する。この花が咲くのは主に枝の先端部。冬の寒さで先端部の花芽が枯死しても、その下部の腋芽から花芽が出る。だから、枝を切ることは大切な花を捨てることになる。

房状の花（花序《かじょ》という）の重さで枝が下垂したり、ときには折れたりすることもある。したがって、着花した枝を水平に誘引してやることが、開花時の訪花昆虫の飛来の増加や炭そ病などの感染防止に有効だ。

花芽の発育期、開花期、果実生育期の土壌乾燥は禁物である。

新梢の発育が生理落果を助長する

アボカドは花序の中心部に新梢の芽があり、開花期にはこの新梢が伸びて展葉してくる。この新葉と幼い果実が養水分を奪いあって生理落果（一次）が起こる。しかし開花・結実期の新梢は展葉すると光合成をして果実へ生産物を送るからよいが、その一ヵ月後の梅雨時期から伸びてくる新梢はちょうど果実がウズラの卵大に肥大してきた頃にあたる（写真2-3-3）。このときの新梢が多

ウズラの卵大になった果実と新梢伸長。このときの新梢の数が多いと，生理落果を助長する（写真 2-3-3）

いと、せっかく受精してウズラの卵ほどの大きさになった果実がまた次々と生理落果（二次）してしまう。

外国（南アフリカ）では満開期前に植物生長抑制剤を散布して、一回目の新梢の伸びを少なくし、二回目の新梢の発生を抑制することで、収量を高めている。広い畑では大変だが、庭先果樹なら二回目の新梢を手でもぎとったり、早めに摘心したりするなどして、第二次生理落果を少なくできるはずだ。

梅雨明けの乾燥ストレスに注意

梅雨明けの強日射で、葉からの蒸散に根からの水分供給が追いつかないことがある。そうなると、日中のアボカドの樹は葉を垂れて哀れである。筆者はハウス栽培で自動かん水装置を使い萎れを起こさせないようにしてみたところ、果実の肥大がすこぶるよかった。筆者の六〇ℓ鉢での栽培では夏季日中の蒸散量は一〇ℓもあった。

摘果も必要

一〇a当たり一tの収量が得られれば優秀なアボカド園と言われる。摘果するほど果実が成っているのを見たのは、石垣島の畑であった。西インド諸島系の品種で、一つの花序に数個の果実が成っていた。園主は、摘果して一つにしないと果実肥大が悪いと言っていたが、うらやましい限りであった。筆者もハウス栽培で同じような房状の結実を見たことがあるが、放っておいたら果実が卵大になってからも生理落果して、結局一つの果房に一果しか残らなかった。

第二次生理落果を防ぐには、先の新梢のコントロールとともに摘果も必要で、適正な葉果比（※一〇〇葉に一果）を保って複数個結実した果房は一果に間引くようにする。そのことで果実肥大が促進され、結果として大きな果実が収穫できる。

※データはないが、北海道でのハウス栽培では一〇〇枚に一果程度かと思われる。実際の露地栽培では五〇〇枚に一果程度も結実すれば上々である。

いつ収穫してもよい

アボカドは品種固有の油分含量に達したら、いつでも収穫してよい。また、西インド諸島系の品種は熟期になったら落下するが、メキシコ系とグアテマラ系品種は熟期に達してからも長期間果実を樹上に残しておくこともできる。そうすることで果実は肥大を続け、油分も増加し続ける。

かつてカリフォルニアでは生果肉中の油分が八％以上になったら収穫可能とした。しかし、食味的には一二％以上になってからのほうがよいように思う。とは言っても、油分の測定は困難である。そこで、果肉をポテトピーラーで薄くスライスして生果肉重量を測定し、電子レンジで水分を完全に飛ばして乾果肉重量を測定する。乾燥果肉重量を生果肉重量で割って一〇〇を掛けた数値が乾物割合である。この値が二二％以上になればほぼ収穫可能な時期に達していると判断できる。

収穫した果実は二五℃程度で追熟

「ピンカートン」や「ベーコン」は、収穫した果実を紙袋に入れて蓋をせずに温かい食卓の上に置いておくと、果皮が緑色のまま軟らかくなる。「ハス」では果皮が黒紫色になって軟らかくなる。

食べ頃は指で果実を押さえた感覚で判断するが、これは経験を積む以外にない。果梗をつけたまま追熟させ、この果梗が外れるようになったら食べ頃が近いと判断することもできる。ふつうは一〜二週間で軟化するが、高温ほど短い期間で追熟し、リンゴなどエチレンを発生する果実と一緒に紙袋に入れて追熟させると、短期間で軟らかくなる。

収穫時短く切った果梗をつけたベーコンの果実（上）追熟完了時，食べ頃の果実は果梗が落ちている（下）（写真 2-3-4）

インドナツメ

indian jujube, jujube

Data

- クロウメモドキ科ナツメ属，インド，ミャンマー原産。
- おもな品種（台湾）　蜜棗，Tj-10，泰國蜜棗，碧雲，福棗，五十など。
- 一樹中で春季と秋季に開花がみられる。両性花である。
- 開花後 50 ～ 170 日で成熟し，果皮の緑色が薄くなったら収穫。亜熱帯や熱帯では年２回収穫できる。

インドナツメ栽培暦（石垣市）

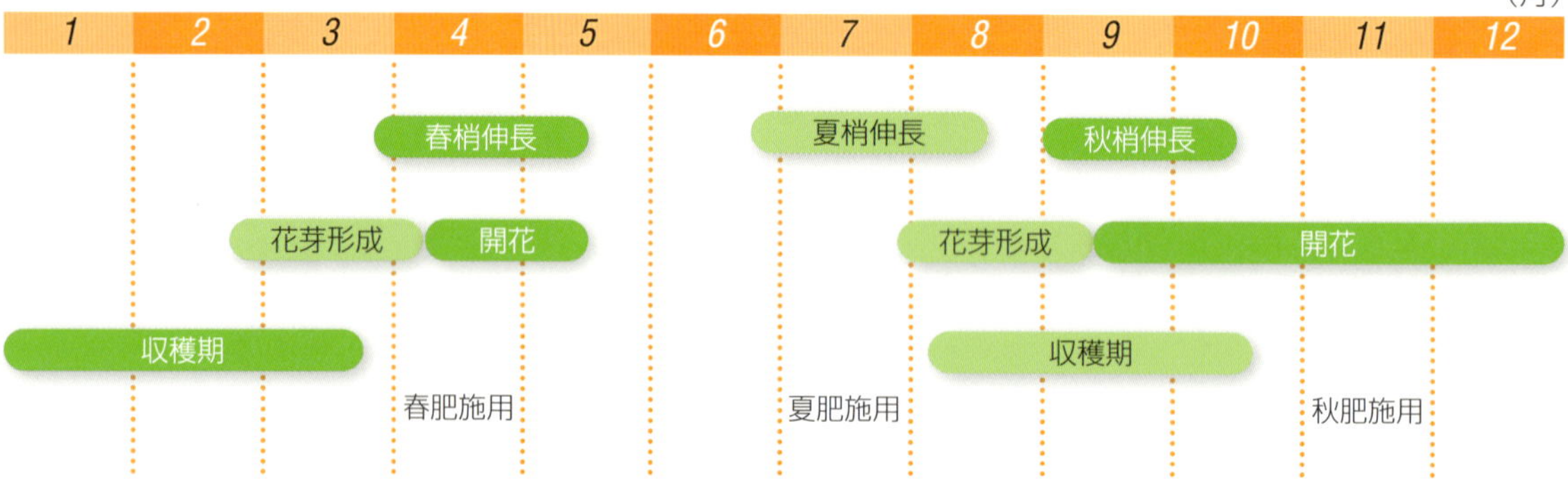
（月）
1 2 3 4 5 6 7 8 9 10 11 12
春梢伸長
夏梢伸長
秋梢伸長
花芽形成
開花
花芽形成
開花
収穫期
収穫期
春肥施用
夏肥施用
秋肥施用

インドナツメの結果状態（石垣島での露地栽培）（写真 2-4-1）

100g を超える果実（写真 2-4-2）

① 生育の特徴とつくり方

ブドウのツルのように伸びる

日本人になじみのあるのは、親指大の小さな果実がたくさん成るシナナツメで、庭先などによくある灌木である。これに対し、インドナツメはブドウのように木質化したツル状の枝がどんどん伸び、一〇〇gを超える大きな果実が成る（写真2－4－1、2－4－2）。

トゲがあるのが難点

果実は白緑色で卵形。果実を丸かじりするとリンゴのような食感で、甘酸っぱい果汁がほとばしる。日本人の嗜好にあった味といえる。糖度は一〇～一七度、酸が〇・二％程度である。ただ、枝には節ごとにトゲがあり、作業の邪魔になる。トゲの短い改良品種もある。

葉腋に花が咲き，実がつく（写真 2-4-4）

ブドウのように棚仕立てする（写真の樹は地植え）（写真 2-4-3）

無霜地帯では露地栽培が可能？

生育適温は二〇～三〇℃で、鹿児島県指宿市では無加温ハウスで栽培されている。成木は短時間なら〇℃程度の低温に耐えるが、低温が続く場所では、主幹を切り返して断熱資材で包み、越冬させるのがよい。

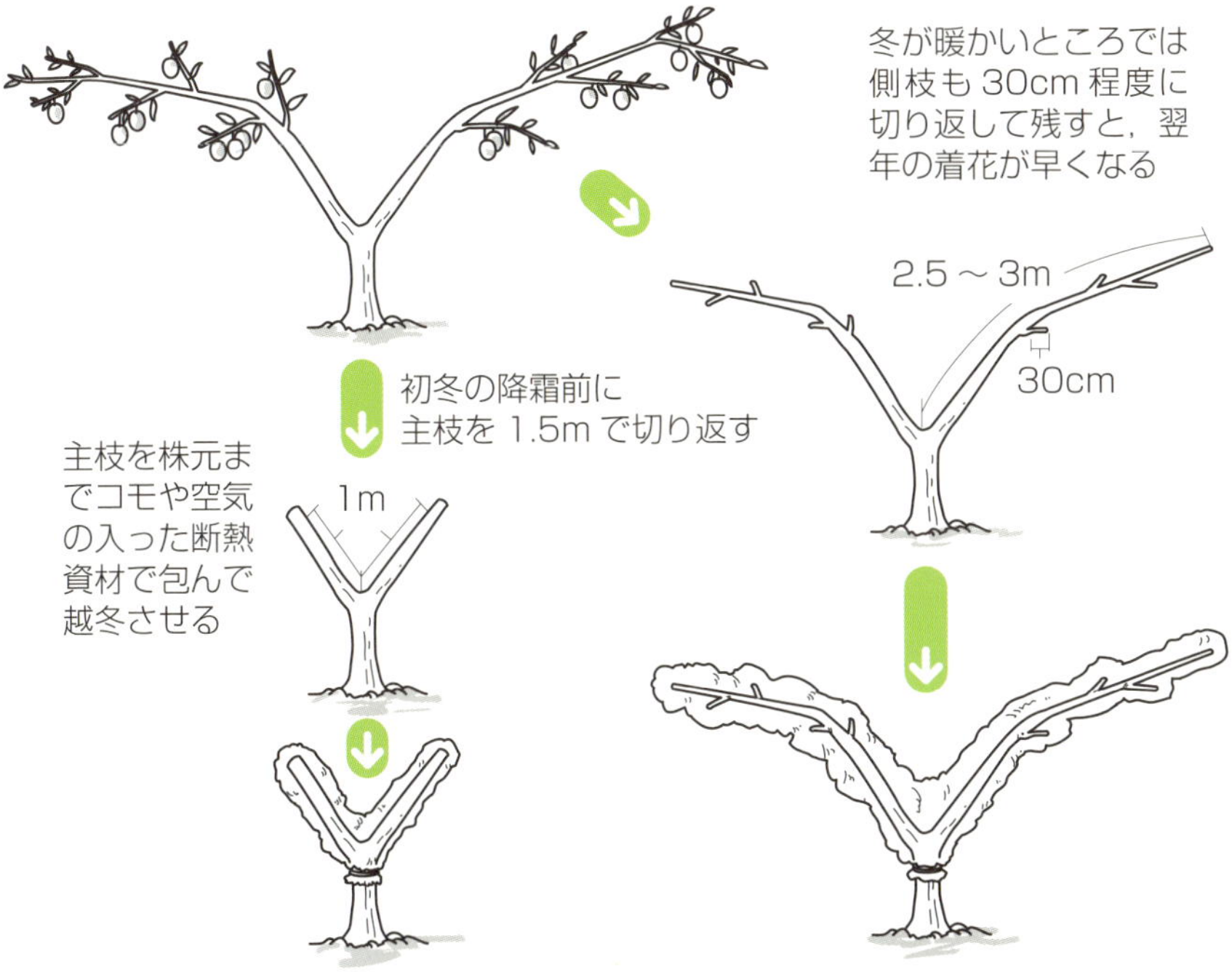
冬が暖かいところでは側枝も 30cm 程度に切り返して残すと，翌年の着花が早くなる
2.5 ～ 3m
30cm
初冬の降霜前に主枝を 1.5m で切り返す
主枝を株元までコモや空気の入った断熱資材で包んで越冬させる
1m
図 2-4-1　インドナツメは寒さがくる前に主枝を切り詰め、コモなどでくるんで越冬させる

② 果実の成り方と仕立て方

接ぎ木苗を六〇ℓ鉢で栽培

台湾では、大玉で糖度の高い「蜜棗（ミツナツメ）」と呼ばれる品種が多く栽培されている。わが国にも沖縄の業者が台湾から多くの苗木を導入して販売している。この接ぎ木苗（台木は台湾在来種）を六〇ℓポットに植え、主幹が一八〇cm程度まで達したら水平に誘引して、ブドウのような棚仕立てとする（写真2－4－3）。主幹から出る側枝は適当な長さで摘心すると、さらに多くの枝が出る。これらの小さな小枝の葉腋（葉のつけ根）に花が咲き、実がつく（写真2－4－4）。

石垣では年二回、本土では年一回収穫

石垣島では春と秋の二回開花する。収穫も二回できる。鹿児島では初夏に開花・結実した果実を秋に収穫する。収穫が済んだら、寒さがくる直前に主枝を接ぎ木部の上一m程度で切り返し、断熱材で防寒して越冬させる（図2－4－1）。

春になったら防寒資材を除去し、主枝から発生する強い新梢を一本伸ばし、残りはかき取る。前年同様に棚仕立てにして開花・結実させ、こ

れを毎年くり返せばよい。

新梢が伸びながら花芽分化

インドナツメは新梢が伸びながら、花芽が分化して開花する。そのため、水をやりすぎたり、肥料が効きすぎると枝ばかり伸びて花がつかない。ある程度新梢が伸びて、実が成る小枝が多くなったところで乾燥ストレスを与えると、花がつきやすい。花芽が分化して出蕾してきたら、またかん水量を増やす。具体的には、日中に葉がやや萎れ、翌朝には萎れが回復する程度のかん水量にとどめて水分ストレスを与える。水分ストレスは花芽が見えてくるまで継続しなければならないので、ポットに雨水が入らないようにビニルなどで雨よけをしてやる。ただし、ポットを完全にビニルで塞いでしまうと根が酸欠に陥って落葉してしまうので、つねに酸素が供給できるようにしておく。

花粉の発芽適温は二〇〜三〇℃なので、これ以下の条件だと結実率が低下する（南九州でも五〜六月に開花すると、二〇℃以下のときもある。梅雨が明けて七〜八月に開花してくれると問題ない）。また、雨が降ると結実は望めないので、開花期には雨よけ栽培することをお勧めする。

果実成熟期はやや乾燥させる

開花期から果実生長期にかけては十分にかん水する。開花結実期の乾燥は結果不良の原因となる。しかし、甘い果実を収穫するには果実の成熟期にかん水を少なくする。

成熟期に、果実は緑色から淡緑色になり、その後白っぽくなる。淡い緑色から白っぽい緑色の時期が収穫適期で、これを過ぎると白色から褐色になり、本来の風味はなくなる。

レモンより多いビタミンC含量

熟した果実を樹からもぎ取って丸かじりするのが一般的である。果肉一〇〇g中には七六㎎のビタミンCが含まれ、グアバの二〇〇㎎には及ばないがレモンの五〇㎎よりはるかに多い。ビタミンCは加熱調理すると失われやすいので、生で食べる果物から摂取するのが望ましく、インドナツメは最適といえる。

インドでは果実を砂糖煮として食べるほか、乾燥果肉を粉砕した黄褐色の粉末から消化を助ける一種のソースをつくっている。さらに、乾燥果肉を粉砕してお粥としたり、発酵させてジンジャーブレッドに似たパンをつくる。

インドナツメの優良品種

台湾やインドには，われわれの知らないインドナツメの優良品種が数多く存在するらしい。インドナツメは本文でもふれたように，枝のトゲが作業上の問題となるが，カンキツではエイジング，すなわち同一株で先端部から穂木をとり，根もとを切り返してこれに接ぎ木する作業を毎年繰り返して樹の老化を促進することでトゲが短くなる。同じようにインドナツメでも，台湾やインドから大玉で食味がよく，生産性の高い品種を導入してわが国の気候に適するものを選抜，しかもトゲの短い品種を作出するパイオニアが現われないかと願っている。

熱帯果樹の多くは，台湾で生産された苗木が沖縄に運ばれて販売されている。インドナツメを含め品種名がわからない場合が多いが，熱田《あつた》守氏のところではバングラデシュの品種を，ネクストステージ沖縄ＬＬＣでは台湾の「大王蜜」という品種を取り扱っている。

●熱田守氏＝
〒901-1203
沖縄県南城市大里字大城 1063-2 TEL 090-8762-7099
●ネクストステージ沖縄ＬＬＣ（代表　金城恵子氏）＝
〒905-0011
沖縄県名護市宮里６丁目 2-3-4 4F TEL 0980-52-5488
価格はいずれも１本 3,500 円（消費税，送料別，2013 年 10 月現在）。

Data

- ウルシ科カシューナットノキ属，ブラジル北東部原産。
- おもな品種　ベトナムやタイでは優良な選抜種があるが，名称は不明。
- 5～7月にかけて開花がみられる。雄花と両性花がある。虫媒花で，ミツバチの放飼が受粉に効果的。
- 開花後 50 日程度で成熟期。夏季に収穫できる。

カシュー

cashew

（カシュー栽培暦（石垣市））

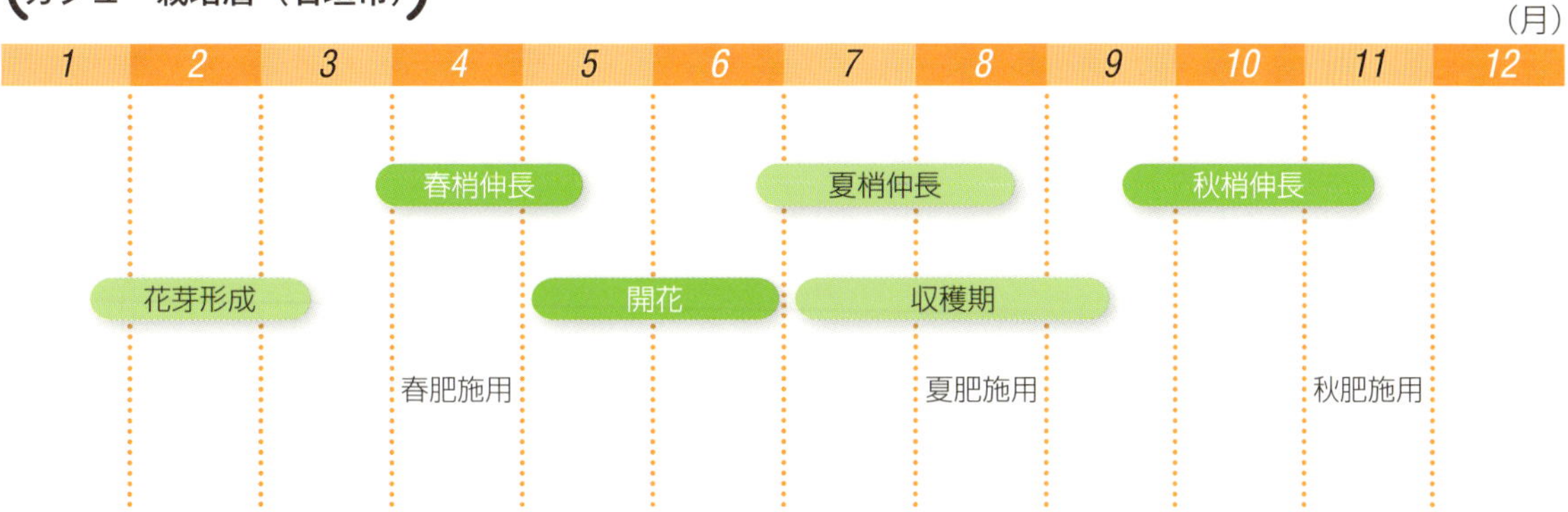

（月）
1
2
3
4
5
6
7
8
9
10
11
12
春梢伸長
夏梢伸長
秋梢伸長
花芽形成
開花
収穫期
春肥施用
夏肥施用
秋肥施用

① 生育の特徴とつくり方

沖縄では露地栽培できる

熱帯性果樹であるが、石垣島で露地栽培され結実している（五～六月に開花）。生育適温は一五～三二℃で、霜の降る場所では枯死する。乾燥に強く、やせ地でも栽培できる。マンゴーと同じウルシ科で大きな樹になるが（写真2-5-1）、六〇ℓポットでも栽培は可能である。

大木に育つカシューの樹（写真 2-5-1）

着花習性はマンゴーと同じ

花は新梢の先端に房状花序がつく（写真2-5-2）。この着花習性は

種子が果実（果托が肥大したもの）の外にあり、果実より大きい（写真 2-5-3）

カシューの花は枝の先端につく（写真 2-5-2）

マンゴーと同じだが、枝を切り返していてはいつまでたっても花がつかない。実際、東南アジアではほとんどせん定は行なわれていない。わが国ではマンゴーと同様、収穫終了後に枝を一節程度切り戻し、その後に発生する新梢を翌年の結果枝とする。枝が込み合う場合は間引きせん定で受光態勢をよくしてやる。花芽の分化には乾燥が有効である。

果実の形態も楽しむ

カシューのおもしろさは果実の形態にある。ふつうの果実は内部に種子があるが、われわれが食べるカシューナッツは、赤色や黄色の果托部分の外にボクシングのグローブ様の種子がくっついている（写真2－5－3）。開花・結実した果実は最初に種子が大きくなり、その後に果托部が大きくなる。その生長過程を観察するのもおもしろい。

② 果実の成り方と仕立て方

接ぎ木苗を購入

自家不和合性が強いので、自家結実しやすい優良品種の接ぎ木苗を入手する。一樹のみ育てる場合には、異品種を一樹に接ぎ木することをお勧めする。六〇ℓポットに排水のよい土（山土二、ピートモス一、パーライト一を混合）を入れて定植する。整枝は開心形とし、主枝、亜主枝、側枝を形成する。枝を水平にしてやることで花芽が早くつく（図2－5－1）。

施肥は控えめに

収量を増やすのではなく、果実の形態を楽しむ場合は、肥料を少なめにして、早く着花させるようにする。ある程度側枝数が増えたら、初夏にかん水を控えて乾燥ストレスを与えて花芽分化させる。

花芽が出たらかん水を

枝の先端部から花芽が出てきたらかん水を十分に行なう。果実生育中のかん水も十分に行なう。果実は開花後五〇日程度で成熟する。

ナッツは必ずローストして食べる

果托が黄色か赤色に着色したら収穫して、果托の下部にくっついている腎臓形のナッツの部分を切り離す（写真2－5－4）。かぶれるので、ナッツから種子を取り出すときには必ず手袋をする。取り出した種子も必ずローストしてから食べないと、口内がかぶれる。

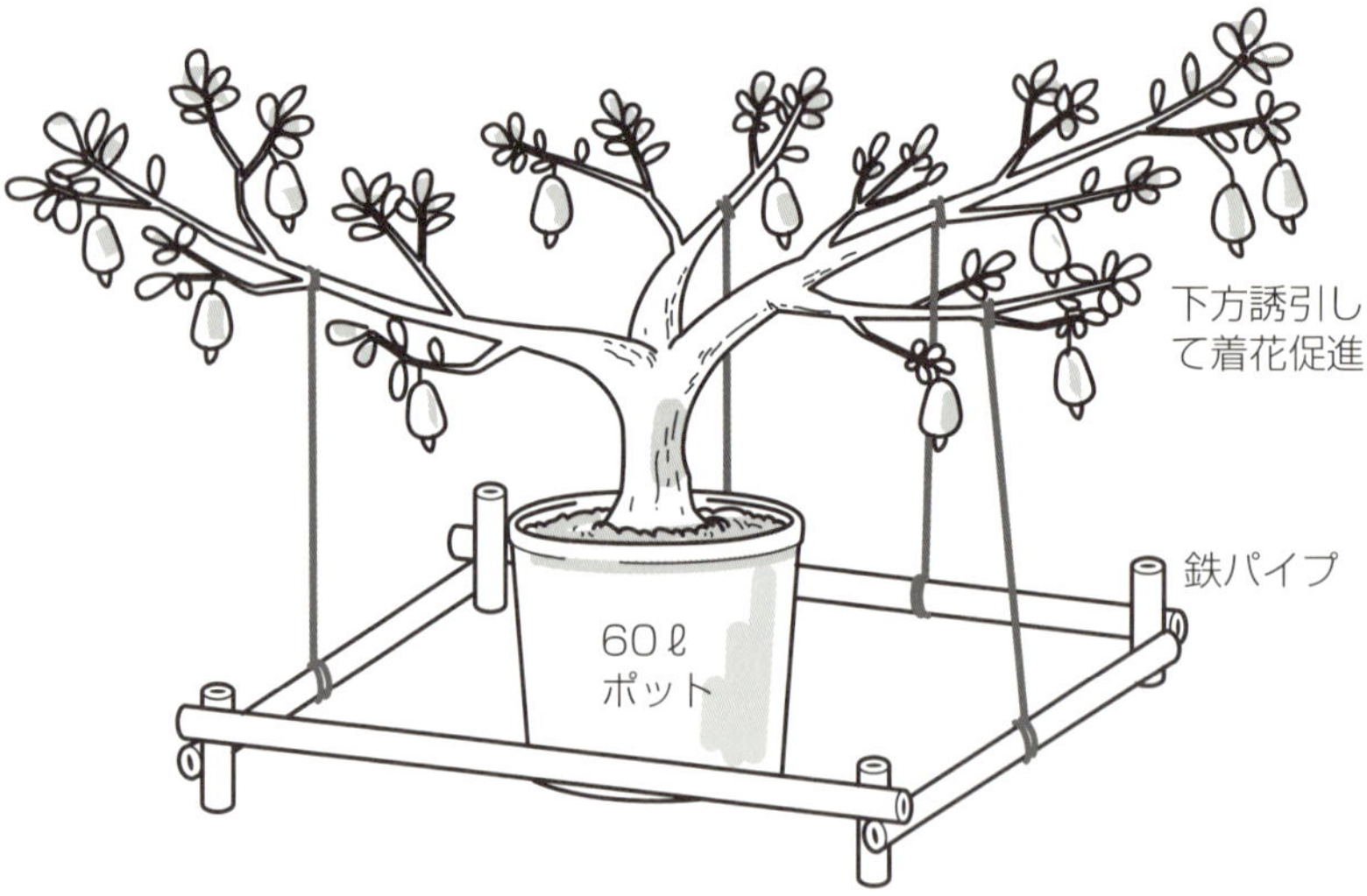
下方誘引して着花促進
鉄パイプ
60ℓ
ポット

図 2-5-1　カシューの整枝も下方誘引が基本

カシュウ果実と種子
（写真 2-5-4）

Data

- アカテツ科ポーテリア属，メキシコ南部原産。
- 品種名はないが，沖縄ではいくつかの優良系統が選抜されている。
- 開花期は春（4～5月）と夏（7～8月）と秋（9～10月）の3回。両性花である。
- ほとんど年中収穫される。八分着色時に収穫して室温で10日間程度追熟させてから果肉を分離し，牛乳と混ぜて食べる。

カニステル

（クダモノタマゴ）

canistel

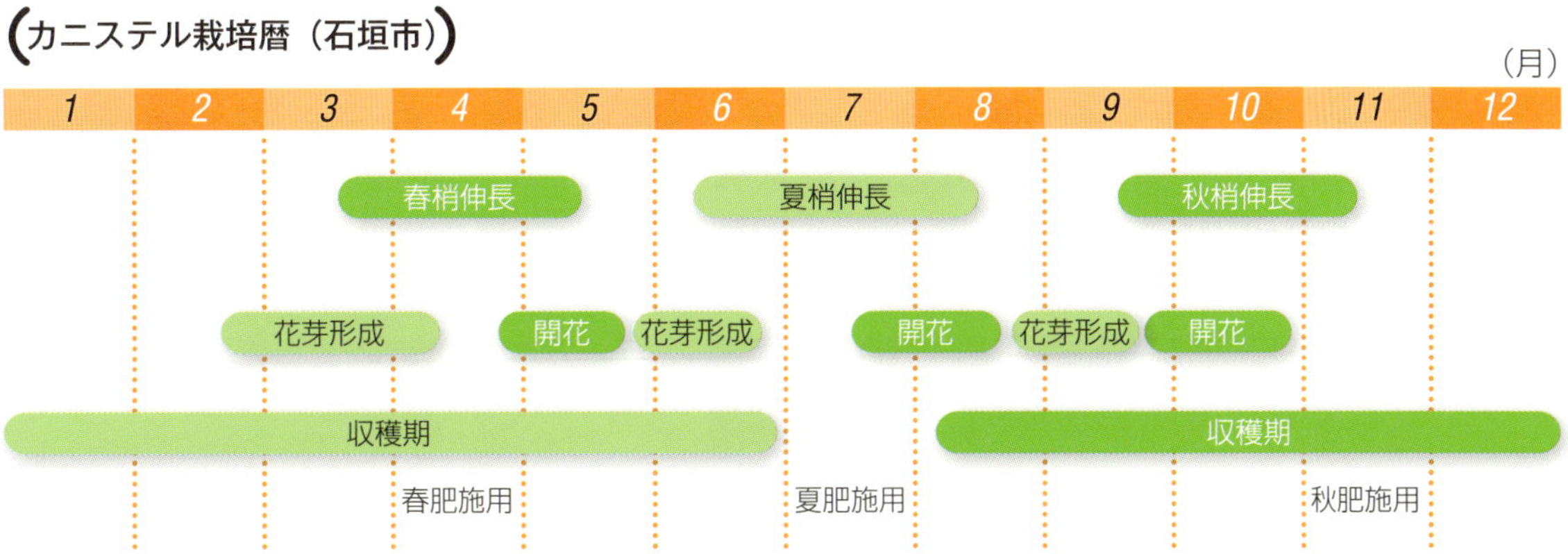

カニステル栽培暦（石垣市）
（月）
1 2 3 4 5 6 7 8 9 10 11 12
春梢伸長
夏梢伸長
秋梢伸長
花芽形成
開花
花芽形成
開花
花芽形成
開花
収穫期
収穫期
春肥施用
夏肥施用
秋肥施用

カニステルの花は１年生枝の先端近くにつく（写真 2-6-1）

① 生育の特徴とつくり方

七℃以上で栽培する

生育適温は二五～三〇℃で、七℃以下では寒害を受ける。無霜地帯で栽培する。

一年生枝の先端近くの葉腋に着花する（写真2-6-1）。沖縄では年間三回程度開花するが、本土の場合は初夏に開花・結実させたものを秋に収穫するとよい。開花から果実成熟までには一五〇～一八〇日が必要である。

クリのような果肉でとても甘い

果実は丸みを帯びたものから細長いものまで様々で、果頂部がとんがっている（写真2-6-2、2-6-3）。果実内部に大きな種子が一～四個ある。硬い果実を収穫して、室温で追熟させ、軟らかくなったときが食べ頃。ほとんどの果実が果汁たっぷりなのに対して、カニステルはパサパサしたクリの果肉のようである。非常に甘いので、ミルクと一緒にミキサーで攪拌してジュースにして飲むのがお勧めである。

② 果実の成り方と仕立て方

接ぎ木苗か取り木苗で

様々な果形の系統があり、結果性も異なる。よく成る品種で果実の大きくなる系統の接ぎ木または取り木の苗木を購入する。苗木は六〇ℓポットに排水のよい土（山土二、ピートモス一、パーライト一を混合）を入れて定植する。整枝は開心自然形とするが、枝を水平にしてやることで花芽が早くつく。

整枝は開心自然形

整枝は開心自然形とし、主枝、亜主枝、側枝を形成する。ある程度側枝数が増えたら、初夏にかん水を控えて乾燥ストレスを与え花芽分化させる。花芽が見えてきたら、かん水を十分に行なう（図2-6-1）。また開花から果実生育期間も十分なかん水を行なう。

果実は追熟して食べる

果皮が黄色から橙色になった頃が収穫期で、収穫した果実は室温で二〜三日間追熟させると食べ頃になる。

カニステルの着果状態（写真 2-6-2）

果実は丸みを帯びたものから細長いものまでさまざま。果実内部には大きな種子が１〜４個ある（写真 2-6-3）

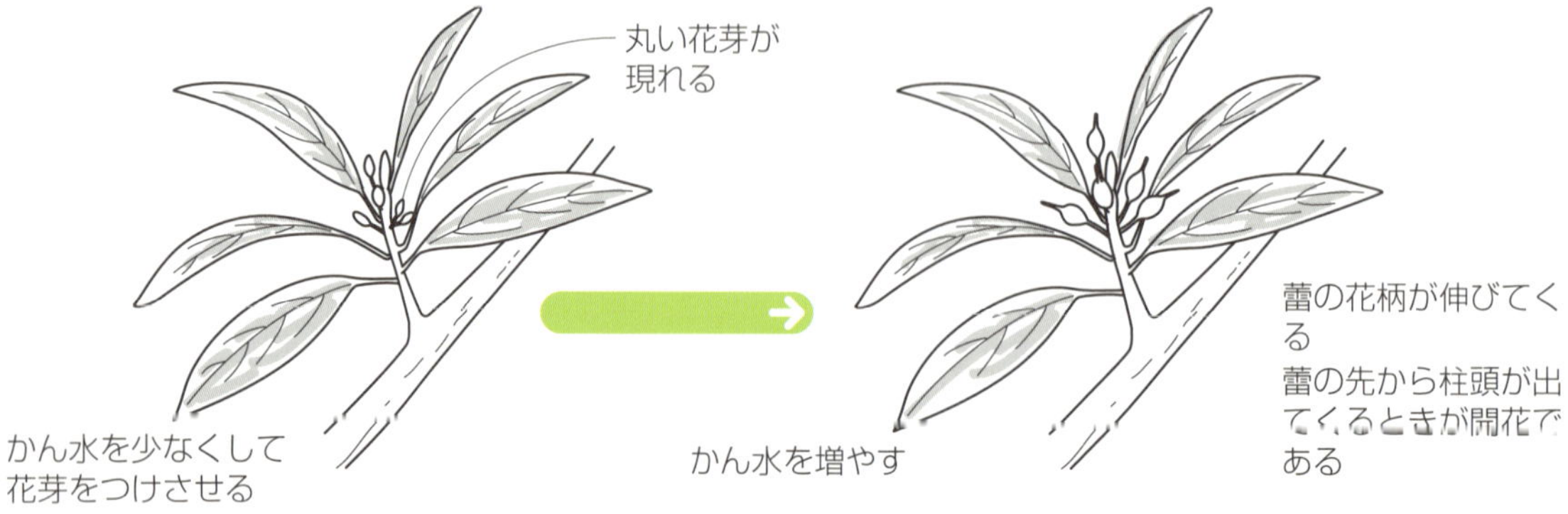
丸い花芽が
現れる
かん水を少なくして
花芽をつけさせる
かん水を増やす
蕾の花柄が伸びてくる
蕾の先から柱頭が出てくるときが開花である

図 2-6-1　乾燥ストレスで花芽分化させ、花芽が見えたらかん水を増やす

Data

- フトモモ科バンジロウ属，熱帯アメリカ原産。
- おもな品種　真珠（台湾，白肉），クロムサリ（白肉），ペンシートン（以上タイ，白肉），ルビー（フロリダ，赤肉）。
- 開花期は温帯では春と秋，熱帯では周年。両性花で，虫媒花。
- 収穫期は8～10月（開花後120～150日後）だが，石垣島では年中収穫可能。

グアバ

（バンジロウ）

guava

（グアバ栽培暦）

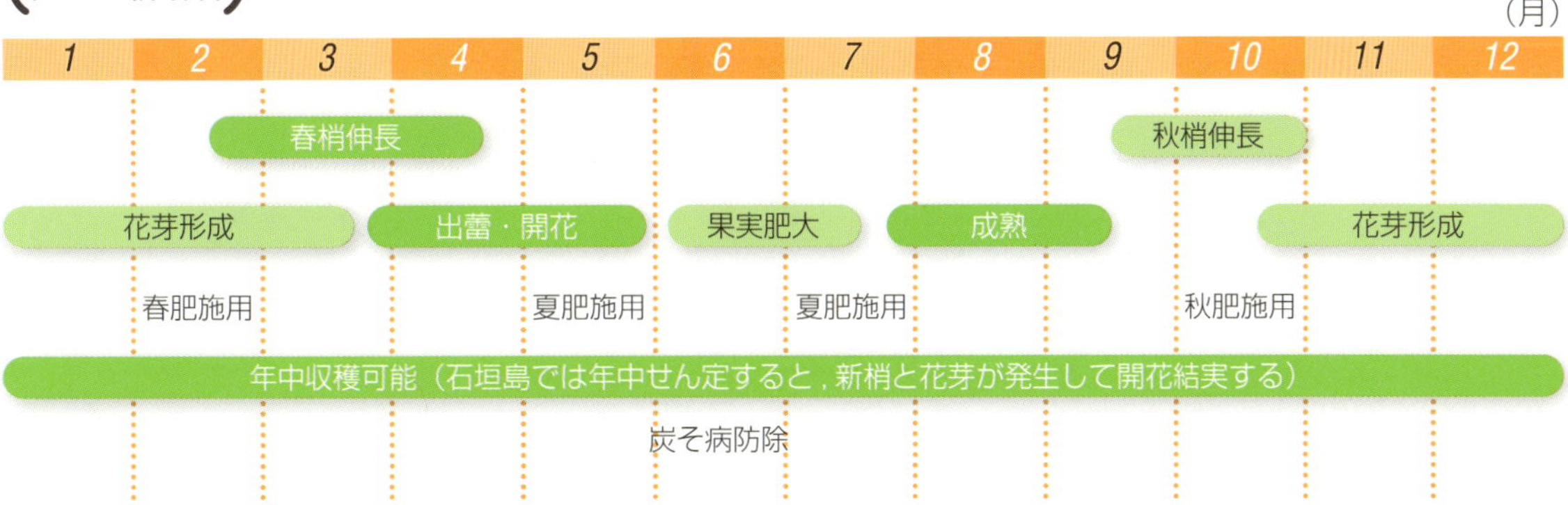

（月）
1 2 3 4 5 6 7 8 9 10 11 12
春梢伸長
秋梢伸長
花芽形成
出蕾・開花
果実肥大
成熟
花芽形成
春肥施用
夏肥施用
夏肥施用
秋肥施用
年中収穫可能（石垣島では年中せん定すると，新梢と花芽が発生して開花結実する）
炭そ病防除

① 生育の特徴とつくり方

無霜地帯なら露地栽培も可能

生育適温は二〇～三〇℃で、成木は短時間ならマイナス二～マイナス三℃にも耐えられる。しかし、果実は五℃以下で果肉が劣悪となるので、秋季に低温になる前に収穫を終える。果実は開花から四～五ヵ月で成熟期となる。

葉腋についた蕾と開花中の花（写真2-7-1）

サクサクの白肉系とねっとり赤肉系

グアバには果肉が白肉と赤肉の品種がある（写真2-7-2）。白肉系は果肉が硬く、サクサクした食感を味わう。赤肉系はややねっとりとした食感で、グアバの風味を味わう。

ねっとりとした赤肉系（左）とサクサクした白肉系のグアバ（写真2-7-2）

図 2-7-1　側枝を２節で切り返すと葉腋から新梢が発生し、これに着花して結実する

好みは人それぞれである。好みの品種の接ぎ木、取り木、挿し木苗を購入する。

② 果実の成り方と仕立て方

植え付けて数ヵ月で開花

二年生苗なら植え付けて数ヵ月で開花するので、二〇ℓ程度の鉢で栽培して結実させることが可能である。

整枝は開心形、変則主幹形、盃状形のいずれも可能。樹形が形成された後は、主枝と亜主枝部に貯蔵養分を貯えさせ、側枝を切り返すか（図2-7-1）、側枝の摘葉をすれば、新梢が発生して着花する。

二年生苗を定植、こまめな施肥・かん水管理で早期結実

根の発達が遅いので、施肥とかん水はこまめに行なう。

土つきの二年生苗木を購入し、根鉢を崩さないで四〇ℓポットに植えれば、一ヵ月程度で活着し、新梢が生長してくる。この新梢に花芽がついていれば数個結実させることもできる。花芽のつかない新梢なら、この新梢が硬化した後に水やりをひかえて花芽分化させる。約二ヵ月間新たな新梢が発生しなければ、枝の内部で花芽が分化しているので、硬化した新梢を半分程度まで切り返してかん水をする。このときに発生する新梢には花芽がついている。

植付けから三年目までは花肥にIB化成（一〇：一〇：一〇）をポット当たり一〇〇g、実肥に二〇〇g、お礼肥に三〇〇g程度（チッソ成分で年間六〇g）を施し、その後は樹の生育具合をみながら二倍量、三倍量を施肥する。着花前に花肥をやり、結果後に実肥、収穫後にお礼肥を施用するのが基本である。

かん水は花芽分化期にはやや控えめに、開花期から果実肥大期にはたっぷりと行なう。

果実は収穫前に急速肥大し、虫が食べにくる

果実は熟期に急速に肥大する。収穫は果皮の緑色が薄くなって、十分に肥大したときに行なう。

果実が樹上で完熟期になるとエチレンを発生し、ガやハチなどの害虫がその匂いに誘われて食害にくる。果実が急速に肥大し始める直前に、樹全体に防虫ネットを覆うか果実ごとに袋かけを行なうなどして、害虫被害を軽減する。袋かけは炭そ病などの予防にも効果的である。

追熟・貯蔵法と有効成分

白肉系は収穫してすぐ食べられる。果実を冷やして食べると、サクサクとしたナシのような食感が楽しめる。赤肉系は二〜三日間室温で追熟し、果肉がやや軟らかくなったら食べる。

グアバ果実および葉の成分で特徴的に多いのは、ビタミンCとポリフェノールである。ビタミンCは果実の成熟に伴って増加し、果皮および果実の外側の果肉中に多く含まれる。だから、果皮ごと食べるのがビタミンC摂取に有効である。

葉には果実の約一〇倍のポリフェノールが含まれている。葉には気管支炎を和らげる効果があり、下痢止めにも利用される。葉をお茶にしたものがグアバ茶として販売されているくらいである。自宅でグアバ茶をつくってみるのも楽しみである。

Data

- カタバミ科ゴレンシ属，マレー半島原産。
- おもな品種　甘味系でB-10，B-17（マレーシア），ファンタン（タイ），アーキン（フロリダ），カレー，スリーケンバンゲン（ハワイ），竹葉，蜜桃，白糸桃（台湾）など。
- 開花期は５～６月。両性花で，長花柱花と短花柱花の２系統がある。虫媒花。午前中の受粉・受精が有効といわれる。
- 開花後 120 ～ 150 日で成熟し，収穫可能。

ゴレンシ

（スターフルーツ）

star fruit

（ゴレンシ栽培暦）

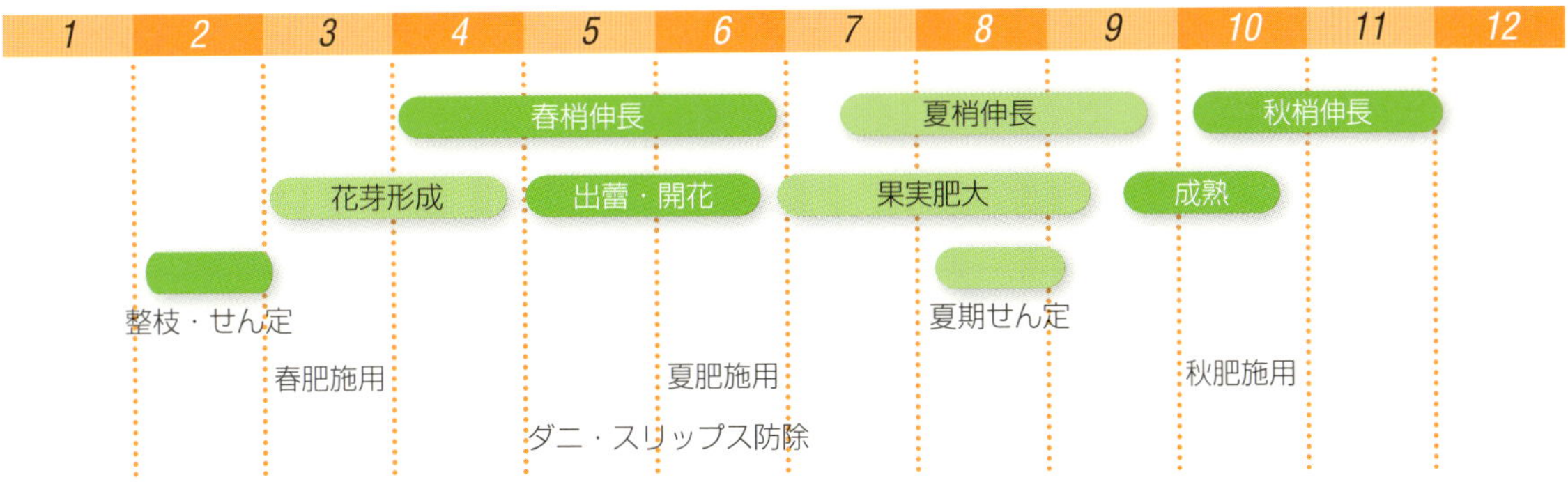
（月）
1
2
3
4
5
6
7
8
9
10
11
12
春梢伸長
夏梢伸長
秋梢伸長
花芽形成
出蕾・開花
果実肥大
成熟
整枝・せん定
夏期せん定
春肥施用
夏肥施用
秋肥施用
ダニ・スリップス防除

① 生育の特徴とつくり方

強風に弱い枝葉

温暖でやや湿度の高い条件下でよく生育する。生育適温は二〇～三〇℃。弱い霜には耐えるが，成木でもマイナス三℃で枯死する。成木は鹿児島県指宿市で，最低気温マイナス二・五℃で枝枯れを起こしたが，生き残った。枝葉は風にきわめて弱く，防風対策をして栽培する必要がある。

最低気温二〇℃以上であれば連続的に発蕾が見られる。果実は開花後一二五～一五〇日で成熟する（写真2-8-1）。

多数着果したゴレンシ（写真 2-8-1）

酸味が少なく，結果しやすい品種を選ぶ

ハワイやフロリダで選抜された酸味が少ない品種で，結果性のよい品種の接ぎ木苗を購入する。ゴレンシの優良品種はすでに沖縄や鹿児島県に導入されている。「カレー」「カイラ」「B-10」「B-17」や「ホウザン-17」「ファンタン」「ベル」など，品種を指定して購入することもでき

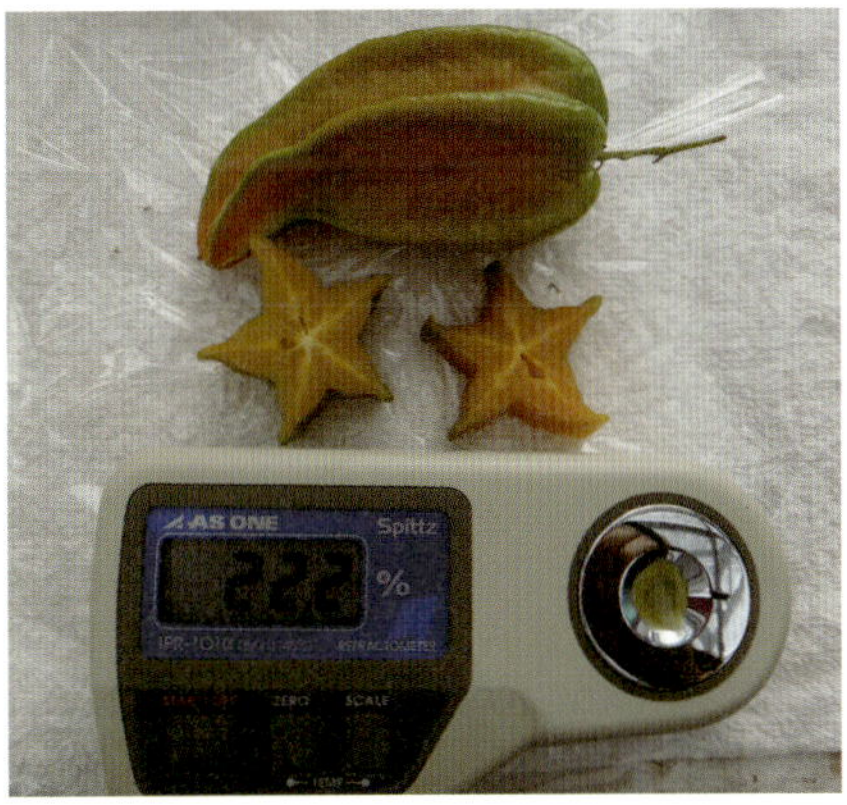

糖度 22 度を示した品種「カレー」（写真 2-8-2）

る（予約注文）。

　甘味系品種の糖度はふつう一〇～一二度程度で、酸含量は〇・二％程度であるが、上記の「カレー」という品種をポット栽培して二二度の果実を収穫したことがある（写真2-8-2）。ポット栽培すれば、たいてい日中に水分ストレスがかかる。そのせいか露地栽培よりも糖度が高くなる。また、筆者の経験では、夏季に着果負担が大きいと糖度が低く、着果負担が少ない冬季～初夏は高くなる。

　食感はサクサク感があり、テーブルフルーツとして大変な人気である。

② 果実の成り方と仕立て方

並木（フェンス）仕立てが便利

　六〇ℓポットに排水性のよい栽培用土を入れて定植する。主枝は地上七〇cm程度の高さで水平に誘引し、そのまま横方向に一・五m程度伸ばす。誘引のために曲げた部分から強い徒長枝が出てくるので、この枝を反対方向に水平誘引して横方向に一・五m程度伸ばす。この二本の主枝から側枝が発生してくる。これらも水平あるいは下垂誘引すると、その腋芽に花芽が着生する。

ポット栽培でのフェンス仕立て（写真2-8-3）

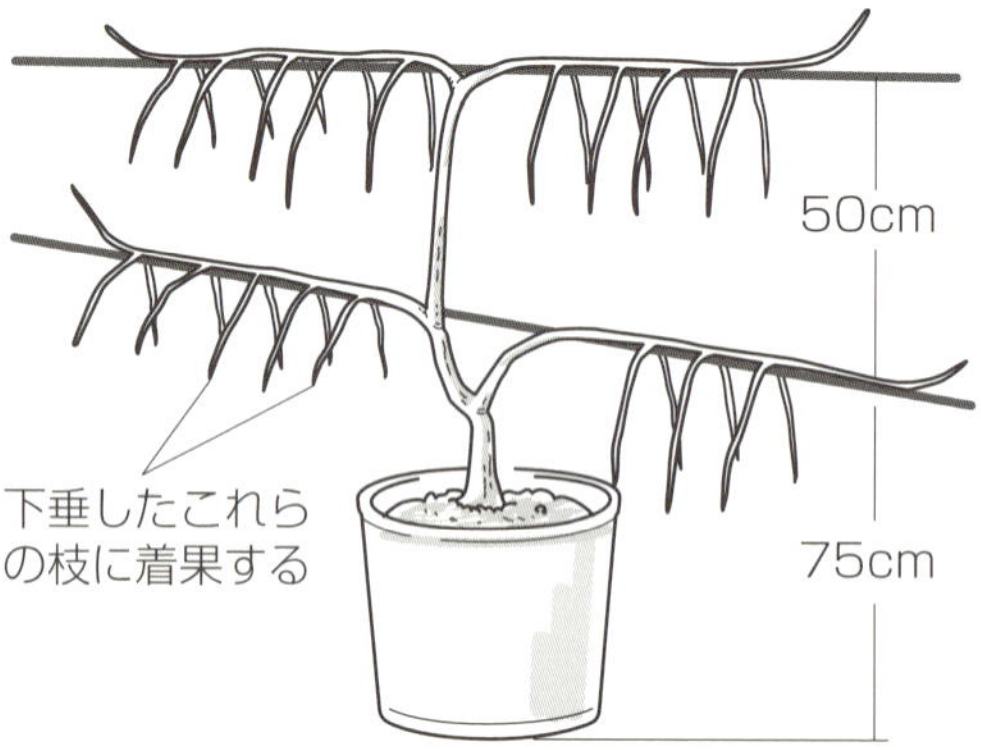
50cm
75cm
下垂したこれらの枝に着果する

図2-8-1　ゴレンシのフェンス仕立て

　一段目の主枝上に側枝が形成された後、主幹部に近い主枝から発生した側枝を真上方向に誘引し、この枝を五〇cm程度上部に伸ばす。一段目を形成したときと同じ要領で二段目を形成し（図2-8-1）、二段目の形成後に三段目も同様に形成する（写真2-8-3）。

虫媒花で自家受粉

　二〇℃以上あればミツバチなどで自家受粉して結実する。雌しべの長い品種と短い品種があるが（表2-8-1）、これらを一本ずつ植えるか、一樹に両品種を接ぎ木することで、結果性が高まる。ミツバチなどの訪花昆虫がいない場合（冬季のハウス内など）は、ジベレリン二五ppm程度の水溶液を開花中の花に噴霧してやることで単位結果させられるが、農薬の適用登録がない。

果皮に橙色が出てから収穫

　果実は開花後一二五～一五〇日で成熟する。商業的には七分着色で収穫するが、完全着色してから、黄色の果皮に橙色が現われてから収穫するほうが糖度の高い果実を収穫できる。収穫したらすぐに冷やして食べるのがよいが、冷蔵庫で一～二週間程度保存することも可能である。

左：短花柱花B－17と右：長花柱花ホウザン－17（写真2-8-4）

表2-8-1　ゴレンシの品種特性

長花柱花	短花柱花
カレー, ホウザン 17	B-10, B-17, ベトナム, ファンタン, スリーケンバンゲン, カイラ, マレーシア, イブスキスター

Data

- アカテツ科サポジラ属，南アメリカ北部から西インド諸島原産。
- おもな品種　日本で栽培されているものには品種名はない。タイではクラスワイ，マコック。
- 一樹中で春から秋にかけて開花がみられる。両性花である。
- 開花期間が長く一定でないことから，ほとんど年中果実が収穫される。開花から果実の成熟期までは8ヵ月程度。

サポジラ

sapodilla

（サポジラ栽培暦（石垣市））

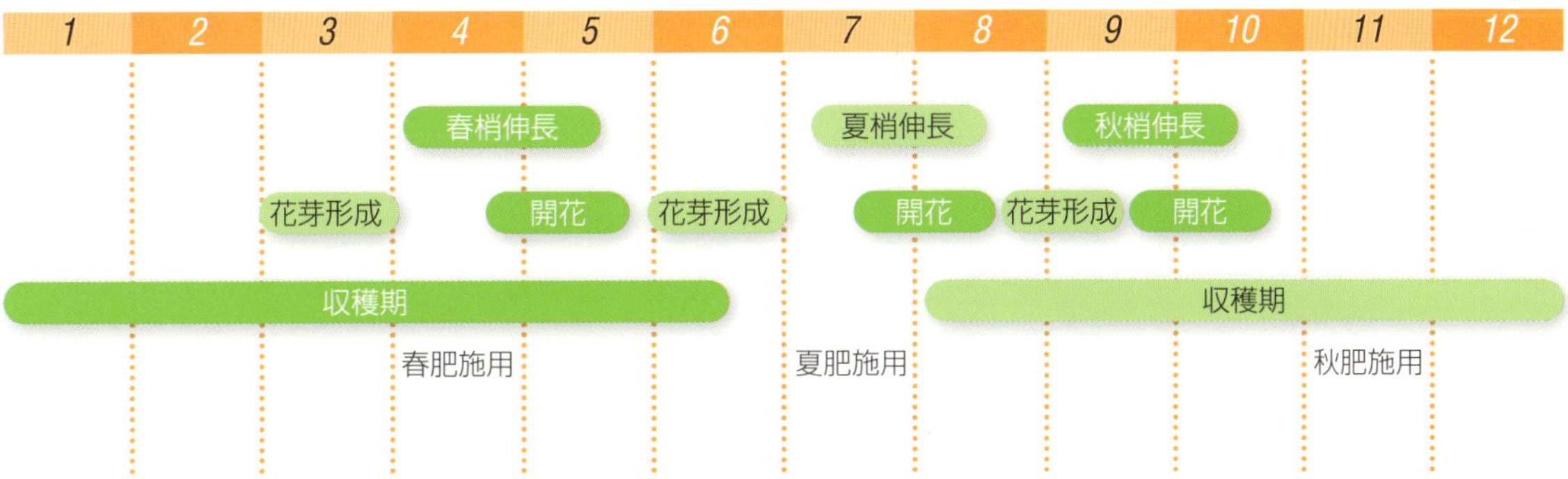

（月）
1
2
3
4
5
6
7
8
9
10
11
12
春梢伸長
夏梢伸長
秋梢伸長
花芽形成
開花
花芽形成
開花
花芽形成
開花
収穫期
収穫期
春肥施用
夏肥施用
秋肥施用

先端部の葉腋に数個着花（写真 2-9-1）

① 生育の特徴とつくり方

果実成熟に長期間が必要

生育適温は二四～三四℃で、成木は短期間であればマイナス三℃にも耐える。しかし、幼木ではマイナス一℃程度で枯死するので、無霜地帯で栽培する。沖縄では春から秋にかけて開花し、冬季の開花は見られない。前年生枝またはその先端部の葉腋に数個の花が着生し（写真2-9-1）、果実は開花から八ヵ月程度で成熟する。

樹液にチクルが含まれ、チューインガムの原料になることから、チューインガムの木とも呼ばれる。

広範囲の土壌に適応

最適な土壌は排水性のよい弱酸性土壌であるが、実際は酸性からアルカリ土壌で栽培されている。また、土壌塩分にも強い耐性を示す。

② 果実の成り方と仕立て方

開心自然形に仕立てる

六〇ℓポットに排水性のよい栽培用土を入れて定植する。主枝は地上五〇cm程度の高さで切り返す。主幹から発生する枝を三本残して他は切除し、この三本の枝を主枝として伸ばす。主枝から亜主枝を、亜主枝からは側枝を発生させて結果する枝を増やす。樹高は二m以下に抑えるように、主枝はこの高さで切り返す（整枝法はカニステルに準じる）。

接ぎ木苗なら定植後一年で花芽がつく

接ぎ木苗なら、定植した翌年から花芽がつく。農家は摘果して樹の生長を優先するが、家庭栽培では少し結果させてみてもよい。樹勢が強すぎると花がつきにくいので、乾燥ストレスを与えたり、環状剥皮を行なうことで、花芽分化を促進させる。

サポジラ果実，球形（左）と長楕円形（右）（写真 2-9-2）

結果性を高めるには異品種を混植

自家結実性ではあるが、異品種を混植することで結果性が高まる。一樹に異品種を接ぎ木するのもよい。大果で、結果性の高い優良品種の接ぎ木苗を購入することをお勧めする。

日本では、ベトナム系の豊産性品種が沖縄に導入されている。フロリダの品種にTikal、Makok、Morena、Modello、Russel、わい性品種でPotがある。フィリピンの品種でSao Manilaがある。このうちフロリダの品種は、鹿児島県のゆす村農園（巻末資料1を参照）を通じて導入可能である。

収穫したら追熟を

サポジラの果皮は熟期になっても茶色のままで、熟期の判定が難しい。果皮を爪で浅く削って、果肉が黄色くなっていたら収穫しても大丈夫（写真2-9-3）。また、成熟した果実の表面にある産毛は手でこすると落ちやすく、果梗を切り取ったときに出る乳液量が少ない。さらに、果頂部にある柱頭状の突起が容易に外れるなどの特徴が収穫の目安となる。収穫後は室温で二～五日間置き、軟化したら食べ頃となる。

サポジラの果肉中にはビタミンAが多く含まれ、食味はみずみずしい干し柿のようで非常に甘い。

サポジラ果実の熟期の判断は難しいが，果皮を浅く削って果肉が黄色くなっていたら収穫可（写真 2-9-3）

Data

- フトモモ科ギブドウ属，ブラジル南部原産。
- 日本で栽培されているものには品種名はない。ブラジルでは，Sabara，Paulista，Rajada，Branca など。
- 一樹中で春から秋にかけて開花がみられる。両性花で虫媒。ミツバチの放飼が受粉に効果的。自家結実する。
- 開花から果実の成熟期までは１～３ヵ月程度。開花期間が長く一定でないので，ほとんど年中果実が収穫される。

ジャボチカバ

Jaboticaba

ジャボチカバ栽培暦（石垣市）

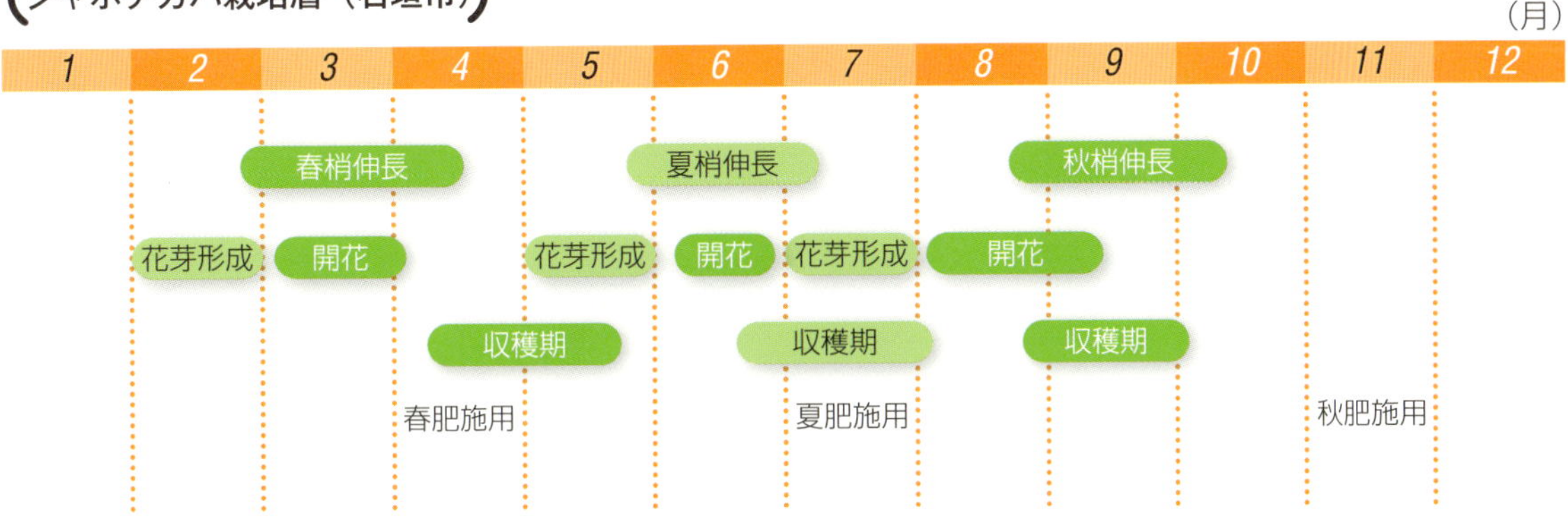

（月）
1
2
3
4
5
6
7
8
9
10
11
12
春梢伸長
夏梢伸長
秋梢伸長
花芽形成
開花
花芽形成
開花
花芽形成
開花
収穫期
収穫期
収穫期
春肥施用
夏肥施用
秋肥施用

① 生育の特徴とつくり方

樹の生育が遅い

ジャボチカバの樹の生育は遅く、着花するまでに接ぎ木苗でも五～六年かかる。年数のたった大きな接ぎ木苗を購入することが有利であるが、大苗は数万円と非常に高価である。

熱帯・亜熱帯での栽培に適している。短期間であればマイナス三℃程度の低温に耐えるが、無霜地帯での栽培が必要。

アルカリ土壌では生育不良

広範な土壌条件に適応できるが、アルカリ土壌では生育がきわめて悪くなる。

自家結実性で、結果しやすい

着花するまでに年数を要するが、いったん着花しだすと毎年着花して、安定的に着果するようになる。

花，果実が幹や太枝に直接つく（写真 2-10-1）

② 果実の成り方と仕立て方

果実は枝や幹に直接つく

ブドウのような黒い果実が幹にびっしりとくっついている様は異様だが、観賞用としても楽しめる（写真

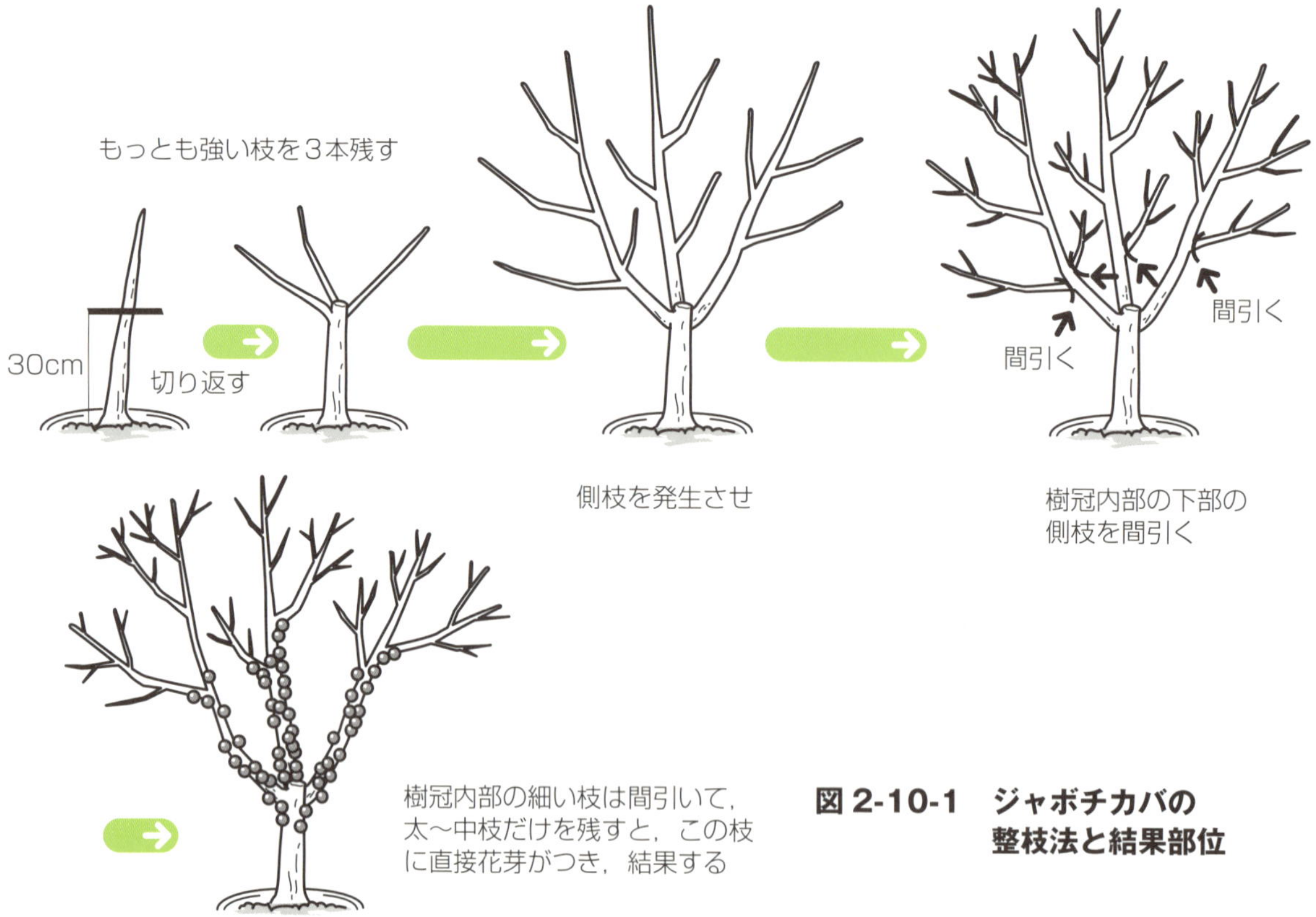
もっとも強い枝を３本残す
30cm
切り返す
側枝を発生させ
間引く
間引く
樹冠内部の下部の
側枝を間引く
樹冠内部の細い枝は間引いて，
太～中枝だけを残すと，この枝
に直接花芽がつき，結果する

図 2-10-1　ジャボチカバの整枝法と結果部位

2-10-1）。開花から一～三ヵ月で果実は成熟する。幼果は緑色であるが、成熟期には赤紫色から黒紫色に変わる。

三本主枝の直立仕立て

三〇～六〇ℓのポットに排水性のよい用土を入れて接ぎ木苗を定植する。接ぎ木部のすぐ上から発生している太い枝を三本残して真上に伸ばす。それぞれの主枝からは三〇cm間隔くらいで亜主枝を発生させて横方向に伸ばす。亜主枝からは側枝を発生させるが、亜主枝の基部につく側枝は切除し、小枝の間引きせん定も行なって主枝や亜主枝に光が当たるようにする（図2-10-1）。こうすると、幹、主枝や亜主枝、側枝の基部の太い部分に直接花がつき、結果しやすくなる。

収穫したらすぐに食べる

未熟な果実は酸味が強い。しかし、樹上で完熟した果実の糖度は二〇度近くになり非常に甘く、適度な酸味もあって、ブドウの食味と食感に似る（写真2-10-2）。

収穫した果実は発酵しやすいので、すぐに食べるか冷蔵庫に入れて冷やす。冷蔵庫内でも二週間の保存が限界である。果皮にはタンニンがあり渋いので、果皮を取り除いた果汁にペクチンを加えてゼリーやジャムに加工される。ジュースにする場合も果皮のタンニンが混ざらないようにする。ワインに加工することも可能である。

果実はブドウの食味や食感に似て，非常に甘い（写真 2-10-2）

Data

- ミカン科カシミロア属，メキシコ～中央アメリカ高地が原産。
- おもな品種　サラダ，イエロー（早生），クシオ，フロリダ（中生），パイク（晩生），大果生産にはスマザーズなど。
- 平均気温20℃以下で花芽分化，12～3月に開花。最低気温5℃以下では結実は不安定。
- 中生のクシオで開花後180日程度で収穫できる。和歌山では10月頃から収穫期となり，花芽分化期と重なる。

シロサポテ

（ホワイトサポテ）

white sapote

（シロサポテ栽培暦）

（月）
1
2
3
4
5
6
7
8
9
10
11
12
開花期
果実肥大期
成熟期
開花期
花芽分化期
防寒対策を行なう
春肥施用
夏肥施用
秋肥施用
梅雨明けのかん水

① 生育の特徴とつくり方

平均気温二〇℃以下で花芽分化

亜熱帯性気候を好むが、マイナス三℃程度の低温には耐える。成木では短時間のマイナス五℃にも耐えた。しかしマイナス二・五℃以下になると、花芽や幼果が寒害を受ける。栽培はマイナス二・五℃以下にならないところを選ぶ。

秋になって日平均気温が二〇℃以下になると花芽分化して花芽が発生してくる。沖縄など冬季の最低気温が一〇℃程度のところでは、花芽はそのまま生長して真冬に開花し結実する。しかし、冬季が一〇℃以下になる本州ではミツバチも飛ばず、冬季に開花しても種子なし果実しかとまらない。春先になって気温が一〇℃以上になってから開花する花は結実する。

大果になるのは花粉のない品種

品種により、柱頭は大きいが花粉のないものがある。こういう品種は受粉樹がそばにあるとよく結実し、大果となる。逆に花粉のある品種は柱頭が小さく、自家結実するが結果性は低く、しかも大きな果実が得られにくい。

家屋の側に植えない

根は浅く横方向に長く伸びるので、ブロック塀や家屋の基礎石を浮き上がらせることがある。構造物の側には植えないほうがよい。

② 果実の成り方と仕立て方

カクテルツリー方式でポット栽培

六〇ℓポットに排水性のよい栽培用土を入れて、接ぎ木苗を定植する。花粉を有する品種とない品種を一本ずつ購入して植えるか、花粉のない品種を植えてから、亜主枝を切り返して花粉を有する品種の枝を接ぎ木してもよい（図2-11-1）。

開心自然形に仕立てる

地上部から五〇cm程度で切り返し、三本の主枝を発生させる。この主枝

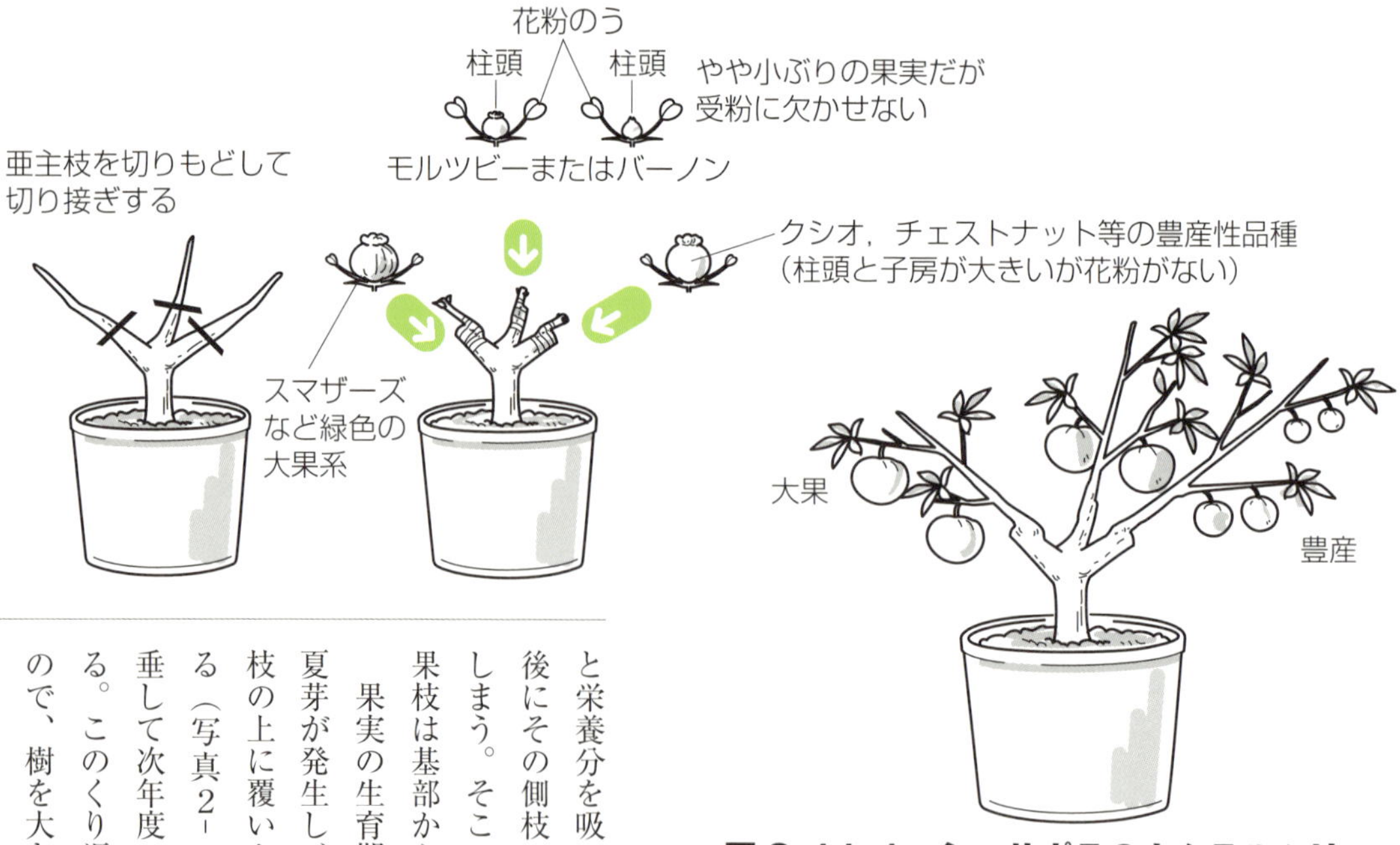
花粉のう
柱頭
柱頭
やや小ぶりの果実だが
受粉に欠かせない
亜主枝を切りもどして
切り接ぎする
モルツビーまたはバーノン
クシオ，チェストナット等の豊産性品種
（柱頭と子房が大きいが花粉がない）
スマザーズ
など緑色の
大果系
大果
豊産

図 2-11-1　シロサポテのカクテルツリーのつくり方

を斜め横方向に伸ばしながら、主枝から亜主枝を発生させる。亜主枝から側枝を発生させて、この側枝を下垂誘引してやれば、その腋芽にたくさんの花がつく。

側枝に複数の果実が成ると栄養分を吸い取られ、果実の収穫後にその側枝（結果枝）は枯死してしまう。そこで収穫が済んだら、結果枝は基部から切除する。

果実の生育期間中に亜主枝上から夏芽が発生し、果実を生産している枝の上に覆いかぶさるように生育する（写真2-11-1）。この枝が下垂して次年度の側枝（結果枝）となる。このくり返しで果実を生産するので、樹を大きくする必要はない。

果実の上に亜主枝上から夏芽が発生し，覆いかぶさる。これが翌年の成り枝になる（写真 2-11-1）

室温で追熟させて食べる

果実は緑色で、品種により熟期に黄色味を帯びてくるものもある。中生種は開花後一八〇日程度で熟期となるが、開花期間が長く、様々な熟度の果実が樹上にあるので、収穫適期を判断するのは難しい。完熟果実は樹上で追熟して軟らかくなり落下する。落果が見られたら、それと同じ枝に成っている固い果実を収穫する。同じような色合いになっている他の枝の果実も収穫するといいだろう。

また、熟期の果実から出るエチレンに誘われて昆虫が食害しにくるので、そういう昆虫が見られるようになったら熟期になったと考え、収穫を始める。さらに、未熟果は鮮やかな緑色をしているのに対し、熟期の果実は果面に白っぽい色が出て、くすんだ緑色（灰色っぽい緑色）になる。灰色っぽい緑色の上に黒っぽいシミが出るのも収穫期の目安である。

収穫した果実はダンボール箱など多少通気性のある容器に入れて、乾燥を防ぎながら室温で追熟する。一週間程度で果実が軟らかみを帯びてくるので、ただちに冷蔵庫に入れて冷やして食べる。樹上完熟果実がもっとも糖度は高いが、それまでに害虫に食べられてしまう。

カキに似た果実。完熟果実は糖度 20 度以上と非常に甘い。キャラメル，ナシ，マンゴー，バナナをミックスしたような風味がある
（写真 2-11-2）

食べきれない果実は冷凍して保存

追熟して軟化して食べ頃となった果実は，すぐに食べないと発酵し始めてまずくなるが，そのまま冷凍すると一年間程度は風味を損なうことなく保存できる。カリフォルニアでは冷凍した果実をさっと湯の中に浸けてから取り出して果皮を剥ぎ取り，果肉部を角切りにして他の果実と混ぜてフルーツカクテルにして食べている。果皮と果皮に近い果肉部に渋味成分が多く含まれるが，ここを取り除けば渋味の嫌いな人にも食べられるはずである。

葉はお茶に、種子はローストしてスナック菓子に

葉や種子中には血圧降下作用があるグルコサイドやカシミロシンが多く含まれ，原産地の住民は「眠気を催すおいしい果実」と呼んで，昔から薬用としてきた。筆者の友人で高血圧患者がいたが，葉を煎じてお茶代わりに飲んでいたら血圧が下がったと言っていた。

新芽はタラの芽と同様，天ぷらにして食べるとおいしい。種子は硬い繊維状の殻でおおわれているが（写真 2-11-2），この殻を取り除いて胚乳部をローストするとナッツの代用品として食べることができる。

アルコール発酵しやすい果実

カリフォルニアでシロサポテの品種コレクションをされていたチェンバー博士は，シロサポテ果実からエタノールをつくり，これで車を走らせるのが夢だと言われていた。

糖分を多く含む果実が単位面積当たり多く収穫できるシロサポテは，傾斜地や山間部からエタノール原料を得るのに役立つと筆者も考える。

Data

- アカテツ科オーガストノキ属，南アメリカ北部から西インド諸島原産。
- おもな品種　日本で栽培されているものには品種名はない。
- 葉腋に多数の花がつき，6月から11月にかけて連続的に開花。両性花で虫媒。着果数は多いが，生理落果も多い。
- 開花期間が長く，石垣島では4～5月にかけて収穫される。

スイショウガキ

（スターアップル，ミルクフルーツ）

star apple, milk fruit

スイショウガキ栽培暦（石垣市）

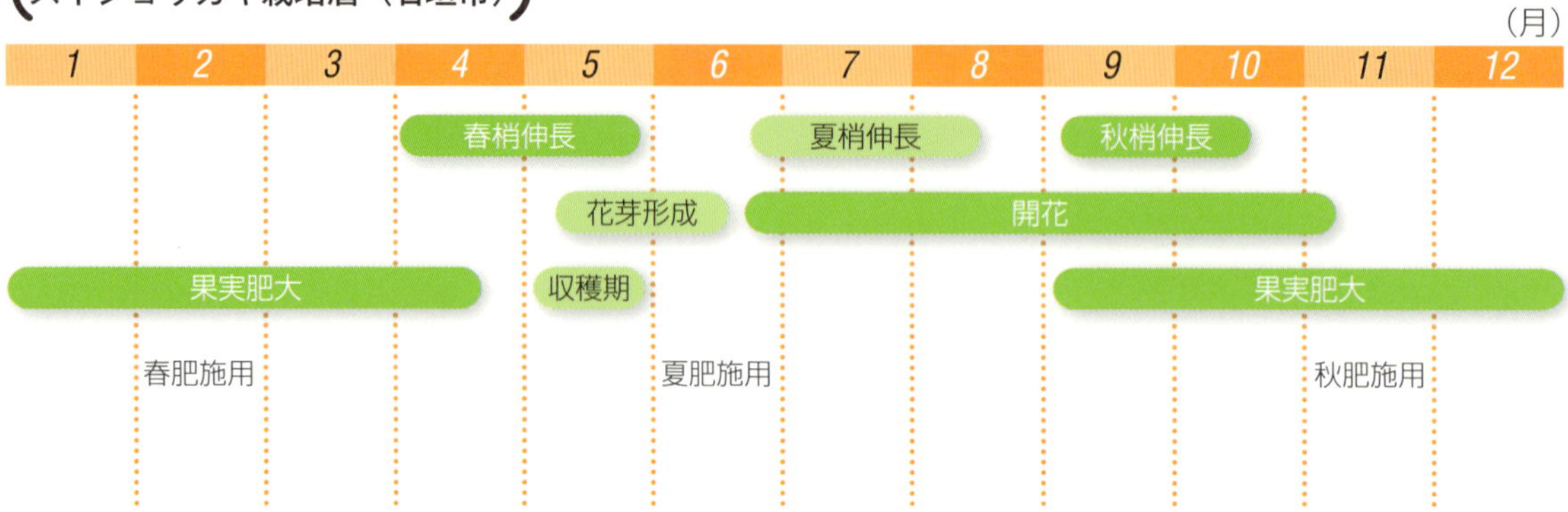

（月）
1
2
3
4
5
6
7
8
9
10
11
12
春梢伸長
夏梢伸長
秋梢伸長
花芽形成
開花
果実肥大
収穫期
果実肥大
春肥施用
夏肥施用
秋肥施用

①生育の特徴とつくり方

開花期の気温が高いほどよい

生育適温は二五～三〇℃で、成木はマイナス二℃で寒害を受け、幼木ではマイナス〇・五℃程度で枯死する。

虫媒花で、一〇℃以上の気温であればミツバチは活動可能であるが、石垣島での栽培経験（夏季の高温期にならないと結果しなかった）から、受粉や受精には高温が必要と思われる。

土壌は選ばない。酸性土壌からアルカリ性土壌まで適応可能である。

観賞用としても美しい葉裏と果実

葉の裏側はきらきらとした黄金色をしており、観葉植物としても楽しめる。ベトナムなどではたいていの家庭で庭木として果実とともに葉の美しさを楽しんでいる。また、果皮色にもピンク系と紫系の品種がある。紫系のほうが観賞用として美しいが、糖度はピンク系のほうが高い。

スターアップルとも呼ばれる果実

果実を横に切ると断面に星のような紋様が見られることから、スター

果実断面が星のように見え，スターアップルともいわれるスイショウガキ（写真 2-12-1）

アップルとも呼ばれる。種子は果実の中心部にかたまっており、そこから放射線状に外側に向かって伸びるゼリー状の種衣（しゅい）が星の輝きのように見えるのである（写真2－12－1）。

② 果実の成り方と仕立て方

ポット栽培で結実可能

六〇ℓポットに排水性のよい栽培用土を入れて接ぎ木苗を定植する。両性花で、自家結実性であるが、結実しやすい「ライラ」など豊産性の優良品種を信頼できる苗木店で購入する。

開心自然形に仕立てる

ほかの果樹同様、開心自然形に整枝し、主枝は三本とする。主枝から亜主枝を伸ばし、これに側枝を伸ばす。この側枝が下垂して、葉腋に着花する。樹勢の強い徒長枝にはなかなか着花しないので、枝を下垂させるように誘引してやる。それでも着花しない場合は枝の基部に環状剥皮を行なう。

熟期は果皮色が教えてくれる

果実は開花から六ヵ月ほどで熟期に達する。果皮の緑色がくすんできて、果頂部がピンク色になってきたら熟期である。

追熟型果実なので、収穫して室温に置き、二～五日で果皮に軟らかみを感じたときが食べ頃である。食べ頃になった果実は三～六℃、湿度九〇％で貯蔵すると三週間程度は保存できる。

石垣島でのポット栽培スイショウガキ（写真 2-11-2）

けっして果実にかぶりつかない

この果実の約 33%は果皮部で，この部分はまずくて食べられない。果皮ごとかぶりついたりしたら，大変なことになる。果皮部から粘液状のラテックスが出て，これが唇に付着すると，まるで接着剤でも塗りつけられた気分になる。まずは包丁で果実の赤道部の果皮部だけをぐるり一周カットする。果梗部を下にして左手で固定し，右手で果頂部を左右に回転させるように捻じる動作をくり返すと，ゼリー状の果肉部が果皮部から容易に外れる。果肉部を取り出すときは，このラテックスが果肉部につかないように注意する。

追熟した果実にただちに包丁を入れるより，凍る寸前まで冷やしてから包丁を入れるとラテックスが固まって，出てくることはない。よく冷やしたゼリー状の果肉をスプーンですくって食べる。

ゼリー状の果肉に包まれた黒くて硬い種子は食べることはできない。果肉はそのまま食べてもほんのりと甘味があり美味だが，マンゴー，カンキツ，パイナップルなどの果肉とココナッツ果汁とをミックスして凍らせ，フルーツサラダアイスとして食べるとよい。

Data

- フトモモ科バンジロウ属，ブラジル原産。
- おもな品種　品種名はないが，赤色果実のテリハバンジロウ，黄色果実のキミノバンジロウがある。
- 開花期は温帯で春，亜熱帯では周年。両性花で虫媒。
- 収穫は8～10月（開花後120～150日）。

ストロベリーグアバ

（キミノバンジロウ、テリハバンジロウ）

strawberry guava

（ストロベリーグアバ（テリハバンジロウ）栽培暦）

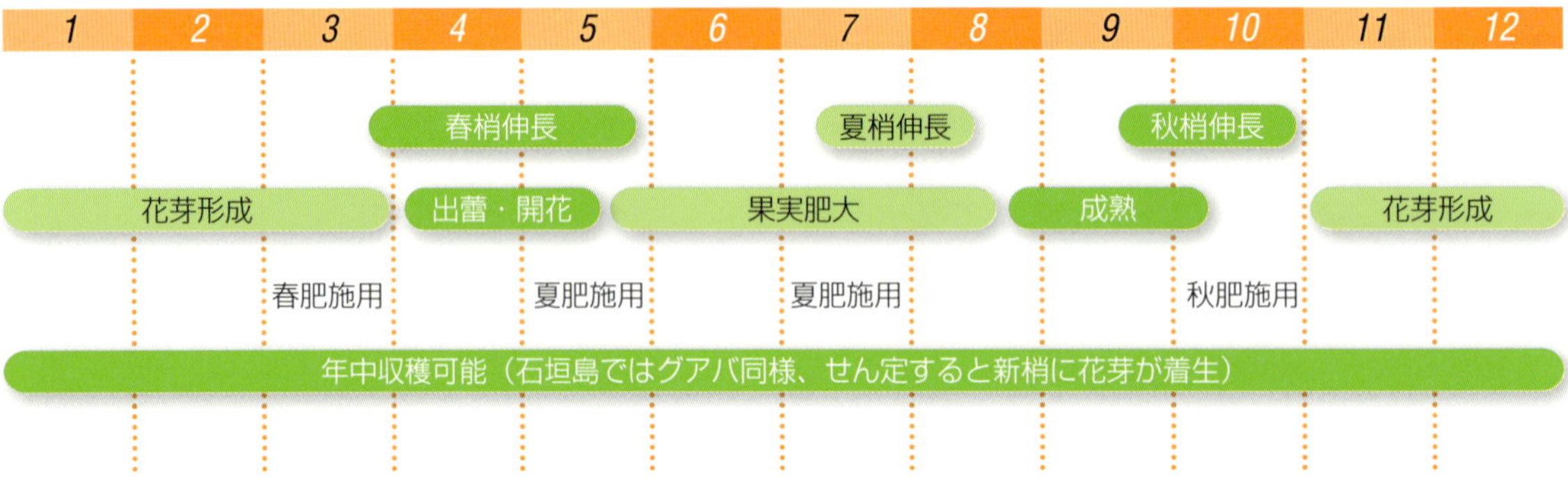

（月）
1 2 3 4 5 6 7 8 9 10 11 12
春梢伸長
夏梢伸長
秋梢伸長
花芽形成
出蕾・開花
果実肥大
成熟
花芽形成
春肥施用
夏肥施用
夏肥施用
秋肥施用
年中収穫可能（石垣島ではグアバ同様、せん定すると新梢に花芽が着生）

① 生育の特徴とつくり方

イチゴの香りの果実

イチゴの香りがあることからストロベリーグアバと呼ばれる。果皮が黄色い系統をキミノバンジロウ、果皮が赤く、葉の表面が輝いて見える系統をテリハバンジロウと呼んでいる（写真2-13-1）。

気温の高い亜熱帯地域では周年開花が見られるが、本州では春に開花して秋に収穫となる。

関東以南で露地栽培できる

生育は六℃以下で停止する。成木はマイナス六～マイナス七℃でも一～二時間程度なら耐えるので、関東以南で露地栽培が可能である。

テリハバンジロウは果実生育期の最高気温が二〇～二五℃で栽培すると果実肥大と着色が良好となり、甘い果実が収穫できる。これに比べ、キミノバンジロウは最高気温が三〇～三五℃での栽培で果実肥大がよく、甘い果実が収穫できる。

ストロベリーグァバ。左がテリハバンジロウ、果実は4～10g。右がキミノバンジロウで果実はやや大きく9～10g、糖度が高く、酸含量が低く、風味はテリハバンジロウより優れる（写真2-13-1）

根の生長が遅い

排水さえよければ、たいていの土壌で栽培可能である。ただし、太い根は少なく、根の生長は遅いので、幼木期にはこまめな施肥とかん水が必要である。

② 果実の成り方と仕立方

ポット栽培でよく着果

灌木なので二五ℓ程度のポット栽培も可能である。両性花で虫媒花なので、一樹でも結実する。整枝は変則主幹形、または開心自然形でよい（図2－13－1）。開心自然形の場合、主枝は三本程度とし、二m程度で切り返す。主枝から亜主枝を伸ばし、これに側枝を発生させる。側枝の葉腋に着花する。収穫後に切り返しせん定して新しい側枝を発生させ、翌年この枝に着花させる。これをくり返せば、コンパクトな樹を維持できる。

側枝の葉腋にたくさん結実

側枝の葉腋にたくさんの花をつけ、着果性もよいので、鈴成りとなることが多い。摘果して一節に二果程度にしてやると果実肥大がよくなる。

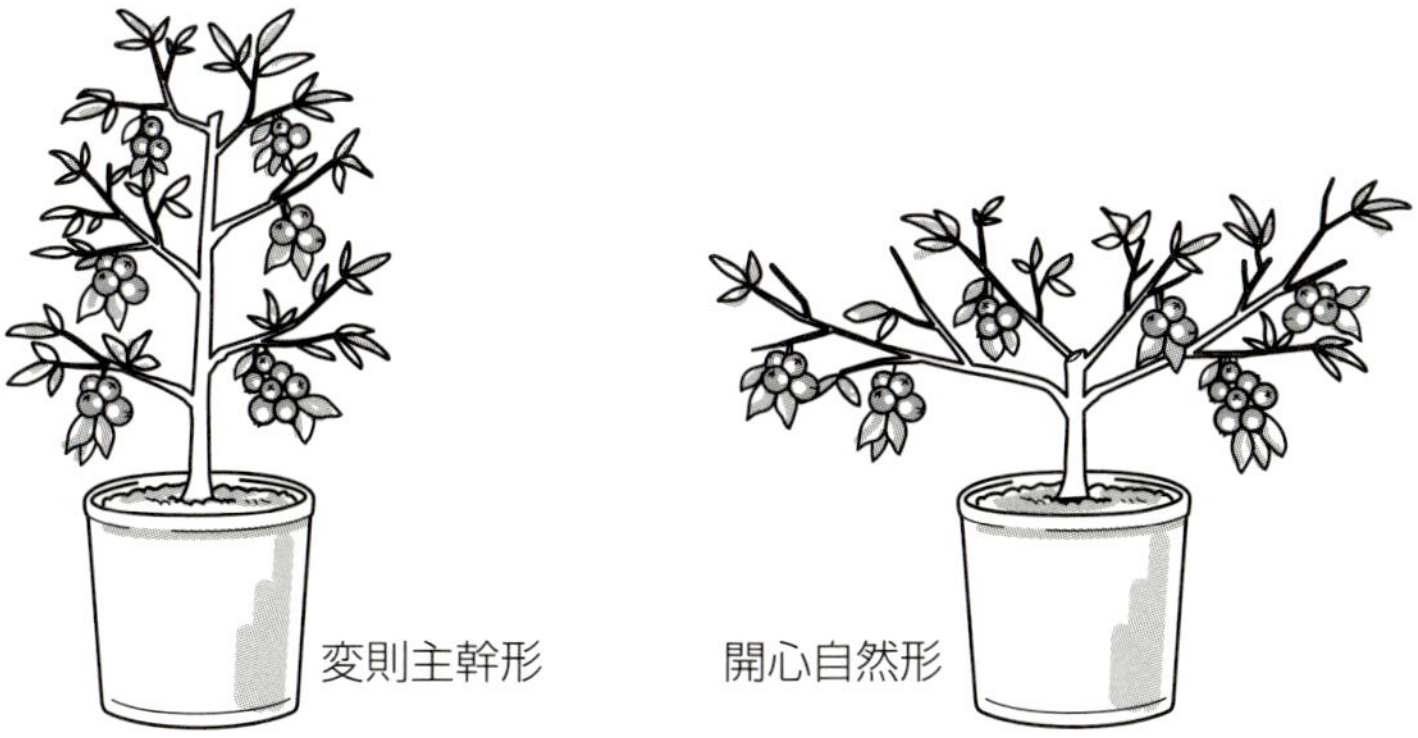

図 2-13-1　ストロベリーグアバの整枝と結果部位

熟期に虫や鳥に食べられやすい

果実は開花から一四〇～一五〇日で熟期となる。緑色から黄色あるいは紅色に果皮色が変化するので、収穫適期はわかりやすい。ただ、着色してくると甘い匂いに誘われて昆虫や鳥が飛来し、果実を食べてしまうので、ネットなどで覆う必要がある。

伊豆半島でストロベリーグアバを栽培されている高橋長一さんが『現代農業』二〇一三年八月号に寄稿し、「憎きオウトウショウジョウバエ」について書かれている。氏によるとこの被害は甚大で、ブルーベリーの比ではない。伊豆では赤色系が九月下旬から、黄色系は十月中旬から着色が始まり、まず、赤色系の果実に産卵して繁殖したオウトウショウジョウバエが次に黄色系果実へと移動して食害する。果実内に産卵された卵から生まれた幼虫が果肉部を食べてしまう。この害虫はイチジクやブルーベリーにも産卵するが、イチジクやブルーベリーでは登録されている殺虫剤で防除できる。しかし、ストロベリーグアバには登録農薬がないので使えない。なんと不公平な！と感じるのは筆者だけではないだろう。そこで、高橋氏は霜除けや野菜の虫除けに用いられる不織布（透光率九〇%、五〇m×一・八mで三〇〇〇円程度）を樹全体に被せたところ、被害を防ぐことに成功したと記している。

ポリフェノールが赤ワインの一・五倍

グアバ同様、果実中にはポリフェノールを多く含み、赤ワインの一・五倍程度と言われる。熟した果実をそのまま食べても風味は素晴らしいが、海外ではゼリー、ジャム、シャーベットなどに加工して利用されている。ハワイでは熟した果実を半分に切ってボイルし、裏ごしした果汁でエイドやパンチなどの飲料として利用している。わが国で露地栽培できる数少ないトロピカルフルーツなので、もっと栽培されて利用されるべきだと考える。

Data

- バンレイシ科バンレイシ属，ペルーからエクアドルにかけての標高2000 m程度の高地が原産といわれる。
- おもな品種　フィノ・デ・ヘテ（スペイン），ピアス，リサ，ホワイト（カリフォルニア），クンベ（ペルー）など。
- 開花期は５月から６月。両性花だが，雌雄異熟，雌ずい先熟性。人工受粉が必要，かん水して湿度を高めると結実率アップ。
- 開花後150日程度で収穫可。

チェリモヤ

cherimoya

(チェリモヤ栽培暦)

（月）

1	2	3	4	5	6	7	8	9	10	11	12
休眠期		発芽期		開花期		果実肥大期			成熟期		休眠期
防寒対策 休眠期のかん水は少なめに			春肥			夏肥 果実肥大期にかん水			秋肥 成熟期にはかん水を少なめに		
				人工受粉							
					整形で縦長なものを残して摘果する						

① 生育の特徴とつくり方

意外と低温に耐える

アンデス山地の標高一五〇〇～二〇〇〇mの高地が原産地で，生育適温は七～二八℃，果実の生育には八℃以上が必要である。高温には適応していないが，意外と低温に耐える。本州の無霜地帯では露地栽培で越冬した。一時的にマイナス三℃程度に低下しても，直接霜に当たらなければ枯死することはない。また，五〇％程度の遮光下でも光合成が活発に行なわれ，日陰に強い果樹である。カンキツなどとは異なり，果実には直射光が当たらないほうが糖度の高い果実が収穫できる。

雌しべと雄しべは機能する時間帯が別，人工受粉が必要

雌しべが雄しべより先に受粉態勢となり，雄しべから花粉が出るころには雌しべは機能をなくしている。これは雌雄異熟性という，自家受粉を避けるために植物が選んだ一つのシステムだが，中には，夕方雄しべから花粉が出ている花と雌しべが受粉態勢にある花の両方が存在する（アテモヤの写真2‐2‐5参照）。そこで，花粉を出している花から花粉を採取し，雌しべが受粉態勢にある花の柱頭にただちにふりかけてやると，意外と簡単に受粉が成功する（図2‐14‐1，写真2‐14‐1，2‐14‐2）。

土壌は選ばない

排水性さえよければ，どのような土壌にも適応する。酸性土壌が好ましいが，アルカリ土壌でも栽培可能である。冬季の発育停止期にかん水しすぎると根腐れを起こすことがあるので，かん水は控えめに行なう。しかし，発芽期から果実成熟期までは決して乾燥ストレスにあわせてはいけない。

② 果実の成り方と仕立て方

開心形かＹ字整枝

ポット栽培が可能で，毎年強せん定することができるので，コンパクトな樹を維持することはそれほど難

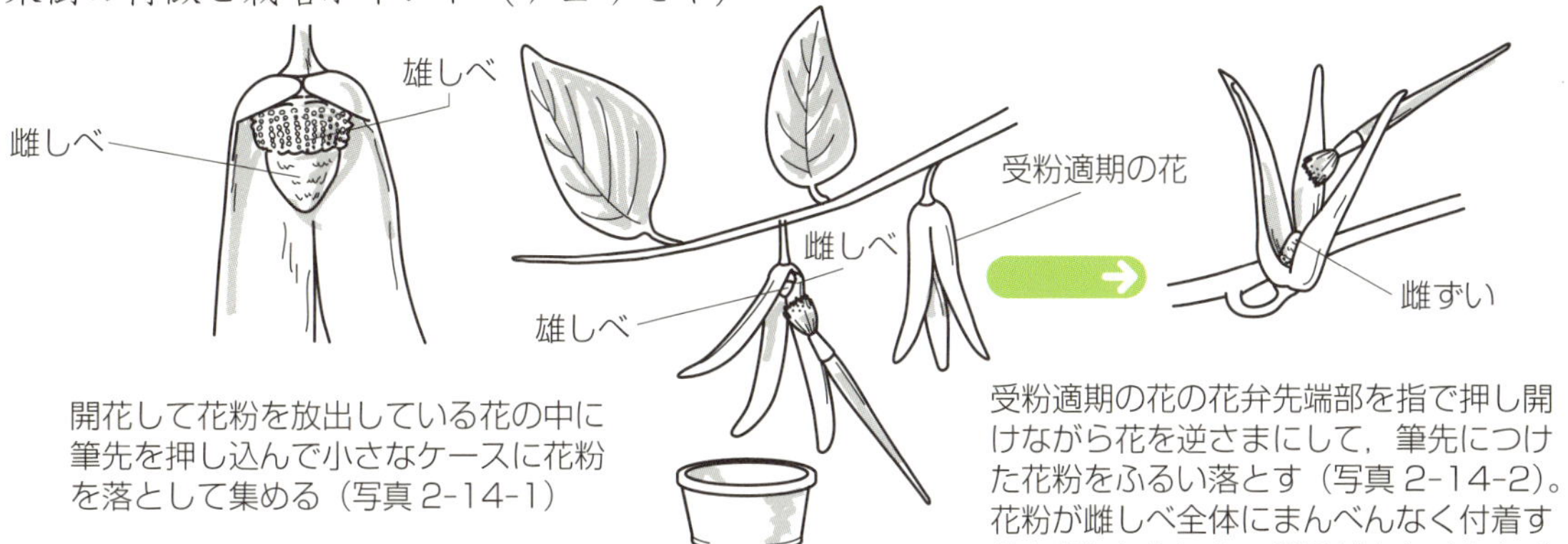
開花して花粉を放出している花の中に筆先を押し込んで小さなケースに花粉を落として集める（写真2-14-1）
受粉適期の花の花弁先端部を指で押し開けながら花を逆さまにして，筆先につけた花粉をふるい落とす（写真2-14-2）。花粉が雌しべ全体にまんべんなく付着するようにしないと，種子がまんべんなく入らず，奇形果となる

図2-14-1　チェリモヤの人工受粉法

花粉の採取法（写真2-14-1）

絵筆で人工授粉（写真2-14-2）

しくない。

六〇ℓポットに排水性のよい肥沃な栽培用土を入れて接ぎ木苗を定植する。主枝三本の開心形にするか、主枝が二本のY字形整枝とする（アテモヤと同じ）。主枝上に三〇cm程度の間隔で亜主枝を配置、これを二～三節で切り返して二本の側枝を出す。この側枝に結実させて、翌年二～三節で切り返して二本の新梢を出し、これに結実させる。これをくり返せば、樹は大きくならない（図2－14－2）。

また、枝をつけたいと思うところで摘心し、先端の葉二枚を摘葉すれば、二本の新梢が発生する。一本は主枝として真上に伸ばし、他方は側枝として横に伸ばす。真上に伸ばした主枝はまた摘心・摘葉をくり返すことで、必要な場所に側枝をつくることができる。チェリモヤの側枝づくりは簡単である（図2－14－3）。

周年開花させることも可能

本州での栽培では、三月から四月にかけて葉が黄化して落葉する。落葉と同時に葉柄のついていた場所から新芽が発芽してくる。このため筆者はチェリモヤを「一時的落葉果樹」と呼んでいる。葉が緑色のときに、新梢を五～七節で切り返しせん定し、先端の葉を摘葉すると一週間で葉柄が落下し、新梢が発生してくる（図2－14－4、写真2－14－3）。新梢には複数の花芽がついており、花蕾が確認できてから約三〇日後には開花する。このように、年間を通じて切り返しせん定と摘葉をすることで、つねに開花させ、収穫していくことができる（アテモヤの写真2－2－6参照）。

新梢の長さで施肥量を判断

大きくて甘い果実を収穫するには、樹勢を良好に保つことが重要である。適度な樹勢の指標は、新梢の長さが一m程度になることで、これより長いと肥料のやりすぎで、反対に五〇cm以下だと肥料が足りないしるしである。

チェリモヤは意外と肥料を必要とする。果実にはカリウムとカルシウムが多く含まれるので、これらの肥

果実収穫後の翌春に2～3節で切り返す

2本の新梢を発生させ1本に結果させ残りの1本は予備枝とする

果実収穫後の翌春に2～3節で切り返す。それぞれから2本の新梢を発生させ，2本に結果させて，残り2本の新梢は予備枝とする

果実収穫後の翌春に前年結果した枝は基部で間引き，予備枝を2～3節で切り返す。2本に結果させ，残り2本は予備枝とする。以後はこのせん定のくり返しである

図2-14-2　チェリモヤは短梢せん定をくり返して結実させる

新梢が8節程度伸びたら先端を摘心し，その直下の2葉を摘葉する

下位の芽から発生した新梢は8～10葉で摘心し右側の側枝とする。上位からの新梢は8節程度伸びたら先端を摘心し，その直下の2葉を摘葉する。先端に残る葉が右側にくるようにする

下位から発生する新梢は8～10葉で摘心し，左側の側枝とする。このくり返しにより右，左，右，左と，側枝を形成することができる

図2-14-3　摘心、摘葉をくり返せば必要なところに側枝を置ける

葉柄を押し上げて成長する芽
（写真 2-14-3）

料も欠かせない。六〇ℓポット栽培の場合、発芽期から果実収穫期までの間、二ヵ月に一度、緩効性肥料を六〇g程度施用する。

収穫日から逆算して受粉する

果実の収穫期は、早生品種で受粉から一二〇日、晩成品種で一六〇日程度である。切り返しせん定と摘葉から三七日程度で開花し、その後一五〇日程度で果実成熟期に達するので、収穫したい日から六ヵ月前に切り返しせん定と摘葉をすればいい。

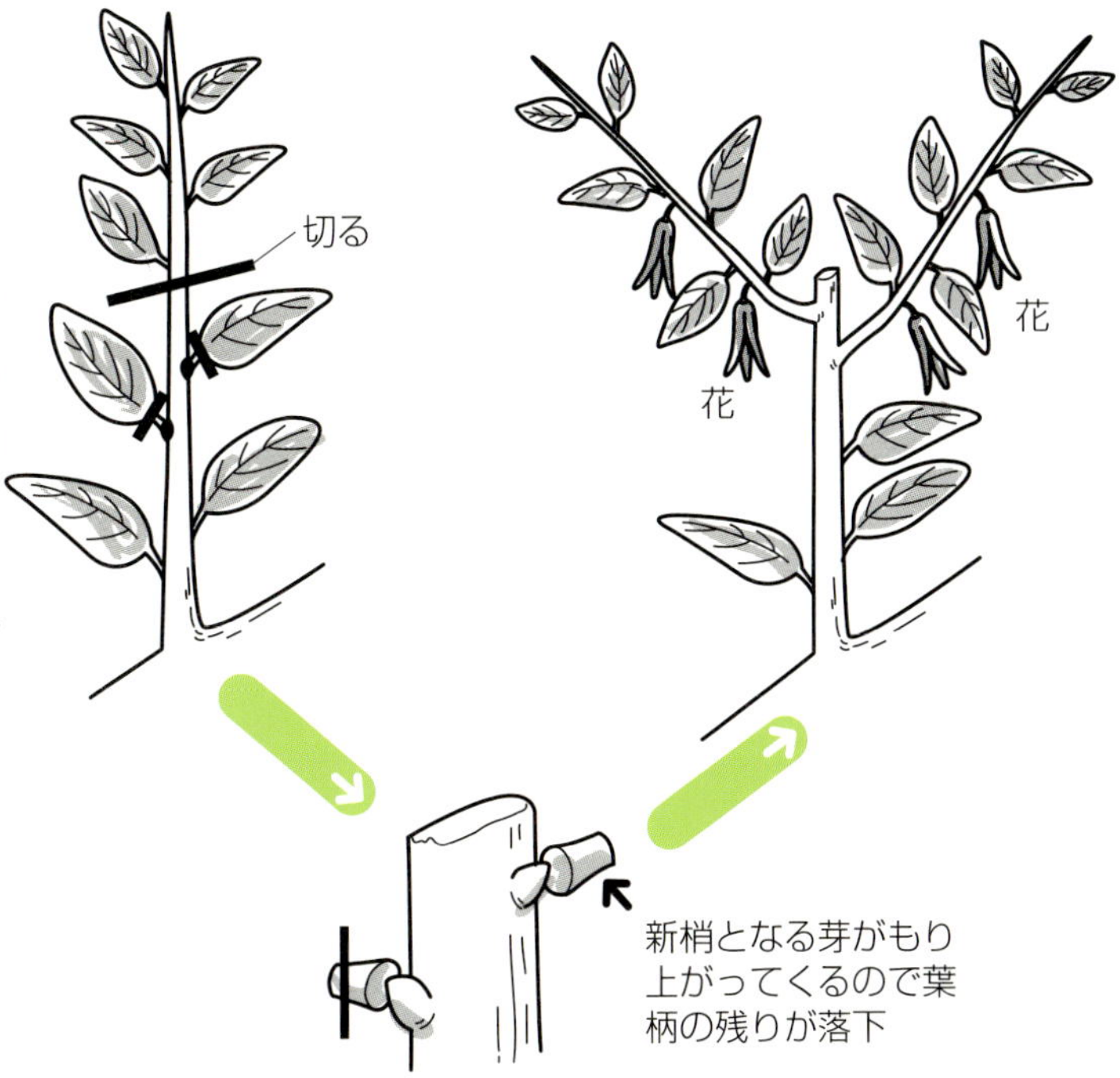

切る
花
花
新梢となる芽がもり上がってくるので葉柄の残りが落下

図 2-14-4　アテモヤ同様、葉が緑色のとき新梢を切り返し、先端の葉を摘むと新梢が伸びて着花する

追熟性果実である

果実の色は緑で、熟期になってもやや黄緑がかってくる程度である。ただ、熟期の前に果実が急に肥大してくるので、この肥大に気がつけば一～二週間後に収穫しても間違いはない。長く置きすぎると、果実が落下する。ネットなどをかぶせて吊るしておけば（写真2-14-4）、落下するまで待ってより大きくて風味の豊かな果実が楽しめる（写真2-14-5）。

収穫した果実はダンボール箱などに入れて室温で追熟させると一週間程度で緑色のまま軟化して食べごろとなるので、ただちに冷蔵庫で冷やして食べる。二～三日間は最高の風味を楽しめるが、その後は急速に劣化するので、食べ頃を逃さないようにする。

果実袋に入れて追熟したチェリモヤは果皮が緑色のまま追熟する（写真 2-14-5）

ネットを掛けておけば落果しても心配ない
（写真 2-14-4）

Data

- サボテン科ヒロケレウス属，中米から南米北部にかけてが原産。
- 赤系・赤肉（大龍果，黒龍果），赤系・白肉（ベトナム種），黄色系・白肉（コロンビア種），赤系・ピンク果肉（赤肉×白肉）など。
- 茎葉のくぼんだ部分に花芽を形成し，月下美人のような花を咲かせる。開花期は沖縄で5～10月。人工受粉で確実に結実。
- 受粉後35～45日で収穫。

ドラゴンフルーツ

（ピタヤ）

dragon fruit, pitaya

ドラゴンフルーツ栽培暦

（月）1 2 3 4 5 6 7 8 9 10 11 12

- せん定：4月
- 発芽期：1月～5月
- 開花・果実肥大・収穫期：5月～11月（この期間に周期的に開花がくり返される）
- 発芽期：12月
- 施肥　かん水：5月～11月

① 生育の特徴とつくり方

登攀性のサボテン

石、木材、プラスチック……どのような物質にも気根《きこん》を張りつけて伸びてゆく、たくましいサボテンである（写真2-15-1）。

果実は果皮の黄色いものと赤いものがある。さらに、赤い果皮の果実でも、果肉が白色、オレンジ色、薄紫色、紫紅色、紅色のものと様々な品種がある（写真2-15-2）。フルーツカクテルに色どりをつけるの

気根でビニールにもへばりつく（写真2-15-1）

さまざまなドラゴンフルーツの果実
左：果肉が紫色の「ガテマレンシス」，中：赤色果肉でトゲなしの品種，右：白色果肉の「ベトナム」（写真2-15-2）

ゴージャスで白くて大きなドラゴンフルーツの花（写真2-15-3）

に最適である。

花もゴージャスで香りがよい

茎節のくぼんだ部分に花芽を形成し、月下美人のようなゴージャスな白くて大きな花（写真2-15-3）を夜中に咲かせる。今夜開花する大きな花蕾を一つ夕方に切り取ってきて、部屋に飾っておくと夜中に開花して素晴らしい匂いがする。ただし、あまり多くの花を部屋に置くと、匂いがきつすぎるので要注意。

白肉系は自家和合性、赤肉系は自家不和合性

自家和合性品種なら、一株で結実させられるが、自家不和合性の品種もあるので要注意。自家不和合性の品種の場合、別の品種をもう一株一緒に栽培して、人工受粉してやる。例外はあるが、おおむね白肉系品種は自家和合性で、赤肉系品種は自家不和合性である。

人工受粉で確実に着果

花は日没後に開花を始め、夜の八時頃に満開となる。翌朝太陽の光が当たると花弁はしぼんでしまう。花には大きな柱頭の基部に、それを取り囲むように多くの雄しべがあり、開花中は花粉がたくさん放出されている。この雄しべをハサミで切り取り、ヒトデのような柱頭に乗せてやると受粉完了である。受粉して三日後くらいに、萎れた花弁と雌しべを果頂部から引きちぎると、果頂部の真ん中に丸い空間ができるが（写真2-15-4）、萎れた花弁や雌しべにカビなどの病害が付着するのを防ぐことができる。

開花4日後に萎れた花弁と雌しべを同時に除去する。あとには果頂部の真ん中に丸い空間ができる（写真2-15-4）

栽培は無霜地帯で

熱帯性のサボテンであるが、短時間なら〇℃の低温に耐える。霜に当たると腐ってしまうが、防寒さえしてやれば本州でも栽培は可能である。

② 果実の成り方と仕立て方

二五ℓポットでも栽培は可能

排水性のよい肥沃な栽培用土を二五ℓポットに入れて定植する。太い支柱を立て、これに沿わせるようにまっすぐ上方向に伸ばしてやる。背丈ほどになったら、支柱に直径五〇cm程度のしっかりした円形の輪を設置する。この輪から上に伸びた茎節（新梢）は誘引して下垂させる。茎節を下垂させると、曲がり目から新茎節が発生してくるが、これも下垂誘引して真下に伸ばす。真下に伸びた茎節を地上二〇cm程度で切り返す。こうすると、切り返したところに近い刺座（茎葉のくぼみ）から出蕾して開花する（写真2-15-5）。

水と肥料は豊富に与える

　六〇ℓ鉢で栽培した場合、花芽が発芽する五月頃から最後の収穫が終わる十一月頃まで、IB化成肥料（一〇：一〇：一〇）を毎月六〇g程度与える。かん水は、花芽発芽以後、果実収穫期の終わりまで、土壌が十分な水分を維持するように行なう。自動かん水装置で毎日少しずつ与えるのがよい。

　ドラゴンフルーツはふつうのサボテンとは異なり、水と肥料を十分に与えることで、どんどん生長し、花も多くつける。逆に肥料とかん水をおろそかにすると、生長しないし花もつけない。

茎葉を下方に誘引すると花芽をつける（写真 2-15-5）

長日条件で花芽をつける

　一二時間以上の長日条件でしか花芽をつけない。専門的になるが、短日期間であっても二〇℃以上の気温を保ち、日長が一二時間以上になるように電照してやれば（光を照射し続ければ）花芽をつける。

果実は短期間で成熟

　開花から三〇～三五日間で肥大して収穫期となる。緑色の果皮が紫色に変わり、二日ほどで鮮やかな紅色に変化するのを見るのは楽しい。酸味のある果実が好きな人は鮮やかな紅色になる前に収穫して食べるとよい。収穫してすぐに食べられるが、ポリ袋に入れて冷蔵庫に入れると三週間程度は十分貯蔵可能である。

便通がよくなる

　ドラゴンフルーツは果実中に多数のゴマ粒ほどの小さな種子を含み、ビタミンCと植物繊維も多く含まれる。植物繊維が腸内細菌の働きをよくし、小さな種子が腸壁を刺激することで便通をよくするとされている。

ドラゴンフルーツは糖度のわりに甘くない!?

食べるなら中心部

　ドラゴンフルーツの外観は実に魅力的であるが、食味は今一つだという感想をよく耳にする。筆者も果実中心部と果皮に近い部分の果肉糖度を測定してみたが、おいしいと感じる高品質の果実の中心部で 18 ～ 20 度だったのに対し、果皮の近くでは 14 度程度であった。やや物足りないなという果実では、それぞれ 16 度と 12 度であった。食べるなら果実の中心部だ。

ショ糖を含まない果実

　ショ糖を含む果実では、糖度 15 度以上あれば非常に甘いと感じるのがふつうである。ところが、ドラゴンフルーツではショ糖が含まれず、ブドウ糖と果糖が半分ずつ含まれる。このことが甘さを感じない理由である。ところが、イエローピタヤと呼ばれる近縁種にはショ糖が含まれるため、ドラゴンフルーツに比べて甘みを感じる。ならばイエローピタヤとドラゴンフルーツを交配・育種して、ショ糖を含むドラゴンフルーツを開発すればいいのではと、筆者はつねづね思うのである。もっとおいしい品種を改良する余地が残されている。

Data

- パイナップル科アナナス属，熱帯アメリカ原産。
- おもな品種　沖縄ではスムースカイエン種のN67-10がもっとも多く，次いでボゴール（スナックパイン），交配種ではソフトタッチ（ピーチパイン），ハニーブライト，サマーゴールド，ゆがふ，クリームパイなど。
- 集合花で，冬季低温期と夏季高温期の２回花芽分化し，この時期の葉数は55枚。
- 収穫は早生種で５～６月，晩生種で７～９月がもっとも甘い。

パイナップル

pineapple

（パイナップル栽培暦（夏植え栽培））

(月)
1
2
3
4
5
6
7
8
9
10
11
12
1年次
花芽形成
植付け
植付け後施肥
生育期
2年次
生育期施肥
花芽分化
施肥
3年次
花芽分化
出蕾期
開花期
果実肥大
成熟期

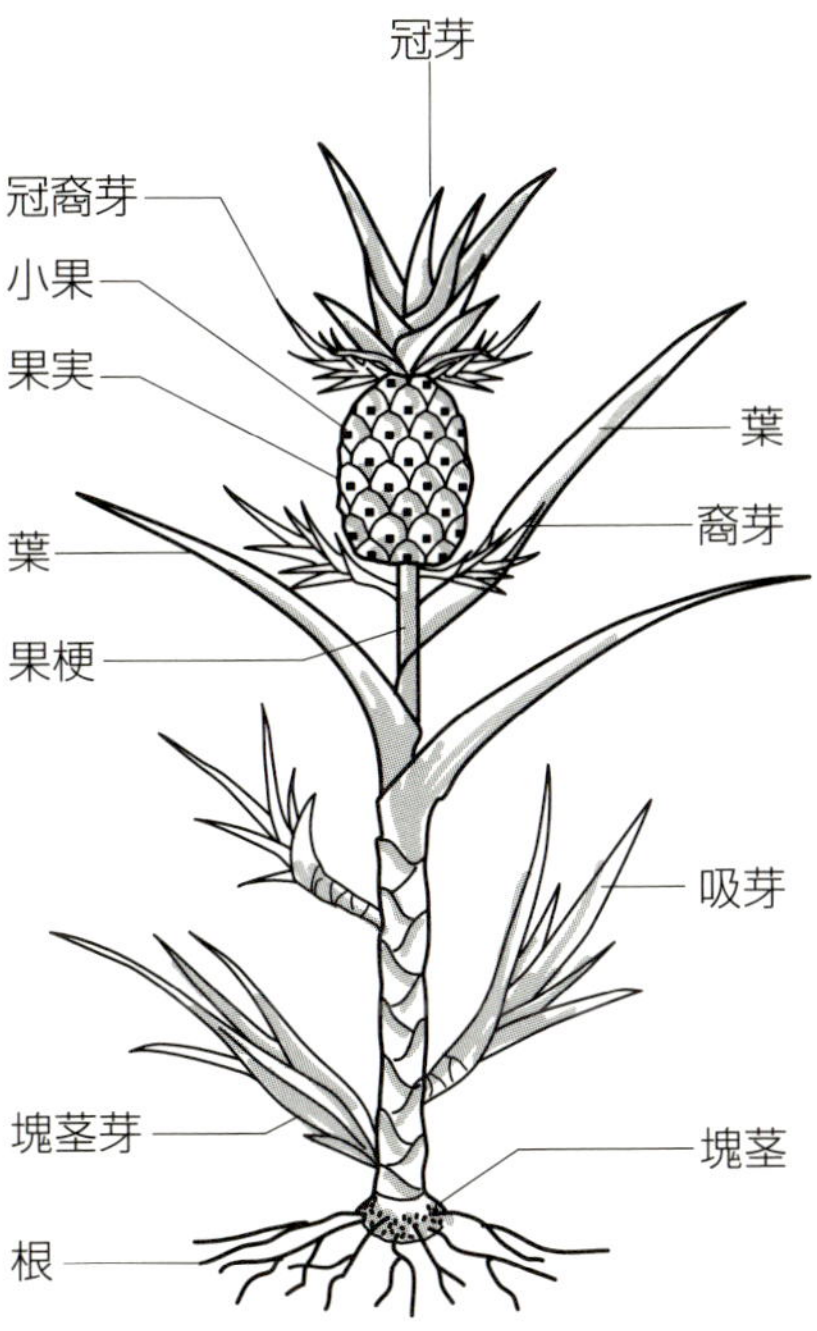

冠芽
冠裔芽
小果
果実
葉
果梗
塊茎芽
根
葉
裔芽
吸芽
塊茎

図 2-16-1
パイナップル各部位の名称

① 生育の特徴とつくり方

北海道の室内でも育つ

生育適温は二四～二七℃で、最低気温一五℃以下では生育を停止する。また三二℃以上の高温では障害が出る。酸味の少ない甘い果実を収穫するには、果実生育期間中は二二・五℃以上で栽培するとよい。筆者は北海道の室内でポット栽培して果実を収穫した。

アルカリ性土壌では枯死する

土壌pH五・五～六・〇が栽培に適しており、アルカリ土壌では微量要素欠乏症状を呈し、衰弱して枯死してしまう。ブルーベリーと同様に酸性土壌で栽培する。

中心部が赤く、真上から見ると花芽が見える（写真 2-16-1）

植付けから二年かけて収穫

根の発達が遅く、植付け後、葉が

四〇枚程度に達すると花芽を形成する。ふつうは収穫するまでに二年間を要する。ただし、一度果実を収穫して、その株元から出てきた大きな吸《きゅう》芽《が》を植えると、翌年に果実を収穫することができる。

② 果実の成り方と仕立て方

できる限り大きな苗を購入する

花芽の出ているような苗木（写真2-16-1）を購入できれば最適だ（ただし価格は高め）。花芽が出ていなくても、葉の数が四〇枚近くあるものであれば、花芽が早く出てくる（写真2-16-2）。二年間という時間を惜しまない場合は、購入して食べて美味しいと思った果実の冠芽（果実のてっぺんについている葉芽）を植えてもよい。冠芽の基部の葉を五～六枚引きちぎり、一週間程度室内で陰干しする。コップに水を入れ、むき出しになった冠芽の基部を水につけておくと一ヵ月程度で発根してくる（写真2-16-3）。発根してきたら酸性で水はけのよい栽培用土を一五ℓ鉢に詰めて定植する。水さしせずに冠芽を直接ポットに植えることも可能である。

花芽が出てくる直前の苗
（写真 2-16-2）

冠芽の基部を水につけておくと1ヵ月程度で発根してくる。これを定植してもよい
（写真 2-16-3）

果実生産には施肥とかん水を

サボテンと同じくらい乾燥に耐えるが、ドラゴンフルーツ同様に施肥とかん水を行なわないと、なかなか花芽をつけないし、小さな果実しかできない。緩効性複合化成肥料（一〇：一〇：一〇）で年間一株当たり六〇g程度は与えたい。一度に全部与えるのではなく、三、六、九月の三回に分けて与える。

かん水も毎日一～二mm程度、すなわち直径三〇cmのポットなら七～一四mℓ程度の少量の水を与えてやればよい。

パイナップルは単為結果する

小さなパイナップルの形をした花芽が出てきたらしめたものである。二～三週間後には小さな花が開花するのを見ていればよい。何もしなくても単為結果する。開花後一二〇日程度で果実の基部からだんだんと上部にかけて黄色くなっていく。家庭で楽しむなら、九分以上黄色くなってから完熟果実で収穫すればよい。果実から甘いにおいが漂ってくるので、完熟期を見逃すことはない。

パイナップルは多年生草本

果実収獲後に株元から発生している吸芽をかき取って植え付けると翌年には結実すると書いた。はたして毎回吸芽をかき取って植え付ける必要があるのだろうか？

じつは果実収獲後に吸芽を一つだけ残してそのまま育てても翌年には結実する。この果実を収穫したら、また吸芽を一つだけ残しておけばその次の年も結実する。しかし、連年これを続けて行くと収獲できる果実が小さくなると言われてきた。筆者はハウス内での養液土耕のポット栽培で毎年吸芽に結実させたが、養水分さえ十分に与えてやれば果実が小さくなることはなかった。やはり、パイナップルは多年生草本だと感じている。

Data

- トケイソウ科トケイソウ属，ブラジル南部，パラグアイ，アルゼンチン北部原産。
- おもな品種　サマークイーン，ルビースター，台農１号（いずれも交雑種）。
- 新梢の葉腋に花芽がつき，九州南部では初夏と秋に花が咲く。花粉は雨に濡れると破裂する。
- 高温期には受粉後 55 日，低温期で 80 日前後で成熟。

パッションフルーツ

（クダモノトケイ）

passion fruit

（パッションフルーツ栽培暦（沖縄県））

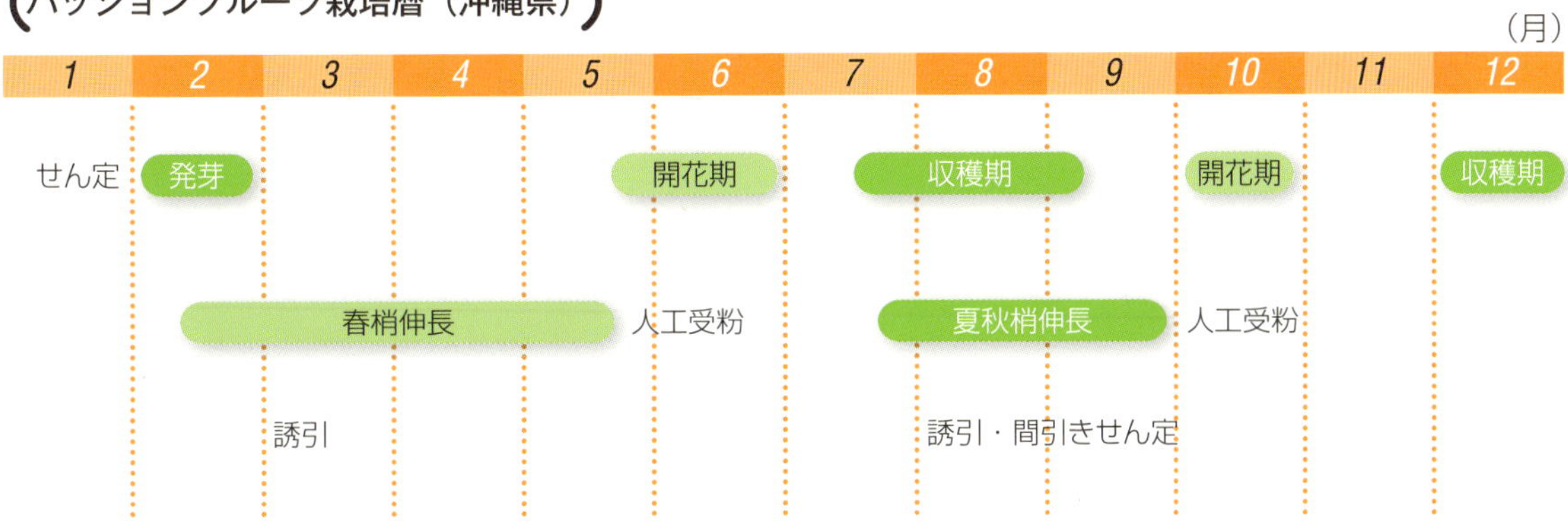

（月）
1 2 3 4 5 6 7 8 9 10 11 12
せん定
発芽
開花期
収穫期
開花期
収穫期
春梢伸長
人工受粉
夏秋梢伸長
人工受粉
誘引
誘引・間引きせん定

① 生育の特徴とつくり方

つる性で、日陰植物としても最高

アサガオやウリ類を家屋の周りに植えて、夏の日陰をつくっているが、筆者ならパッションフルーツを用いて、花と果実の両方を楽しむ。関東近辺でも夏から秋にかけておいしい果実が収穫されている。

しかし、茎丈が五〇cm以下の小さな苗木を購入して五月以後に定植しても、真夏の暑さで花が落ちてしまったり、秋に着果しても霜で枯れたりして果実が収穫できなかったということもある。もっともおいしい果実を味わうには、五〜六月に開花させて七〜九月の高温期に収穫する。そのためには、温暖な地域、あるいはビニルハウス育苗している苗木業者から、草丈が一m以上の苗木を購入して四月中には定植したい。

パッションフルーツにはムラサキクダモノトケイソウとその変種であるキイロクダモノトケイソウがあるが、両者の交配種である「サマークイーン」（写真2-17-1）や「ルビースター」などを栽培するとよい。

無霜地帯では露地で越冬する

和歌山県の串本町では、大きな雑木の根元に植えられたパッションフルーツが、この木に巻きつくように生長し、何年間か果実を成らせてい

球形の果実サマークイーン
（写真 2-17-1）

る。まるで野生化したカズラのように太い幹をしている。

成木は短時間ならマイナス二℃の低温にも耐える。しかし、一三℃以下では生育が停止し、三〇℃以上では開花・結実が抑制される。

② 果実の成り方と仕立て方

二五ℓポットでの行灯栽培がお勧め

筆者は二五ℓポットでの「行灯《あんどん》栽培」で四年間果実を収穫したことがある。現在はハウス栽培の六〇ℓポットで毎年二〇〇個以上収穫している（写真2-17-2）。

栽培は、排水性のよい肥沃な栽培用土をポットに詰めて、挿し木苗を定植する。挿し木は簡単なので、栽培している知人がいれば一枝もらってきて、水挿ししておけば発根してくる。

ポットにイボ竹などで三～四本の支柱を立て、地上一八〇cm程度のところに直径五〇cm程度の輪を設置する。主幹を一本の支柱に沿ってまっすぐ上に伸ばし、円形の輪から上に伸びたら主幹を折り曲げ、輪に沿わせて一周させる。一周したら先端を摘心する。輪に誘引した主幹部から側枝が出てくるので、これらを真下に伸ばし、先端を地上三〇cmのところで摘心する。この真下に伸ばした側枝に着花させる（図2-17-1）。

パッションフルーツの行灯仕立て（写真2-17-2）

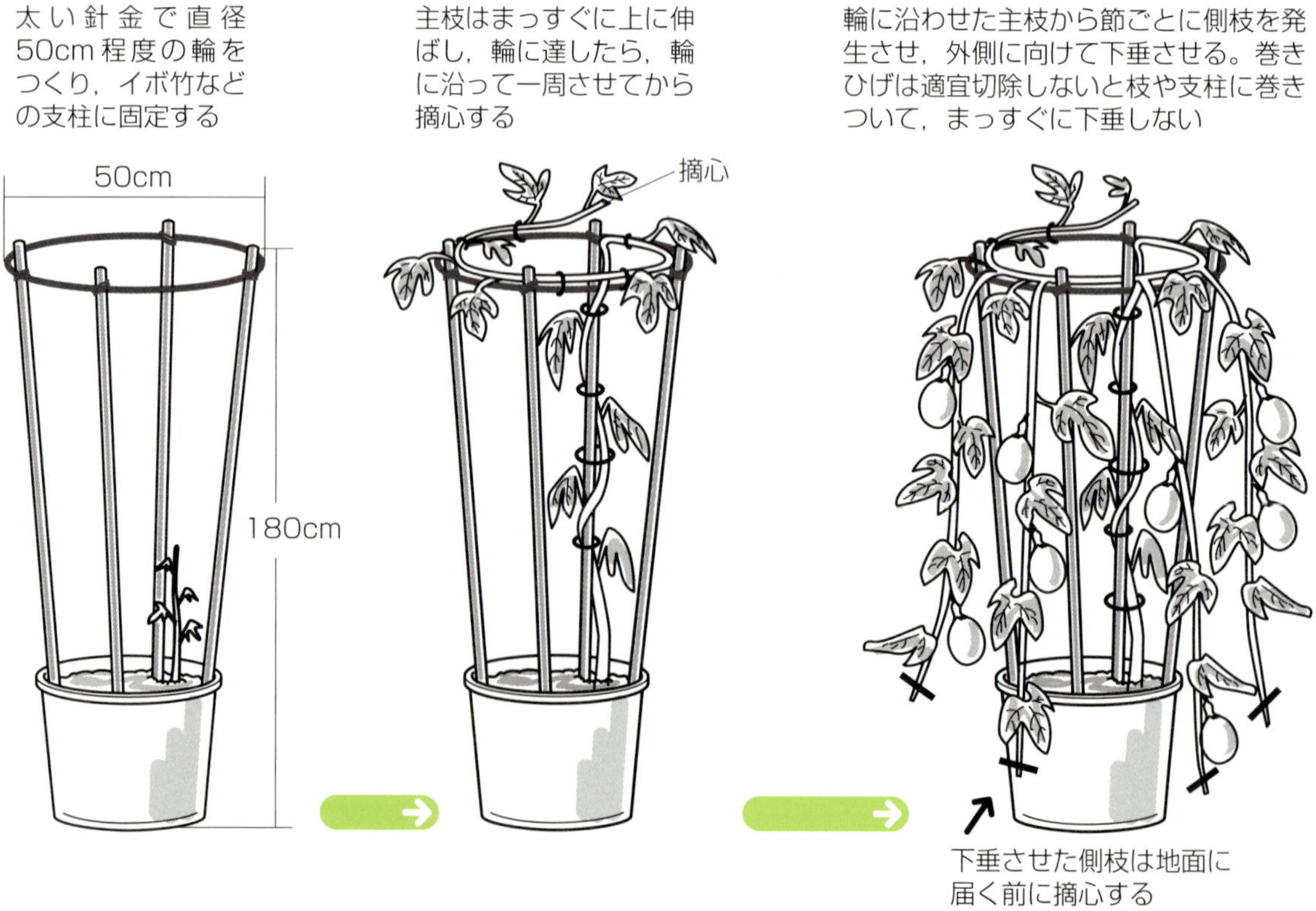

太い針金で直径50cm程度の輪をつくり，イボ竹などの支柱に固定する
50cm
180cm
主枝はまっすぐに上に伸ばし，輪に達したら，輪に沿って一周させてから摘心する
摘心
輪に沿わせた主枝から節ごとに側枝を発生させ，外側に向けて下垂させる。巻きひげは適宜切除しないと枝や支柱に巻きついて，まっすぐに下垂しない
下垂させた側枝は地面に届く前に摘心する

図2-17-1　パッションフルーツは行灯栽培で、下垂枝に結実させる

下垂させた側枝を更新

開花、結実し、果実を収穫したら、その側枝は基部から葉を三枚程度残して切り返しておく。残された三節の先端の葉腋からまた新しい側枝が発生して着花する（写真2-17-3）。これをくり返せば、何年でも同じ大きさの樹体で栽培が可能となる。

着果は、下垂させた側枝一本当たり三果程度を目標とする。五果も成らせると果実が小さくなり、早期落果して酸っぱい果実となる。一鉢で下垂側枝を二〇本、これに三果ずつ結果させて、六〇果程度収穫するのが適当だ（図2-17-2）。

収穫後、結果枝を葉を３枚残して３節で切り返す。新梢が発生しその腋芽に花芽がつく（写真 2-17-3）

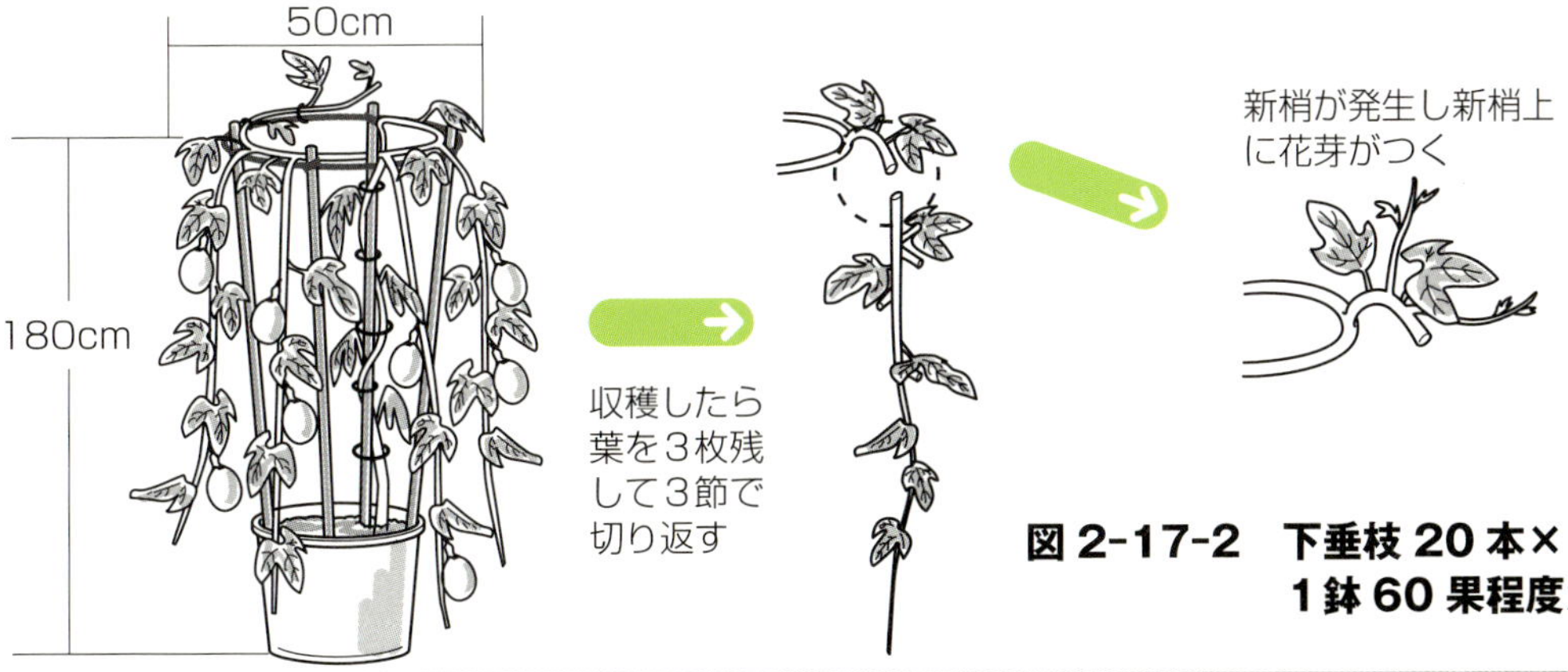

図 2-17-2　下垂枝 20 本× 3 果で 1 鉢 60 果程度が適当

チッソ肥料、硫安と尿素は禁物

チッソ肥料には大きく分けて硝酸態とアンモニア態とがあるが、パッションフルーツはそれらを単独で与えると葉に障害が出やすい。両方を一緒に与えると障害が出にくい。市販の緩効性複合肥料はたいてい両方を含んでいるのでまず安全だが、単肥を用いる場合、硫安や尿素は使わず、両方が含まれる硝安（硝酸アンモニウム肥料）を使う。

またチッソが多すぎると枝葉が繁茂して花がつかない。花芽を確認するまではやや控えめに与える。花芽が多く確認されだしたら、成分比一〇：一〇：一〇の緩効性肥料（くみあい尿素入りIB化成1号など）を少量ずつ毎月与える。

ポット栽培ではかん水をこまめに

地植え栽培では一週間に一度程度のホースかん水でもよいが、ポット栽培では三日に一度、晴天日が続くようであれば毎日、少量のホースかん水が望ましい。毎日のホースかん水が面倒だという場合には、ホームセンターでタイマーつきかん水セッ

１万円程度で売られているタイマーつき水やり装置（写真 2-17-4）

トが一万円程度で販売されているから、これを水道に直結しておけばよい（写真2-17-4）。

微量要素欠乏にも注意

ポット栽培では底から水が漏れる程度かん水しないと、塩類障害を起こす（肥料の濃度障害）。一方、このようなかん水を続けると、今度は土壌中から微量要素が溶け出し鉄や亜鉛欠乏になってしまうことがある。微量要素を補うために市販の微量要素をときどき葉面散布してやるか（エーザイ生科研の「メリット」「アミノメリット」を月一回程度）、苦土と石灰以外をすべて含む「タンクミックスA」（大塚化学）を二〇〇〇倍で、月一回かん水時に混入して与える。

キイロ系は他家受粉、ムラサキ系は自家受粉

キイロ系は自分の花粉で受精しないので（自家不和合性）、他の品種の花粉が必要である。これに対し、ムラサキ系は自分の花粉で受精するから簡単だ。午前中に開花し、雄しべがくるりと下を向くと花粉が放出される。この花粉を絵筆で同じ花の柱頭につけてやると受粉完了である。絵筆を使うのが面倒なら、軍手をはめ指先で雄しべを触って花粉を付着させ、その指先で柱頭を撫でるように受粉してもよい。柱頭は三本に分かれているが、三本すべてに受粉する必要はない。一本でも受精する（写真2-17-5）。もっとも、たくさん花粉をつけて、より多くの種子を形成させたほうが、より大きくて酸味の少ない果実を収穫することができる。

花粉は雨水で破裂

開花している花の花粉が水滴に触れると破裂してしまう。多くの収穫を望むなら株の周囲にパイプを組んでビニルフィルムで雨除けし、開花する花に毎日受粉するのがよい。しかし、開花は連続して一ヵ月程度続く。雨除けなど行なわずに晴天日だけ受粉しても十分な着果は得られる。

なお花粉発芽の適温は二五℃であるから、本州では五月以後の受粉が適している。

人工受粉のやり方　雄しべは下を向いて花粉は下面についている。これをピンセットでつまみ取り（①）、雌しべ（柱頭）に付着させる（②、③）。柱頭は３本に分かれているが、１本だけでも受精する（写真 2-17-5）

長日条件で着花

パッションフルーツは一二時間以上の長日条件で着花する。十一月から三月までは短日条件となるので、花がつかない。簡易のビニルハウスで冬季も着花させたい場合は、夜中に三時間程度の電照を行なって夜間を分断してやれば着花する。

具体的には、植物体の上三〇～五〇cmの高さに六〇～一〇〇Wの電球をぶら下げ、二三～二時までの三時間点灯する。一個の電球で二×二m程度の範囲は効果が期待できる。しかし、夏～秋の収穫を目的に栽培する場合は、電照は必要ない。

Data

- バショウ科バショウ属，マレー半島原産。
- おもな品種　北蕉種（香蕉種），仙人種（台湾），小笠原種（島バナナ），三尺バナナ（わい性キャベンディッシュ，以上沖縄），世界的にはグロスミッチェル種，キャベンディッシュ種など。
- 小笠原種では春植えで 12 ～ 13 ヵ月後，夏植えで 11 ～ 12 ヵ月後に出蕾し，本葉 38 ～ 42 枚が展葉後に花軸が抽出する。
- 収穫は周年。

バナナ

（矮性種）

banana

（バナナ栽培暦）

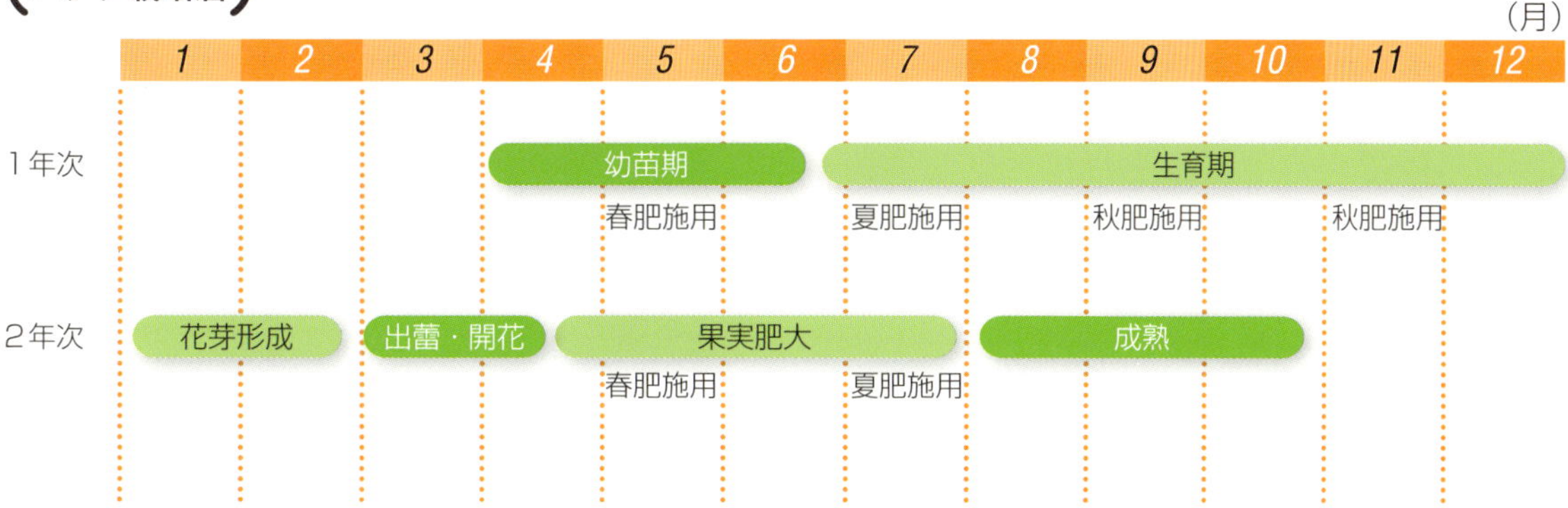
（月）
1 2 3 4 5 6 7 8 9 10 11 12
1年次
幼苗期
生育期
春肥施用
夏肥施用
秋肥施用
秋肥施用
2年次
花芽形成
出蕾・開花
果実肥大
成熟
春肥施用
夏肥施用

① 生育の特徴とつくり方

矮性品種ならポットで結実

市販のバナナはジャイアントキャベンディッシュ種で、背が高くなる。沖縄の島バナナも背が高い。これに対し三尺バナナは名前のとおり矮《わい》性である（写真2-18-1）。三尺バナナ以外にも仙人種、キャナリーバナナ、アップルバナナなど美味で矮性のバナナはある。これらの矮性バナナなら、六〇ℓ程度のポットに植えて果実を成らせることが可能である。

果実の生長には一五℃以上必要

沖縄県が露地栽培の北限だが、越冬させられれば、本州の夏季に果実を太らせることができる。バナナは四～五℃で低温障害を受けると言われているが、和歌山県の串本町*では露地で越冬して結実している。簡易なビニルハウスで越冬させられれば、果実を成らせることも可能である。

＊紀伊半島の最南端に位置し、年平均気温は一七・四℃（最高気温の平均は二三・〇℃、最低気温平均は一〇・八℃）

矮性バナナは頭の高さから果実がなる（写真 2-18-1）

② 果実の成り方と仕立て方

株分けで増やす

気温が高くなる五月に、株苗あるいは塊茎苗を購入して、排水性がよい肥沃な栽培用土を詰めた六〇ℓポットに定植する。

株苗とはポットに植えられてすで

すでに葉がついた状態の株苗（写真 2-18-2）

タケノコのような塊茎苗（写真 2-18-3）

葉数 40 枚程度になれば花芽が出て，結実する（写真 2-18-4）

に葉と根がついている状態のもの（写真2-18-2）、塊茎苗とはタケノコ状態の塊茎を掘り起こしたもの（写真2-18-3）で、葉も根もついていない。どちらもできる限り大きな苗木を購入するほうがその後の生育も早く、結実期に達するのも早い。なお、バナナは受粉などいらないので一株でも結実する。

定植した年には、施肥とかん水を頻繁に行なって葉の枚数を増加させることに努める。定植した翌年に葉数四〇枚程度になれば花芽が出て（写真2-18-4）、結実する。

葉を早く増やし、横に広げることがポイント

バナナは、施肥とかん水によって早く葉の枚数を増やすことと、葉を下垂気味に横に広げることが重要。葉が何かに邪魔されて広がれないと、先端中心部から花芽が押し出してくることができずに、葉鞘の内部で腐ることがある。

水と肥料で大きくする

バナナの葉は大きく、多量の水を蒸散するので、かん水は欠かせない。乾燥ストレスを与えるようではなかなか生長しない。毎月ポット面の面積×一〇cmの容量の水を必要とする。

たとえば、筆者の六〇ℓ鉢の直径は四七cm。ポット上面の面積は一七三四㎠で、これに一〇cm深さの水をかん水するとなると、毎月約一七・三ℓ、週一回約四ℓのかん水で月四回やることになる。できればかん水の手間を省くためにも、自動かん水装置をお勧めする。

チッソよりもカリ肥料を多く

年間のチッソ施肥（成分）量はおおむね一株当たり二〇〇gと言われる。

また、バナナはカリを多く含む植物なので、チッソの一・五倍の三〇〇g程度与えてやる。貧弱な樹体からは貧弱な果実しか得られない。水と肥料でしっかりした樹体をつくり、大きな果房を収穫する。

最下段に一果実だけ残す摘果

止め葉と呼ばれる最後に発生する小さめの葉が出る頃には、幹が太って中に花芽が存在していることを伺わせる（図2-18-1）。先端から大きな花芽が出てきたら、花房の肥大を楽しもう。前にも述べたが、バナナは単為結果するので人工受粉などの結実管理がいらない。ただ雌花の開花が終了したら、雌花の最下段の果実がやや上向きになったときに、花軸の先端を一握り残して雄花部を

切り取る（図2-18-2）。

正常な葉の数よりも多くの果手（バナナの房）がついたときは、正常な葉の数と同じ果手を残して残りは摘果する。

たとえば全葉数が四〇枚あっても、上段部の大きくて健全な葉は一〇枚程度の場合が多い。この場合、果実を養える葉は一〇枚なので、残す果手の数は一〇段以下とする。その際、最下段の果手には一個の果実だけを残し、残りは摘果する（図2-18-3）。一果実だけ残すのは、養分誘導、病気・生理障害などの進行抑制のためである。

追熟性果実だが樹上完熟も可能

開花から収穫までに気温により七〇日から一六〇日かかる（同じデンプンを果実内に蓄えるマンゴー、チェリモアで一二〇〜一六〇日）。

バナナは典型的な追熟性果実である。幼果は角張っているが、成熟期になると丸みを帯びてくる。この時期に緑色の果房をすべて切り取って収穫する。重すぎる場合は果手ごとに切り分けて収穫する。収穫した果実は一五〜三〇℃で置くと追熟が始まる。エチレンガスを与えると短期間で黄色くなる。家庭では、リンゴなどエチレンを発生する果物と一緒に置くと早く食べられる。

樹上で黄色くなった完熟果実がおいしいと言われる。果してそうだろうか？　樹上に黄色くなるまで置くと、果皮が割れてきたりして、あまりよいとは思えない。果皮が黄色くなる少し手前で収穫して部屋で追熟させたものと風味は変わらないと筆者は思う。

止め葉
花芽

葉が40枚程度になると，先端に止め葉と呼ばれる短い葉が発生する。その頃になると，葉鞘先端部の内部で花芽が形成され，仮茎の先端が太くなる。水を十分に与えると，花芽が仮茎先端部から葉鞘を外側に押し広げるように出てくる

図 2-18-1　バナナの止め葉と花芽

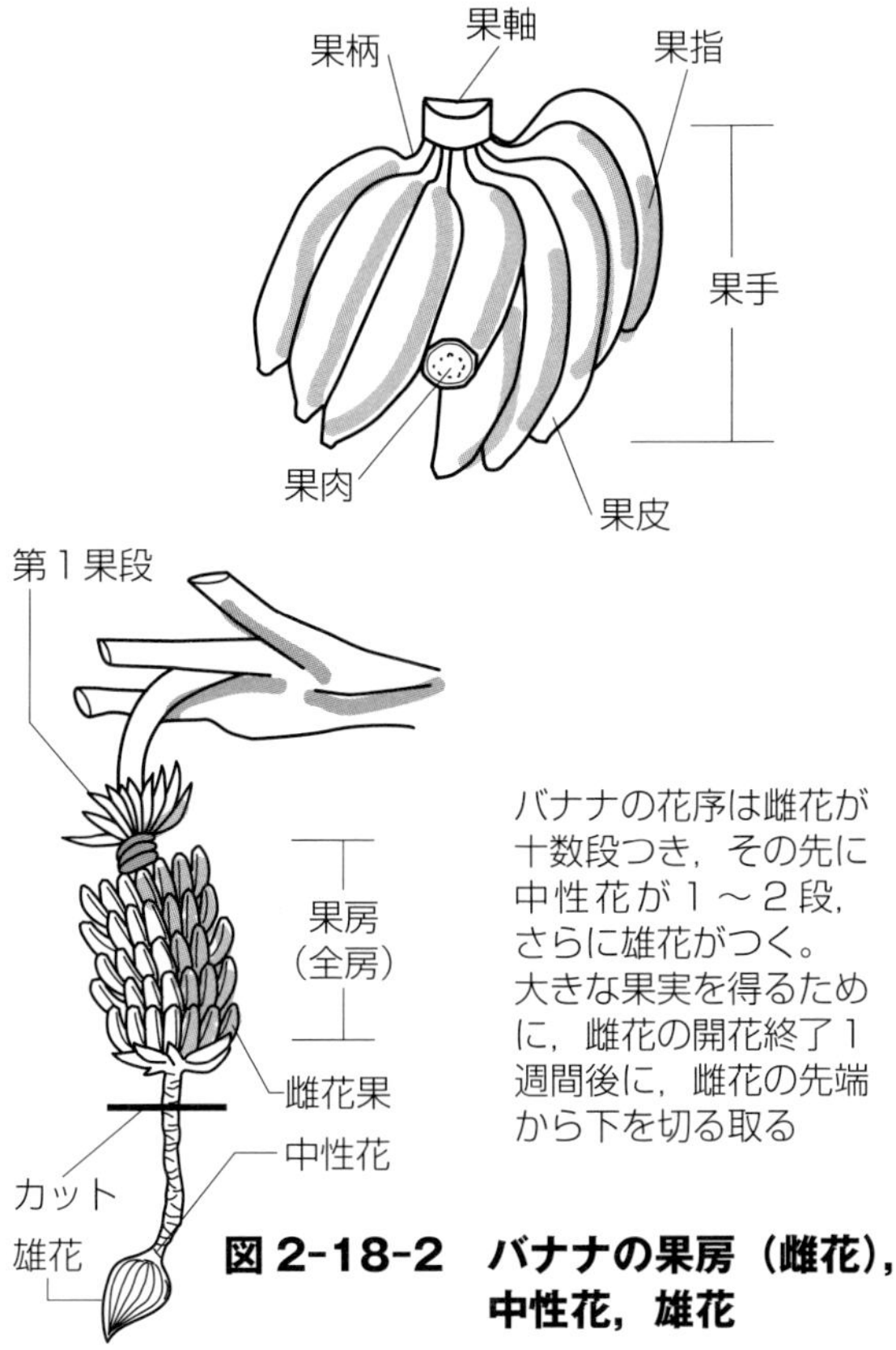
果柄
果軸
果指
果手
果肉
果皮
第１果段
果房
（全房）
雌花果
中性花
カット
雄花
バナナの花序は雌花が十数段つき，その先に中性花が１～２段，さらに雄花がつく。
大きな果実を得るために，雌花の開花終了１週間後に，雌花の先端から下を切る取る

図 2-18-2　バナナの果房（雌花），中性花，雄花

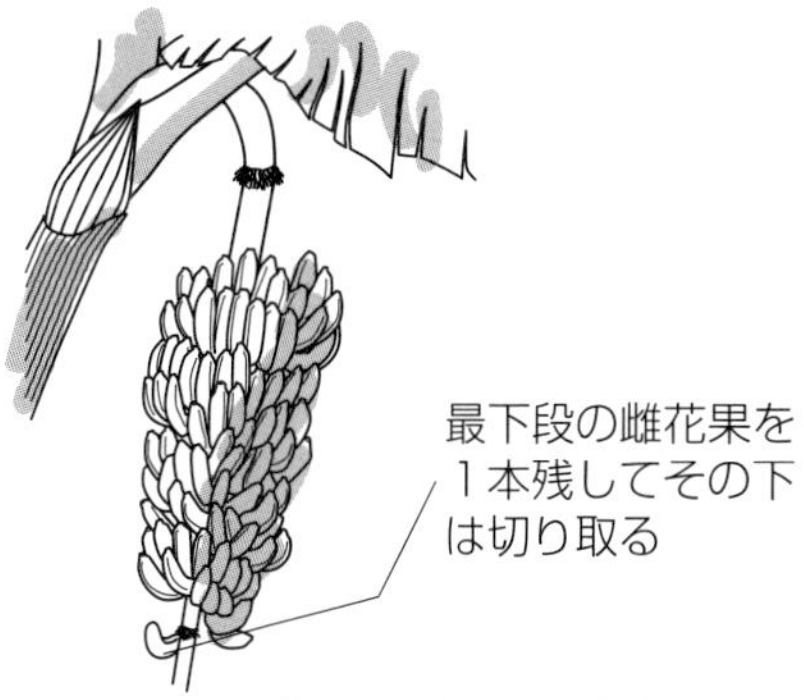
最下段の雌花果を１本残してその下は切り取る

図 2-18-3　雄花切断後，正常な葉の数と同数の果手を残す

Data

- パパイア科パパイア属，中央アメリカ原産。
- おもな品種　世界的にはサンライズソロ，カポホソロ，台湾では台農２号。沖縄ではワンダーブライト，ワンダーフレア，石垣珊瑚。
- 本葉 28 ～ 34 葉目から上部の葉腋に着花。雄花をつける雄株，雌花をつける雌株，両性花をつける両生株がある。雌株の雌花は単為結果性で無核果実に，両性株の両性花は受粉しないと無核果実，受粉すると有核果実になる。
- 収穫は周年。

パパイア

papaya

（パパイア栽培暦）

（月）

	1	2	3	4	5	6	7	8	9	10	11	12
１年次	播種	鉢上げ		定植	生育期	生育期	生育期	生育期	発蕾・開花始め	発蕾・開花始め	発蕾・開花始め	発蕾・開花始め
						夏肥			秋肥		防寒	
２年次	果実生育	果実生育	果実生育	成熟・収穫開始	成熟・収穫開始	成熟・収穫開始	成熟・収穫開始	成熟・収穫開始	成熟・収穫開始	成熟・収穫開始	成熟・収穫開始	成熟・収穫開始
			春肥			夏肥			秋肥		防寒	

① 生育の特徴とつくり方

開花期の適温は二三～二五℃

生育適温は二五～三〇℃で、成木では四℃でも短時間なら耐えることができる。栽培には六℃以上が必要。しかし、一四℃以下になると新しい葉は増えない。高温であるほど生育が早く、播種後五～六ヵ月で開花が始まる。花がついて初めて雄性株か雌性株か、または両性株かがわかる。栽培には両性株か雌性株を用いる。

組織培養苗が有利

実生由来の苗木は本葉二八～二九枚程度にならないと着花しないが、組織培養苗木なら一三～一四枚と低い位置から着花するので有利である。また、組織培養苗は雌株として販売されているので安心である。

切り返して数年間栽培可能

パパイアは、背が高くなりすぎたら地上部五〇cm程度の高さで幹を切り返す。このあと幹から新しい芽が出てくるまではかん水をしない。葉のない状態でかん水すると切り口から樹液が出て、腐ってくるので要注意。

芽がたくさん出てきたら、一番生長しそうな芽を一つ残して、他はかき取る。かん水を再開すると新しく出た芽はぐんぐん生長し、すぐに花芽をつけるようになる（写真2-19-1）。この切り返しをくり返すことで、同じ樹を数年間は栽培できる（図2-19-1）。

② 果実の成り方と仕立て方

ポット栽培で甘い果実に

気温が六℃を下回らなくなったら、排水性のよい栽培用土を六〇ℓポットに詰めて、購入した苗木を定植する。パパイアは排水性のよいところで育てれば甘い果実がとれる。直接地面に植えるよりも、ポット栽培のほうがより甘い果実が収穫できる。

甘い果実生産には十分な太陽光も必要である。とにかく日当たりのよい場所で栽培する。幹に直接花がつき、着果数が多すぎると果実同士がくっついて窮屈になるので、適当に

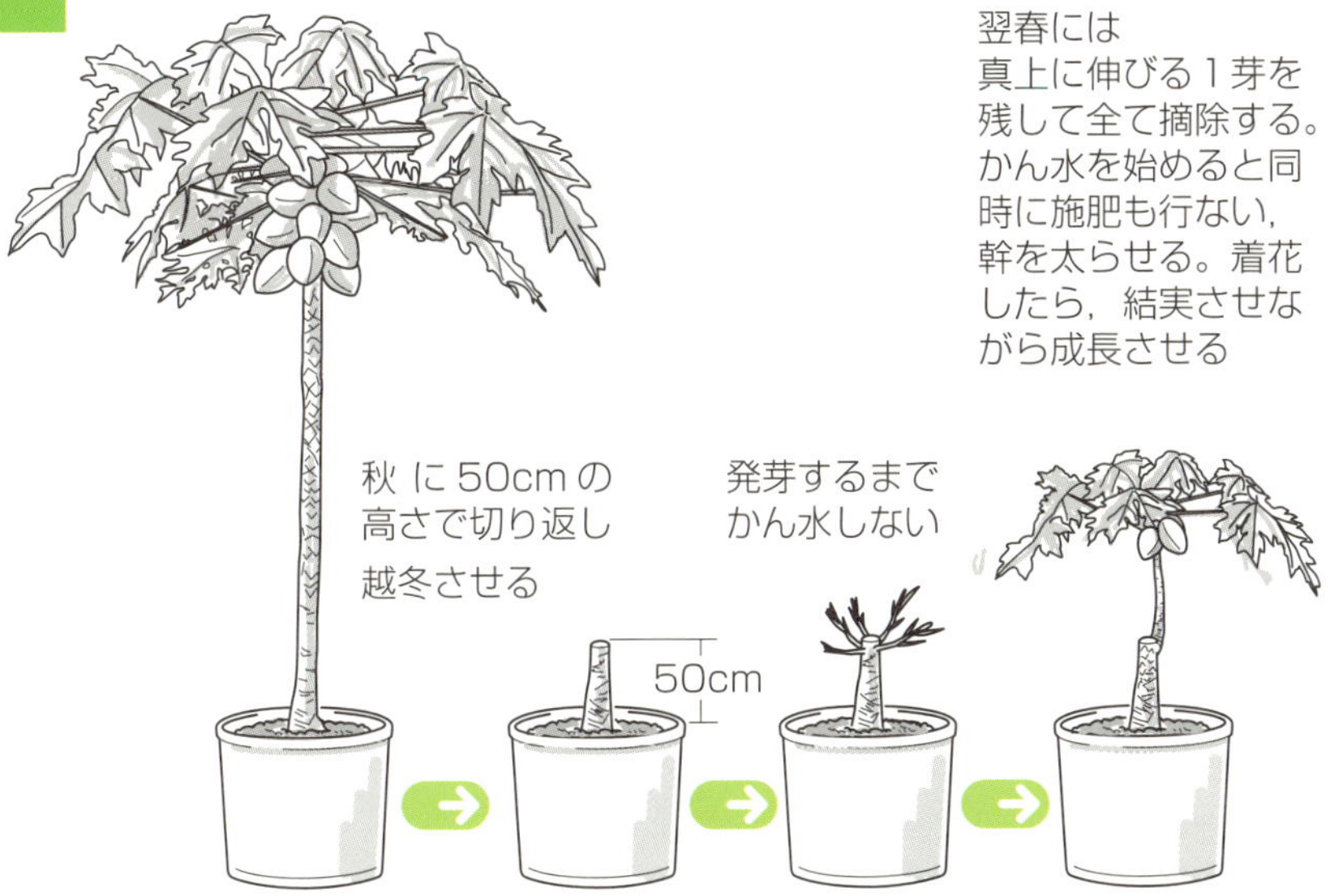
翌春には
真上に伸びる１芽を
残して全て摘除する。
かん水を始めると同
時に施肥も行ない，
幹を太らせる。着花
したら，結実させな
がら成長させる
秋に50cmの
高さで切り返し
越冬させる
発芽するまで
かん水しない
50cm

図 2-19-1　パパイヤのポット栽培

切り返しして出た新梢にすぐに着果
（写真 2-19-1）

間引いてやると大きな果実となる。

チッソとカリ肥料を十分に

パパイアはチッソとカリ肥料の要求量が多い。施肥量が少ないと幹の太さが細ってくる。このような状態ではよい果実は収穫できない。春の生長始めから秋の収穫終わりまで、毎月一回IB化成肥料（一〇：一〇：一〇）で六〇g程度ずつ与えて様子を見る。ポット栽培はかん水などで肥料が流亡しやすいので、夏季の生育旺盛な時期には一回の施肥量を一〇〇gにしてもよい。

夏季はたっぷりかん水、冬季は控える

一度乾燥ストレスにあうと、なかなか回復しない。高温乾燥期にはポットの土がつねに適度に湿っているように毎日かん水する。ただし低温期はほとんど休眠状態となるので、かん水は控えめにしないと根腐れを起こしやすい。

ポット栽培の場合、秋の収穫後に切り返して発芽させたものを、暖房のできる部屋の中に移し、少量のかん水で越冬させる。春に気温が高くなったら外に出してかん水を多くして生長させ、結実させる方法が好ましい。

収穫は完全着色で

商業栽培の場合は、収穫後の日持ちを考えて三分着色程度で収穫するが、家庭栽培では樹上で完全に着色してから収穫すればよい。収穫後室温で置けば二〜三日で追熟が完了して食べ頃となる。

野菜として利用する場合は、酵素が多く含まれる緑色の未熟果実を収穫するのがよい。未熟果実は収穫時に果梗切り口から乳液がたくさん出るから（写真2-19-2）、手につかないように手袋をする。この乳液にはパパインという酵素が含まれ、その消化活動は動物のペプシンによく似て、肉を軟らかくする。

未熟果実は果梗の切り口から乳液がたくさん出るので注意
（写真 2-19-2）

Data

- オトギリソウ科フクギ属，ニコバル諸島，マレー半島原産。
- 品種名はない。
- 1～2月にかけて開花がみられる雌性花。
- 開花後5ヵ月で成熟期，7月に収穫できる。
- ハママンゴスチンを台木として，マンゴスチンを接ぎ木することができる。
- 材はオールを作るのに適している。

ハママンゴスチン

seashore mangosteen

（ハママンゴスチン栽培暦（石垣市））

（月）

1	2	3	4	5	6	7	8	9	10	11	12
春梢伸長		春梢伸長			夏梢伸長			秋梢伸長		秋梢伸長	
開花期	開花期				収穫期	収穫期					
		春肥施用				夏肥施用				秋肥施用	

ハママンゴスチンの果実（写真 2-20-1）

① 生育の特徴とつくり方

マンゴスチンに似るが小ぶりの果実

マンゴスチン同様に生育がゆっくりで、接ぎ木苗でも初結実するまでに五～六年はかかる。筆者は石垣島で、二年生の接ぎ木苗を八〇ℓポットに定植し、三年後に初結実させた。

果実は三五g程度と小さく（写真2-20-1）、糖度は一二度程度、

開花中の花（写真 2-20-3）

ハママンゴスチンの花芽（写真 2-20-2）

酸含量は二・二%程度、酸味のやや強い果肉である。しかし、マンゴスチンよりも矮性でポット栽培に適している。果実もピンク色になるので、観賞用としても適している。また単為結果性なので、人工受粉などしなくても毎年よく結実する。

沖縄では露地で越冬することから、最低気温が七℃程度に低下しても大丈夫。初夏に開花して五ヵ月程度で成熟する。

② 果実の成り方と仕立て方

ポット栽培する

アルカリ性土壌では生育が悪いので、弱酸性で排水性のよい肥沃な土壌で栽培する。できるだけ大きな接ぎ木苗を購入する。六〇ℓポットに栽培用土を詰め、根鉢を崩さないようにていねいに定植する。強い太陽光線に当たると葉が日焼けを起こしやすいので、遮光資材で直射光をさえぎってやる。

施肥は緩効性化成肥料を二ヵ月に一回、かん水は毎日少量ずつ行なって、葉や枝に貯蔵養分がたっぷり溜まった状態で乾燥ストレスを与えると花芽がつく（写真2-20-2、写真2-20-3）。花芽が出てきたらかん水量を増やしてやる。

主幹形の仕立て

放っておけばマンゴスチンと同様、主幹形の樹形となる（写真2-20-4）。主幹から数十本の主枝が水平に伸びる。主枝から発生する亜主枝を摘心してやると側枝数が多くなり、これらの小さな側枝の先端部に着花する。亜主枝や側枝はやや下垂気味のほうが着花しやすい。それでも着花しない場合は、主枝単位で環状剥皮してやるとよい。

ポット栽培の樹姿（主幹形）（写真 2-20-4）

収穫は完全着色してから

熟期になると果皮が緑色から黄色、そしてピンク色に変化する。ピンク色になったら収穫して、一週間程度室温で置くと酸味が少し低下して食べやすくなる。食卓の果物飾りとしても最適である。

果実は果頂部から着色してくる（写真 2-20-5）

Data

- クワ科パンノキ属，南インド原産。
- おもな品種　NS－1，J－30，タボウイー，チョンパグロブなど。
- 一樹中で春季と秋季に開花がみられ，雄花と雌花が同一樹上につく。
- 開花後 90 ～ 150 日で成熟期。果皮の緑色が薄くなったら収穫する。

パラミツ

（ジャックフルーツ）

jack fruit

（パラミツ栽培暦（石垣市））

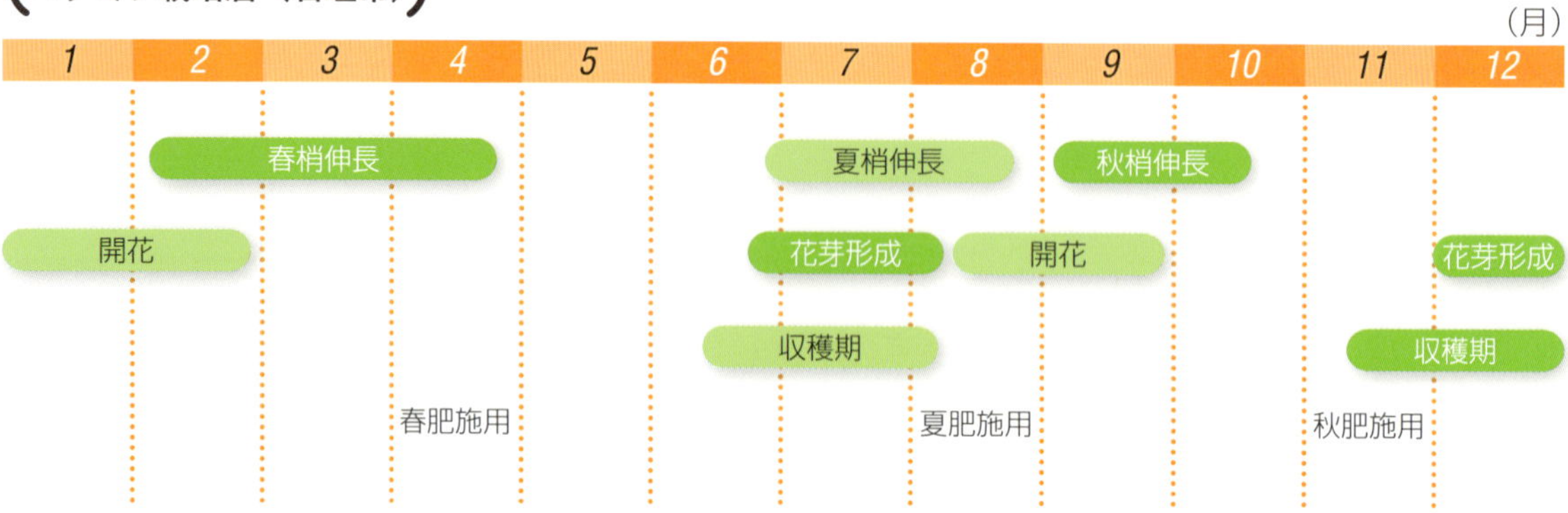

（月）
1
2
3
4
5
6
7
8
9
10
11
12
春梢伸長
夏梢伸長
秋梢伸長
開花
花芽形成
開花
花芽形成
収穫期
収穫期
春肥施用
夏肥施用
秋肥施用

① 生育の特徴とつくり方

本州ではハウスが必要

湿潤な熱帯および亜熱帯での生育に適しており、生育適温は二五～三〇℃である。沖縄では露地栽培が可能だが、本州ではハウス栽培しなければならない。最低気温は五℃以上を維持したい。

自家結実性なので一樹でも結実

樹上に雄花と雌花が着生し（写真2-21-1）、雄花の花粉が風により雌花の柱頭に運ばれて受粉する。自家結実性であるから、一樹でも結果する。開花期に降雨が多いと、花に黒カビが多く発生して腐らせてしまう。

② 果実の成り方と仕立て方

排水に注意しながらポット栽培

接ぎ木後二年目には着花し、三～四年目には着果する。優良系統の接ぎ木苗を購入する。六〇ℓポットに排水性のよい肥沃な栽培用土を詰めて定植する。根の発達は旺盛で、樹の生育も早い。排水の悪い場合は根腐れを起こすので要注意。

低樹高整枝も可能

石垣島のNさんは、庭先の地植え栽培で枝の徹底的な下方誘引と新梢

パラミツの花
左から花芽，雌花，雄花。
雄花は雌花に比べて表面が緻密で，花柄が細い
（写真 2-21-1）

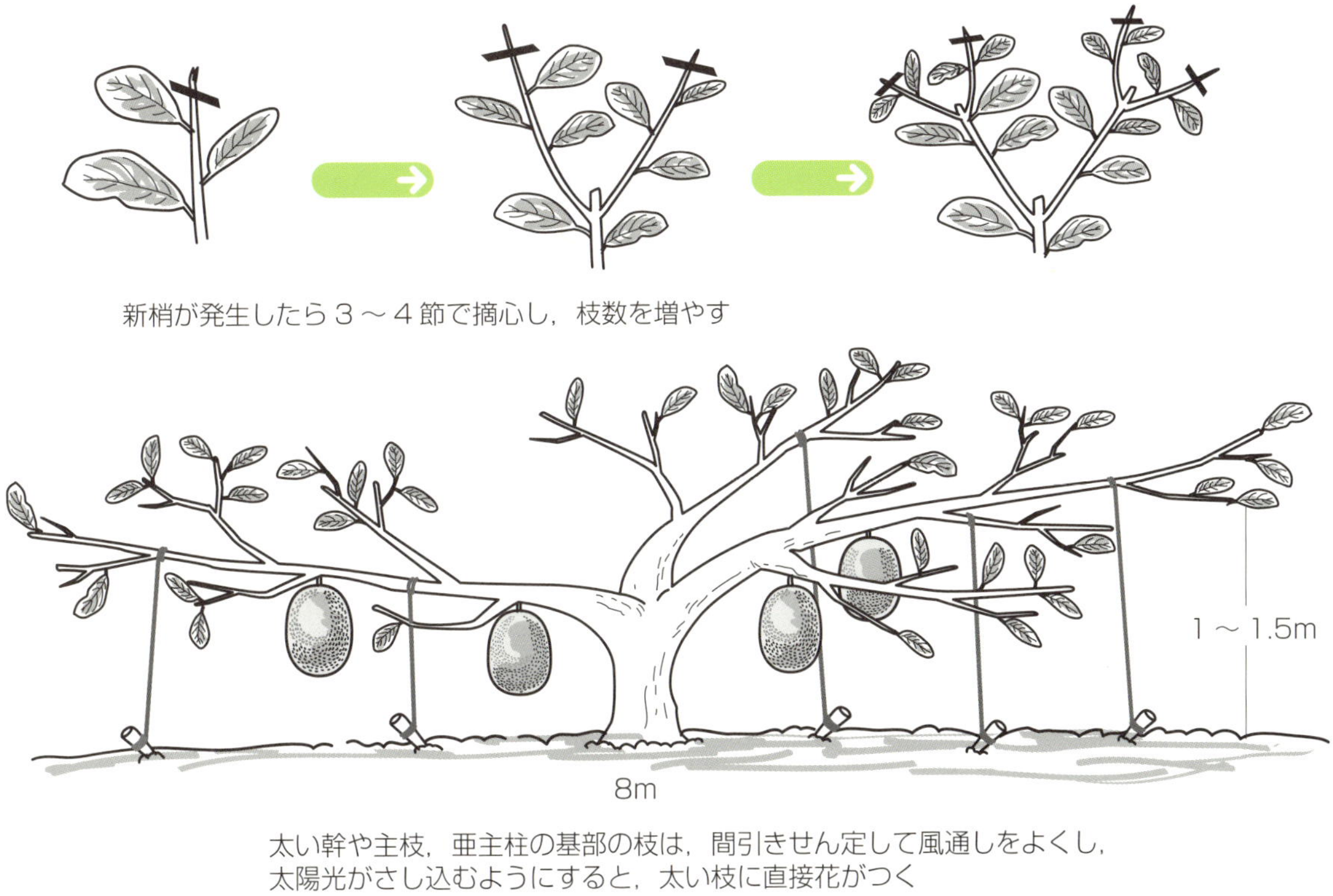
新梢が発生したら３～４節で摘心し，枝数を増やす
1～1.5m
8m
太い幹や主枝，亜主柱の基部の枝は，間引きせん定して風通しをよくし，
太陽光がさし込むようにすると，太い枝に直接花がつく

図 2-21-1　パラミツの低樹高整枝

先端部の摘心をくり返すことで、二〇年以上も二m以下の樹高を維持している（図2-21-1）。ポット栽培で根域制限すれば、低樹高整枝もより簡単となる。

パラミツの果実は横方向に伸ばした主枝に直接つき、大きな果実がぶら下がる（写真2-21-2）。したがって、主枝の高さは地上から七〇cm以上ないと、果頂部が地面についてしまう。また主枝から亜主枝、側枝の順に発生するが、亜主枝は一m以上伸びたら切り返し、側枝から新梢が発生したら徹底的に摘心をくり返して、長い枝はつくらないようにする。この摘心作業により、主枝への着花を促進できる。

着花促進には主枝に光が当たることも重要なので、込みすぎた亜主枝は間引く。それでも込みあっている場合は亜主枝の基部から出ている側枝を間引くと、主枝や亜主枝の基部に着花しやすくなる。

収穫は匂いで判断

熟期になると果実からパラミツ独特の匂いが漂ってくる。この匂いを感じたら収穫する。この状態で収穫した果実は二～三日で食べ頃となる。食べ頃となった果実の果皮を切り開き、種子の周りの果肉を食べる。食べきれない場合は果肉を冷凍保存するか、乾燥果肉として保存する。種子は湯がいて食べると、ほくほくのジャガイモのようでおいしい。

果実は主枝からぶら下がる。果形は卵形ないし楕円形，果面はイボ状の突起に覆われる（写真 2-21-2）

Data

- バンレイシ科バンレイシ属，西インド諸島原産。
- おもな品種　フファイカエウ，フファイクルング，ナンカエウ（タイ），シードレスキューバン（キューバ），ルアンジー，クリン，ダム，台農１号（台湾），バルバドスシードリング，ワシントン，レッドシタパル（インド），レザード，カンポンマウブ，レッドシュガー(フロリダ)。
- バンレイシ科の中では，世界中でもっとも多く栽培されている。
- 自家結実性が高く，豊産性。改良品種は小玉スイカくらいに大きな果実もある。種子中にアルカロイドを含むので種子は食べない。

バンレイシ

（シャカトウ）

sugar apple

（バンレイシ栽培暦（沖縄県））

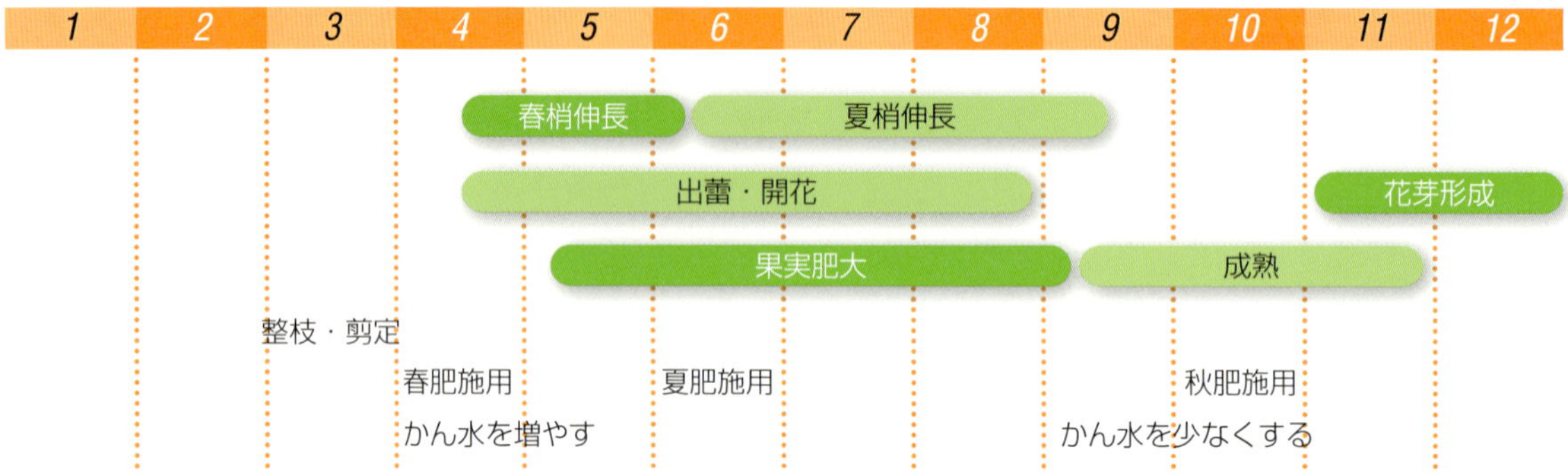

（月）
1
2
3
4
5
6
7
8
9
10
11
12
春梢伸長
夏梢伸長
出蕾・開花
花芽形成
果実肥大
成熟
整枝・剪定
春肥施用
夏肥施用
秋肥施用
かん水を増やす
かん水を少なくする

① 生育の特徴とつくり方

寒さと過湿に弱い

アテモヤよりも寒さに弱く、四℃以下では枯死してしまう。また、果実の生育にはアテモヤよりも高温を必要とする。初夏に開花結実させ、秋季に収穫するのが望ましい。また、根は浅く、過湿状態では根腐れしてしまうので、排水性のよい場所での栽培に限る。反対に、乾燥にはよく耐えることができる。

葉は小さく、樹もコンパクト

チェリモヤやアテモヤほど樹勢は強くなく、小さな樹で維持しやすい。ポット栽培に最適である。また、人工受粉しなくても結実しやすいのも有利だ。自家結実しやすいのは、雌

栽培するなら黄緑色系がよく、とても甘い（写真 2-22-1）

カットしたバンレイシ果実（写真 2-22-2）

しべの受精期間が花粉放出時に重なっているためと思われる。しかし、結実をより確かなものとするには人工受粉したほうがよい。

赤色と黄緑色の果皮がある

果皮色には赤色と黄緑色系がある。赤色系のほうがおいしそうに見えるが、間違いである。栽培するなら黄緑色系で、非常に甘い（写真2－22－1、2－22－2）。台湾やタイでは改良された優良品種苗が販売されており、これらは台湾の苗木商により沖縄にも導入されている。

② 果実の成り方と仕立て方

整枝せん定はアテモヤと同じ

六〇ℓポットに排水性のよい肥沃な栽培用土を詰めて定植する。整枝せん定はチェリモヤやアテモヤに準じる。施肥とかん水もアテモヤに準じればよいが、かん水は過湿にならないように注意する。

果実成熟期のかん水で裂果

秋季に気温が低下してくると、土壌水分が多ければ裂果しやすい。このため、果実生育後期には土壌はやや乾燥気味に維持する。

収穫はアテモヤと同様に

追熟性果実なので、硬い果実を収穫して室温で追熟させ、軟化したときが食べ頃である。要領はアテモヤと同じである。樹上完熟させて収穫したい場合は、ネット袋などを被せてぶら下げておき、果実が樹上で軟化して袋の中に落果してから収穫する。収穫時が食べ頃である。

バンレイシを台木にすると樹のわい化が可能

沖縄で見られるバンレイシ科の果樹に，アテモヤ，イケリンゴ，イラマ，ギュウシンリ，チェリモヤ，トゲバンレイシ，バンレイシ，ビリバ，ヤマトゲバンレイシがある。これらの間の接ぎ木親和性は表のとおりである。

この中ではバンレイシがもっともわい性であるから，これを台木にすることで，親和性のあるアテモヤ，チェリモヤ，ギュウシンリ，イラマはわい化させる（樹を小さく落ち着かせる）ことができる。

バンレイシ科内での接ぎ木親和性（Sanewski, 1991；Paul and Duarte, 2011 から米本作成）

穂木	台木							
	アテモヤ	チェリモヤ	バンレイシ	ギュウシンリ	トゲバンレイシ	イケリンゴ	ヤマトゲバンレイシ	ビリバ
アテモヤ	○	○	○	×	×	×	×	—
チェリモヤ	○	○	○	○	—	—	×	—
バンレイシ	○	○	○	○	×	—	—	○
ギュウシンリ	—	—	○	○	—	P	—	—
イケリンゴ	—	○	×	○	○	○	—	—
イラマ	—	—	○	○	—	○	—	○
ビリバ	—	—	P	○	○	○	—	○

○：親和性あり、×：不親和性、－：未知、P：一部親和性あり
ギュウシンリ台木にアテモヤ品種ピンクスマンモスは親和性あり、ジェフナーは一部親和性あり
バンレイシ台木にビリバは接ぎ木可能であるが、台負け現象が現れる

Data

- フトモモ科エウゲニア属，ブラジル原産。
- おもな品種　バーミリオン，ラバー（アメリカ・カリフォルニア），カワハラ（ハワイ）
- 開花期は１～３月と８～10月。両性花である。虫媒花で，ミツバチの放飼が受粉に効果的。自家結実する。
- ３～４月に春実が，10～11月に秋実が収穫される。

ピタンガ

（スリナムチェリー）

pitanga

（ピタンガ栽培暦（石垣市））

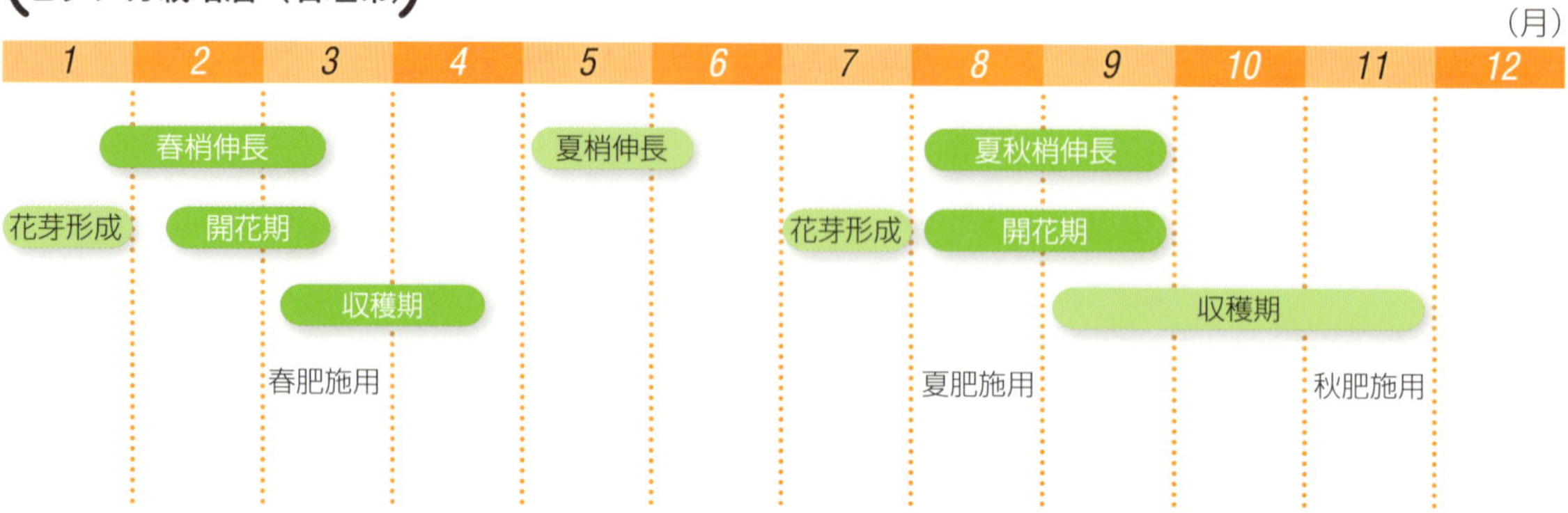

（月）
1
2
3
4
5
6
7
8
9
10
11
12
春梢伸長
夏梢伸長
夏秋梢伸長
花芽形成
開花期
花芽形成
開花期
収穫期
収穫期
春肥施用
夏肥施用
秋肥施用

① 生育の特徴とつくり方

意外に耐寒性がある

幼木ではマイナス二・二℃で寒害を受けるが、成木では一時的なマイナス五℃の低温に耐えたという記録がある。千葉県でも露地で越冬している。生育適温は二〇～二五℃である。沖縄では春季と秋季の二回の開花期が見られるが、本州では春季の一回だけである。

もともとは生垣に活用

台湾や沖縄ではもともと生垣用として活用されてきた。これは導入された品種の果実が食用に適さなかったからである。しかし、近年では甘

ピタンガの結果状態（品種はラバー）（写真 2-23-1）

黒ピタンガ（品種はカワハラ）（写真 2-23-2）

ポット栽培で結実しているピタンガ
（写真 2-23-3）

くてえぐみのない品種が改良され、生食用としても注目されている。果実が赤色系と紫赤系の優良品種がある（写真2-23-1、2-23-2）。

② 果実の成り方と仕立て方

接ぎ木した翌年に着花

垣根栽培、または二〇ℓポット栽培に適している（写真2-23-3）。灌木性なので整枝にこだわる必要はない。前年生枝の腋芽または頂芽から発生する新梢の基部の腋芽に着花する。接ぎ木して二年目の苗を購入して春に定植すれば、夏には着花するはず。少なくとも翌年の春には花がつき、結実させられる。

着花には受光態勢をよくする

果実収穫後に側枝の切り返しと間引きせん定を行ない、受光態勢の改善を行なう。その後に発生する新梢を十分に充実させてから、乾燥ストレスを与えると花芽が着生する。

花芽が発生した後は果実収穫期まで十分な土壌水分を保つ。糖度の高い果実生産のためには、日当たりのよい場所での栽培を心がける。筆者は石垣島での栽培で、糖度一〇～一八度の果実を収穫した（ふつうは一〇～一二度）。

収穫は暗赤色の完熟で

果実は開花から五〇～六〇日で成熟し、果皮が緑色から黄緑色、黄色、橙色、赤色そして暗赤色となり落果する。収穫は暗赤色となって落下する直前がよい。橙色や赤色になりたての果実は酸が高くて、糖度は十分に高くなっていない。収穫が面倒なら、樹下にネットを張っておけば、落果した果実を拾い集めればよい。

インドでの一樹当たり平均収量は二・七～三・六kgで、イスラエルでは一樹から二七〇〇果、一一kgを収穫した報告がある。

果実のえぐみは果皮に多い

えぐみの少ない優良品種のラバー、バーミリオン、カワハラなどは、樹上で完熟させた果実をもぎ取って果皮ごと食べることができる。しかし、果皮部にはえぐみを感じる成分が含まれるため、えぐみの嫌いな人は敬遠しがちだ。そこで、収穫した果実に縦方向に切り目を入れて種子を取り出し、二～三時間冷蔵庫で冷やすと、果皮部にある樹脂様の匂いが揮発して食べやすくなる。また、冷蔵庫で冷やす前に種子を取り除いた果実に砂糖をふりかけておくと、食味がマイルドで甘くなり、ショートケーキやホイップクリームの上にトッピングするアイテムとしてイチゴに代わるものとなる。果肉を裏ごしして、プリン、アイスクリーム、パイ、ソース、ジャム、ゼリーなどに利用され、ジュースや蒸留酒の原料ともなる。

ハワイのケン・ラブ氏から教えてもらったサンライズカクテル（写真2-23-4）を筆者は気にいっている。果汁を球形に凍らせてカクテルに入れて楽しむのである。

サンライズカクテル
（写真 2-23-4, Ken Love 氏提供）

Data

- バンレイシ科ロニリア属，ブラジル原産。
- おもな品種　レグナード，４kgに達する大果になるものもある。
- 開花期は初夏で，収穫期は晩秋季。両性花だが，雌雄異熟のため人工受粉が必要。
- 沖縄では露地栽培可能。

ビリバ

biriba

（ビリバ栽培暦（石垣島露地））

（月）

春梢伸長	4〜5月
夏梢伸長	6〜9月
出蕾・開花	4〜8月
花芽形成	11〜12月
果実肥大	5〜8月
成熟	9〜11月
整枝・剪定	3月
春肥施用	3月
夏肥施用	6月
秋肥施用	10月

① 生育の特徴とつくり方

気温適応性はバンレイシと同じ

ビリバの原産地はブラジルの北部で、熱帯アメリカと呼ばれる地域である。このため、寒さに弱く、〇℃以下の低温には耐えられない。フロリダでマイナス三℃の低温で枯死したという報告がある。同じ熱帯、亜熱帯産のバンレイシとほぼ同じ耐寒性を有すると考えてよい。

果実の外観はバンレイシとは異なり、果面の突起が長いアテモヤといった感じである。

人工受粉で着果

花弁の形（写真2‐24‐1）がチェリモヤとは異なっているが、チェリモヤと同じ要領で人工受粉すればよい。

② 果実の成り方と仕立て方

ポット栽培で定植一年後に結実

接ぎ木苗だと、定植一年後には着花して、人工受粉すると結実する。

接ぎ木苗を購入し、排水性のよい肥沃な栽培用土を詰めた六〇ℓポットに定植する。開心形整枝とし、三本の主枝を伸ばし、これに三〇cm間隔で亜主枝を発生させる。亜主枝を三節で切り返すことで二本の側枝を発生させ、これに着花させる。二本のうち一本に着果させ、残りの一本は予備枝とする。収穫終了後はその

ビリバの花
花弁の形はチェリモヤと異なるが、同じように人工受粉するとよい
（写真 2-24-1）

ビリバの大玉果実
ブラジルでは「伯爵夫人の果物」と呼ばれる
（写真 2-24-2）

まま越冬させ、翌年の春に側枝はすべて三節で切り返す。前年に結果した枝から発生する新梢は予備枝とし、前年結果しなかった予備枝から発生した新梢に着花させて人工受粉する。これを交互にくり返せば同じ亜主枝から毎年一個の果実が収穫でき、亜主枝の数だけ果実を成らせられる。

施肥とかん水はチェリモヤ同様に行なえばよい。

果皮が黄色くなったら収穫

チェリモヤやアテモヤでは果実の熟期を果皮色で判断しにくいが、ビリバは熟期になると果皮が黄色く色づいてくるので、この時期に収穫する。収穫した硬い果実を室温で四～五日置くと、軟化して食べ頃となる。樹上で完熟させたい場合は、果実にネット袋をかぶせてぶら下げておくと、樹上で軟化して落果する。落果したらすぐに食べることができる。

ビリバについてもう一言

伯爵夫人の果物

ブラジルではバンレイシのことを「伯爵の果物」，ビリバは「伯爵夫人の果物」と呼ばれ，熱帯アメリカ産のバンレイシ科の中でももっとも美味とされる。ハワイでもバンレイシ科の果物の中ではビリバの食味の評価は高く，シャカトウやアテモヤは人にあげても，ビリバは自分で食べるそうだ。

ビリバを東南アジア，具体的にはフィリピンに最初に導入したのはウエスター博士で，1915年に初結実している。この人物こそが世界で初めて人工的にバンレイシにチェリモヤを交配してアテモヤをつくりだした人物である。

なお，ウエスター博士によると，フィリピンに導入されたビリバの品種でもっとも品質の高いのはレグナードという品種，また南米アマゾン地域で栽培されている品種は果面の突起が大きいのが特徴で，4kgに達する果実もあると報告している。できればブラジルから優良品種を導入したいが，せめてハワイの優良品種は導入して食味を楽しみたいものだ。

ビリバの台木には共台（ビリバ）を用いる

筆者は沖縄でビリバの穂木を友人から分けてもらったが，接ぎ木する台木がなかったのでとりあえずバンレイシの実生に接ぎ木した。接ぎ木は成功して，樹も順調に生育し，1年後には着花したので人工受粉して結実させた。ところが，果実を収獲する頃になると樹勢が衰えて，樹が衰弱死してしまった。接ぎ木部では著しい台負け現象がみられた。やはり，ビリバにはビリバの実生を台木にすべきだと感じた。

Data

- クルミ科カリヤ属，北米インディアナ州からメキシコ原産。
- おもな品種　カントン，キャンディー，コルビー，ポセイ，パウニー。
- 開花期は５～６月，同一樹上に雄花と雌花が着生。雄花が先に開花する風媒花である。
- 収穫は９～ 11 月。落果した果実を収穫する。

ペカン

（ピーカン）

Pecan

ペカン栽培暦（和歌山県）

（月）
1
2
3
4
5
6
7
8
9
10
11
12
雌花花芽形成
雄花花芽形成
春梢伸長
夏梢伸長
出蕾・開花
果実肥大
成熟
春肥施用
夏肥施用
カミキリムシの防除
秋肥施用

ペカンの果実（写真 2-25-1）

① 生育の特徴とつくり方

夏季高温でも優良なナッツが収穫できる

ペカンはマイナス一〇℃でも越冬できるから、トロピカルフルーツと言えないかもしれない。しかし、クルミが夏季冷涼な温帯地域でしか栽培できないのに比べ（夏季、高温だとナッツに油がにじみ出てくる）、ペカンは九州の夏季高温となる地域でも優良なナッツが収穫できる（写真2-25-1）。このことから、クルミが生産できない西南暖地で、もっとペカンはつくられてよいと思う。

高木性で強風に弱い

放任された樹は五m以上になり、台風などの強風で倒伏しやすい欠点がある。秋季に殻皮（果皮）が裂開して、種子が落果してくるのを拾い集めて収穫する。だから、あえて低樹高栽培する必要がなかったのかもしれない。しかし、クリのように低樹高で、しかも一〇〇ℓ程度のポットで栽培ができれば、強風による倒伏からも免れやすくなる。

② 果実の成り方と仕立て方

風媒花で自家結実性あり

クリやクルミと同じで、雄花と雌花が同一樹上に着生する。風媒花で、一樹だけでも自家結実する品種もある。筆者は和歌山県に多数の優良品種を米国から導入して試験栽培したところ、よく結実した。

三本主枝の盃状形仕立て

モモなどのような開心形整枝はできないものかと思う。三本の主枝を斜め上方向に伸ばし、これに亜主枝を発生させる。亜主枝からは側枝を発生させ、側枝からさらに小枝を発生させる。この小枝の先端部に雌花が着生する。摘心をくり返すことで、小枝数を増加させられれば、雌花の着生数が増加して、収量も多くなる。

野生化して、無肥料でも生育

野生化して、放任状態でも生育して大木となり結実している樹を見かけることがある。また樹下に鶏を飼い、雑草防除と糞による施肥を兼ねている例もある。この程度の栽培管理でも結実しているのであるから、きちんと施肥管理してやれば（果実生育期の実肥と秋のお礼肥を多少）さらなる収量アップは期待できる。

収穫期は秋、落果した種子を防風ネットでキャッチ

筆者らが和歌山県南部で行なった栽培試験では、早生品種（オーセージ、ムラヒー、シェパード）で九月上旬から落果が始まり、晩生品種（デス、キャド）の収穫終期は十一月上旬だった。発芽期が四月中旬だったので、発芽から果実落果までに要した期間は約六～七ヵ月となる。

熟期になると果皮が縦に割れて、内部の種子が落下する。樹冠下に防風ネットを敷きつめておいて、毎日落下した種子を集めると楽である。この方法はウメの収穫時に用いられている。なお、種子中に油分が蓄積されなかったものは果皮が裂開せず、落下しない。油分の蓄積がごく少ないものは軽いため、裂開した果皮の中にとどまって落下しにくい。落下した種子の重量から内部のナッツの容量が推測できるので、軽いものは捨てる。

収穫した種子は天日で乾燥させ、殻を割ってナッツを取り出し、ローストして食べるとクルミ以上の風味が楽しめる。これで作ったペカンパイは苦みと甘味が混じった大人のスイーツである。

ペカンについてもう一言

アメリカの男にとってのおふくろの味

わが国では味噌汁や漬物などがおふくろの味として取り上げられるが，アメリカでのおふくろの味と言えばペカンパイのことである。それぞれの家庭にはそれぞれの味のペカンパイのレシピがあり，ナッツの苦みと甘さの混じったペカンパイの微妙な味の違いを，アメリカの男性はおふくろの味として脳裏に刻んでいるのである。

ペカンとクルミの大きな違い

ペカンが温暖な暖地で栽培されるのに，クルミは暖地での栽培に適さない。その理由は種子中への油分の蓄積時期にある。クルミは果実肥大初期から油分を蓄積していくので，夏期の高温季にこの油分が染み出して上質なナッツができない。これに比べてペカンは果実生育初期には種子の内部には水状のものがあるだけで，子葉と呼ばれる部分はみられない。秋季になってからやっと種子中に白色の塊が形成し始めて，油分が蓄積されてゆく。このことで高温期の油分の染み出しがなくなり，夏期高温になる暖地でも良質のナッツができるのである。夏期が短く寒くなるのが早い北日本では，油分を蓄積できる期間が短いために，ペカンの栽培ができない。さらに，殻の内部のナッツの形態が，クルミに比べてペカンでは単純なので，殻とナッツを分離しやすいという特徴もある。

最大の敵はゴマザラカミキリとコウモリガ

幹や主枝に産卵し、幼虫が樹皮下で形成層や師部を食害して樹や主枝を枯らすことが一番の問題だ。登録農薬はないので、こまめに幹や主枝を観察して成虫を見つけしだい殺す。産卵期の７月以後に木屑が幹や主枝から出ていたら、幼虫が食害している証拠であるので、針金を挿しこんで殺す。家庭用の噴霧式殺虫剤を穴に吹き込んでやると幼虫がはい出してくるので、容易に捕まえることができる。

Data

- ヤマモガシ科マカダミア属，オーストラリア原産。
- おもな品種　カリフォルニアの品種：ケイト，バーモント，バーディック，クーパーなど。ハワイの品種：カウー，キアウ，カケアなど。
- 開花期は和歌山県で４～５月。両性花である。
- 収穫は和歌山県で９～10月だが，その後も樹上貯蔵で２月まで置ける。

マカダミア

（マカデミア、クイーンズランドナッツ）

macadamia nut

（マカダミア栽培暦）

（月）
1
2
3
4
5
6
7
8
9
10
11
12
春梢伸長
夏梢伸長
出蕾
開花
果実肥大
成熟
花芽形成
春肥施用
夏肥施用
秋肥施用
ゴマフボクトウガの防除

① 生育の特徴とつくり方

湿潤や乾燥にも強い

栽培には亜熱帯性気候が適しているが、意外に耐寒性もある（和歌山県での試験栽培から）。アボカドよりも耐寒性があり、マイナス五℃程度に気温が下がるところでも越冬した。ミカンが栽培できるところなら、栽培可能なのではないかと思われる。

樹は乾燥にもよく耐えるが、開花期から果実生育期に土壌乾燥ストレスを与えては結果しない。

わが国では高木にならない

ハワイでは年中生育しているので五m以上の高木になるが、わが国では秋から春までは生育を中止するので、それほど大きくならない。庭園樹として、花と果実の両方が楽しめる。六〇ℓポットでも栽培は可能。

ピンクと白色の花がつく

花芽は前年生枝の腋芽につき、春先に花芽が伸び始め、四～五月頃に開花する。ハワイの品種では白色の花、カリフォルニアの品種ではピンクの花がつく（写真2-26-1）。花の香りはすばらしく、庭先の芳香剤ともなろう。

開花期にミツバチなどの訪花昆虫の働きで結実する。開花期に雨が多いと結果数が少なくなる。

マカダミアの花序。写真はピンクの花がつくカリフォルニアの品種（写真 2-26-1）

② 果実の成り方と仕立て方

根は浅く、倒伏しやすい

強風で倒伏しやすいので、しっかりした支柱で支える。また、植え傷みしやすいので、接ぎ木苗を購入したら根鉢を崩さずていねいに定植する。浅植えすることはいうまでもない。さらに、細根は肥料あたりすることがあるので、緩効性肥料か有機肥料を用いる。施肥とかん水をこま

側枝をできるかぎり横方向に伸ばすよう誘引すると，早く結果する（写真 2-26-2）

めに行なって樹を生長させ、側枝をできるかぎり横方向に伸ばすよう誘引すると、早く結果する（写真2-26-2）。

二回めに発芽した芽を伸ばす

最初に出る芽は鋭角に伸びて、上方向に栄養生長をくり返す。この芽を発芽時にかき取ってやると、その芽の下から第二の芽が発芽してくる。この芽は水平方向に伸びるので、枝ぶりが横方向となって樹の生育が早く落ち着き、着花しやすい。また、このような横方向の枝は枝のつけ根部で裂けることはない。

間引き主体のせん定

切り返しせん定をすると枝ばかり伸びて結実しないので、せん定は込みあった枝を間引く程度にとどめる。収穫は秋季になるので、収穫後のせん定は行なわない。開花して結果した後に未結果枝を軽くせん定する程度にとどめる。

収穫は硬い殻が茶色になってから

五月に開花、結実した果実は急速に肥大する。果実は緑色の果皮（殻しょう）の内側に硬い種皮（殻皮）があり、その内側に白色の仁がある。食用になるのはこの仁の部分である（図2-26-1）。

種皮は未熟果では軟らかく、クリーム色をしている。それが九月頃の熟期になると硬く茶色に変色してくる。完熟期になると果皮が縦に割れて、内部の硬くて茶色の種子の殻が見えてくる。ハワイの品種は収穫期に自然に落果するので、これを拾って収穫する。しかし、カリフォルニアの品種「バーモント」や「クーパー」は割れないで、樹上に残ることが多い。この場合はハサミで果実を収穫し、天日で干してやると果皮は縦に割れる。収穫した果実は果皮を取り除き、硬い種皮を特別な器具で割って中の仁を取り出す（写真2-26-3①、②）。この仁をローストして食べるのである。

簡単なローストの仕方

簡単なローストマカダミアは、フライパンにバターを溶かし、その上でマカダミアナッツをローストする。最後に食塩をお好みでふりかけて出来上がり。

もう少し手の込んだ楽しみ方としてはマカダミアナッツ・パイがある。

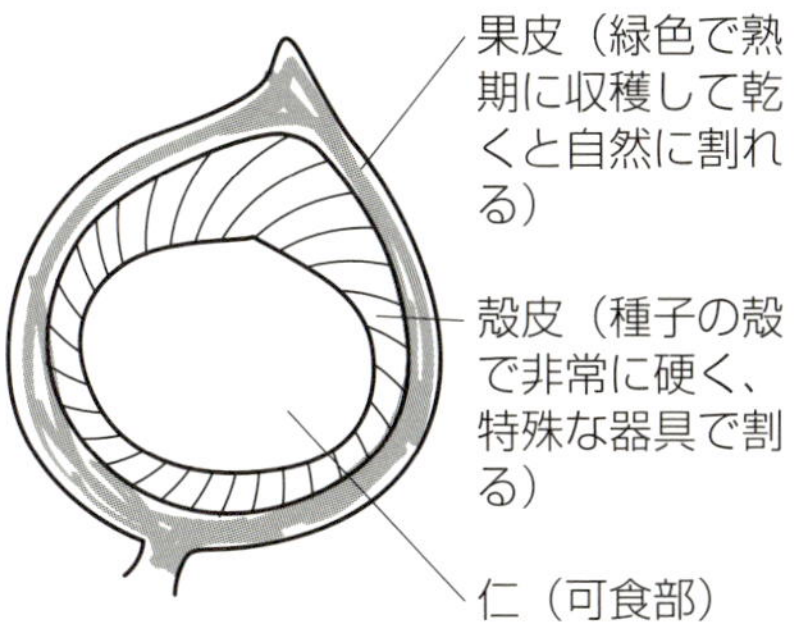
果皮（緑色で熟期に収穫して乾くと自然に割れる）
殻皮（種子の殻で非常に硬く、特殊な器具で割る）
仁（可食部）

図 2-26-1 マカダミアの果実（果皮、殻皮、仁）

①
②

マカダミア割り器 ①：カリフォルニアで使用 ②：ハワイで使用（写真 2-26-3）

材料は、卵三個、三分の二カップの砂糖、一カップのコーンシロップ、四分の一カップの溶解バター、ラム酒少々（お好みで）、スプーン一杯のバニラ、一カップの砕いたマカダミアナッツを用意する。

卵、砂糖、コーンシロップ、バニラとラム酒をよく混ぜる。これに砕いたマカダミアナッツを入れ攪拌する。パイ皿にパイ生地を入れ、攪拌したナッツを満たし、一八〇℃で四〇～五〇分間焼いてから、冷まして食べる。

マンゴー

mango

Data

- ウルシ科マンゴー属，インドからマレー半島にかけてが原産。
- おもな品種　赤系（アーウィン，トミーアトキンス，ケント），緑系（キーツ），黄色系（カラバオ，ナムドクマイ），橙色系（ケンジントン）など。
- 開花期は普通栽培で３～５月。虫媒。
- ７月下旬から収穫（開花後 100 ～ 150 日で完熟）。

（マンゴー栽培暦（鹿児島県における７～８月出荷の加温栽培の場合））

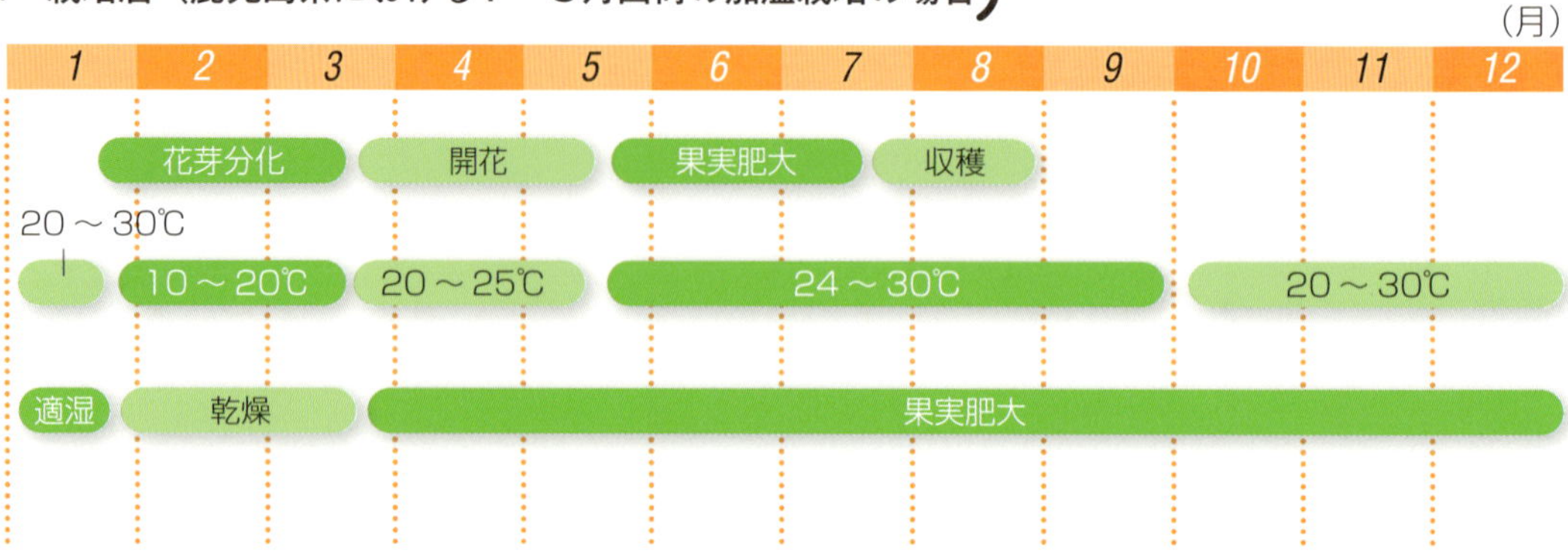

（月）
1
2
3
4
5
6
7
8
9
10
11
12
花芽分化
開花
果実肥大
収穫
20 ～ 30℃
温度管理
10 ～ 20℃
20 ～ 25℃
24 ～ 30℃
20 ～ 30℃
水分管理
適湿
乾燥
果実肥大

① 生育の特徴とつくり方

寒さに弱い

耐寒性はアボカド以下で、露地での越冬は不可能。ポット栽培して、冬季には五℃以上になるサンルームかビニルハウスに入れて保護してやる。また、開花期には二〇℃以上の温度がないと、無種子果実となり、卵大の小さな果実となってしまう。家庭で楽しむなら、この無種子果実のほうがより甘くておいしい。

花芽分化には一七℃以下の低温が有効

五℃まで気温が下がる場所では花芽がつかないことはない。筆者は北海道で夏季に二ヵ月間程度一七℃以下にして花芽分化させ、年末に収穫することに成功している。

いったん花芽が分化すれば、引き続いて花芽が発芽してどんどん伸びてくる。房状の花序には一〇〇〇個以上の花がつき、開花が始まってからも先へ先へと花芽がついて伸びてゆく。

開花期の注意 —乾燥ストレスは禁物

絶対に土壌乾燥ストレスを与えてはいけない。ポット栽培の場合、一日一回のかん水では日中に水分欠乏を起こしてしまうので、数回に分けてやる。花房を萎れさせてしまったら、いくらかん水しても元には戻らず、結実は望めない。また、二〇℃以下で花粉の発芽が悪くなるので、開花時は日中二〇～三〇℃になるよう努力する。前述したとおり二〇℃以下では種子なしの小さな果実となってしまうことが多い。

② 果実の成り方と仕立て方

盃状形整枝に限る

ポット栽培でも、地植え栽培でも、失敗しないための仕立て方は盃状形である（写真2-27-1①、②）。カンキツなどのように開心自然系や主幹形整枝もできないことはないが、樹を落ち着かせて早く結実させるには、主枝や側枝を水平誘引して盃状形にするのが一番よい方法である。

①

マンゴーは主枝や側枝を水平誘引して盃状形にするのが一番よい。②は着花の状況
（写真 2-27-1）

新梢の摘心と間引きをくり返し、充実した枝葉を多くつける

購入した苗木は、根鉢を崩さないように浅植えする。接ぎ木部の上一五～三〇cmで主枝となる枝が三本あれば、その三本を枝の付け根から二〇cm程度のところにある節の直下で切り返す。そうすれば、各枝の先端部の腋芽から新梢が発生して新しい枝となる。この枝が充実して先端から新梢が発芽してきたら二～五cm伸びたところでかき取る。かき取ったところから数本の新梢がまた発生してくるので、二本だけ残して他はかき取る。こうすると、残した二本の新梢は太い充実した枝となる（図2-27-1）。この作業をくり返すことで、多くの枝と葉をつけさせることができ、早く実を成らせることができる。

なお、購入時に接ぎ木部の上に三本の枝がない場合は、接ぎ木部の上三〇cm程度のところで切り返してやる。先端部から発生してくる三本の強い新梢だけを残してあとはかき取ってやる。後は前述のごとく、新梢の摘心とかき取り作業をくり返すのである。

3本主枝の第1節の直下で切り返す

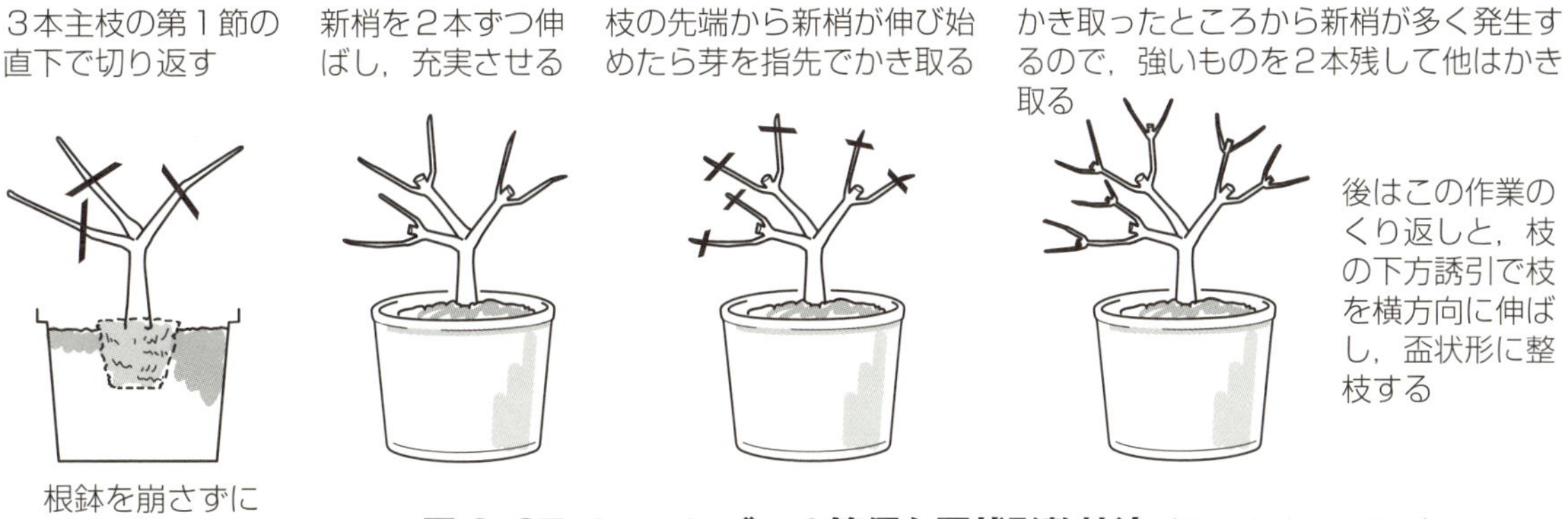
根鉢を崩さずに定植する

新梢を2本ずつ伸ばし，充実させる
枝の先端から新梢が伸び始めたら芽を指先でかき取る
かき取ったところから新梢が多く発生するので，強いものを2本残して他はかき取る
後はこの作業のくり返しと，枝の下方誘引で枝を横方向に伸ばし，盃状形に整枝する

図 2-27-1　マンゴーの簡便な盃状形整枝法（葉は省略して図示）

根域制限も必須

マンゴーは六m以上も深く根を伸ばす。直根が深く伸びてしまうと、樹勢の制御が不可能となり、樹ばかり大きくなって結実させられなくなる。根を伸ばさない根域制限栽培が必須である。手っ取り早い方法はポット栽培で、筆者は六〇ℓプラスチック鉢で二〇個程度の果実を毎年収穫している。地植えする場合も、防根シートに栽培用土を載せて高ウネをつくり、これに定植することを勧めたい。土壌はそれほど気にする必要はないが、細根を多く発生させるためには、パーライトやピートモスを多く混ぜたほうがよい。

せん定は収穫後に

切り返しせん定は、夏季に収穫が済んだ直後に行なう。せん定後に伸びた新梢を秋までに充実させる。花はこの充実した新梢の先端の芽につくので、秋以後に枝を切ってはなら

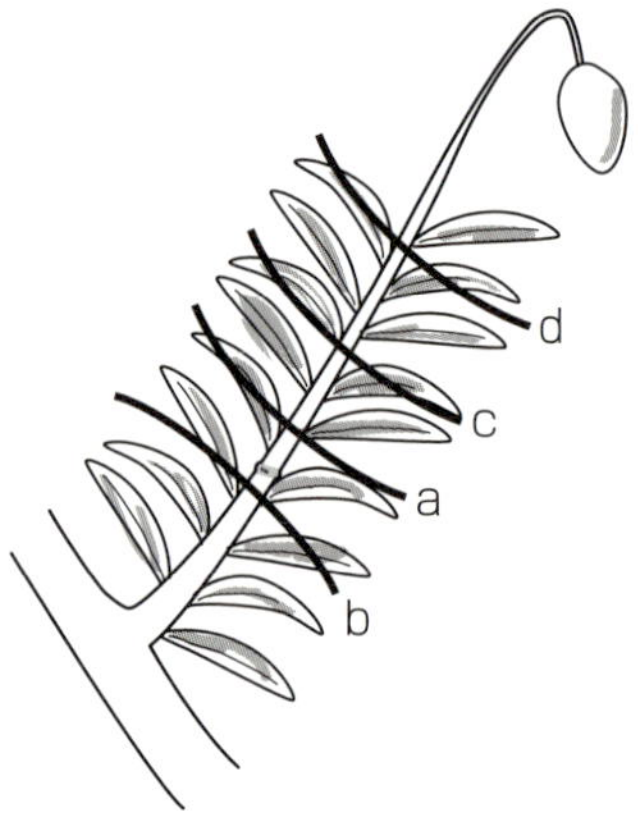

果実を収穫後にどこで切り返すか
a）節の直上で１節切り返す：多数の新梢が発生するので，２～３本を残す（樹勢がやや弱い場合）
b）節の直下で１節切り返す：２～３本の新梢が発生する（樹勢が弱い場合）
c）結果枝の真中で切り返す：２本の新梢が発生する（樹勢が普通の場合）
d）果梗の基部で切り返す：多数の弱い新梢が発生するので，２本残す（樹勢が強い場合）

図 2-27-2　マンゴーのせん定（翌年の結果母枝のつくり方）

ない。また、切り返しせん定は新梢の発生ばかりを促すので、樹の若返り効果はあるが花がつかない原因ともなる（図2-27-2）。

カクテルツリーで多品種を楽しむ

わが国でもっとも多く栽培されている品種は「アーウィン」という赤色系マンゴー（アップルマンゴーともいう）である。アップルマンゴーにも「ケント」「ヘイデン」「マンサニーヨ」「ラポザ」「オスティーン」「パルマー」など多くの品種があり、果実の形や大きさ、風味は様々である。

黄色系品種には「カラバオ」「ナムドクマイ」「キャリー」「ゴールデンナゲット」「アルフォンソ」「ケンジントン」などがあり、グリーンマンゴーとして「キーツ」がある。

現在、わが国に導入されている品種は一〇〇以上ある（写真2-27-2）。できるだけ多くの品種を栽培して、自分の一番好きな品種を見つけてほしい（ゆす村農園㈲では多くのマンゴー品種を保存しており、予約注文が可能）。

とはいえ栽培スペースの関係で、あれもこれもというわけにはいかないかもしれない。そんな場合はカクテルツリー方式（二七ページ参照）がお勧め。一本の樹に枝単位で複数の品種を接ぎ木する。一樹で異なる果実を楽しむということも可能だ。

収穫は落果したとき？

「アーウィン」という品種は完熟期に達すると果実のクロロフィルの緑色がなくなって、地色の黄色とアントシアニンの紅色だけが残り、ポトリと落果する。この果実を農家ではネットや紙袋などで受け止めて収穫している。完熟期以後は果実品質がすぐに低下するので、落果して二日以内に食べるのが望ましい。果実の糖度は落果する一週間前でもさほど変わらないが、酸含量は落果時にはほとんど最低値まで低下している。やや酸味の残るマンゴーが好きな人は、落果する一週間以上前にハサミで収穫して二五℃程度の室温で追熟させて食べるとよい。

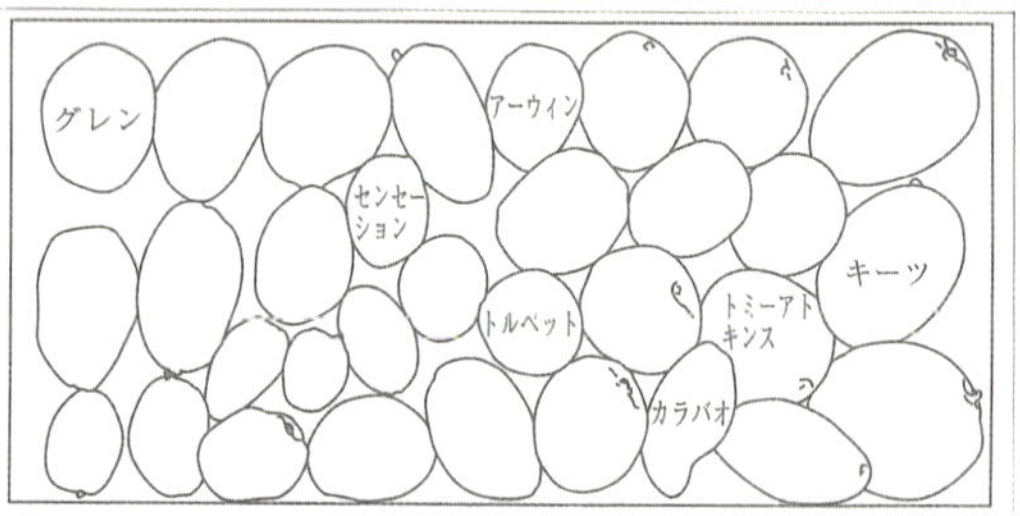

様々なマンゴーの品種（写真 2-27-2）

Data

- ムクロジ科レイシ属，中国南部原産。
- おもな品種　タイソー，ギョカホ，クロバ，ノーマイチー（台湾），チャカパット，コム（タイ），モーリシャス，ブレウスター（フロリダ），クワイミーピンク，サラシエル，ワイチー（オーストラリア）など
- 開花期は沖縄で１～３月，鹿児島で２～４月。雌として機能する両性花と雄花が混在。虫媒花である。
- 収穫は沖縄で５～６月，鹿児島で７～８月。

レイシ

（ライチ）

lychee, litchi

(レイシ栽培暦)

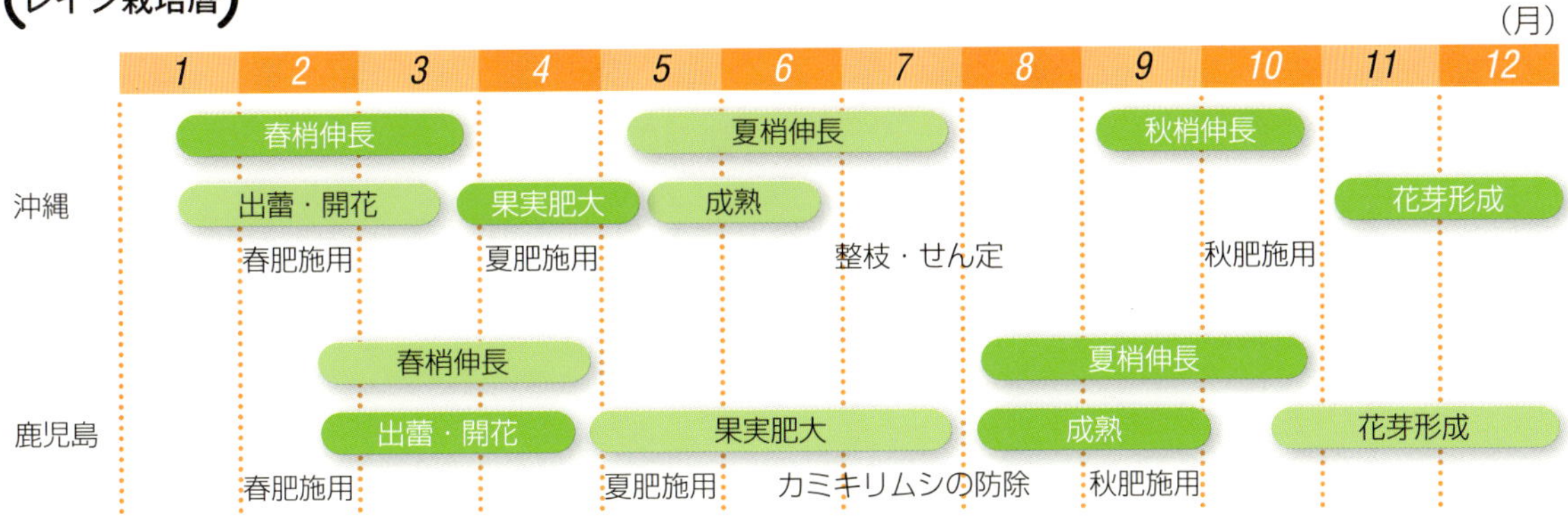

(月)
1 2 3 4 5 6 7 8 9 10 11 12
沖縄
春梢伸長
夏梢伸長
秋梢伸長
出蕾・開花
果実肥大
成熟
花芽形成
春肥施用
夏肥施用
整枝・せん定
秋肥施用
鹿児島
春梢伸長
夏梢伸長
出蕾・開花
果実肥大
成熟
花芽形成
春肥施用
夏肥施用
カミキリムシの防除
秋肥施用

① 生育の特徴とつくり方

無霜地帯なら露地栽培も

亜熱帯果樹で、生育適温は二〇～二八℃で、一一℃以下では生長を停止する。しかし、樹はマイナス二℃程度の一時的な低温には耐えることができる。このため、和歌山県の串本や鹿児島県の無霜地帯では露地で越冬している。

切り返しせん定でコンパクト樹形に

台湾では毎年果実の収穫後、ヘッジングマシーンで枝を切り返し、新梢を発生させて、これに結実させることをくり返している。ポット栽培でも切り返しせん定で発生した新梢を充実させて、結実させることは可能である。

樹勢が強すぎる場合は主枝単位で環状剥皮を行なって着花させる。剥皮幅は三～四㎜程度、剥皮部にはガムテープを巻いて乾燥を防ぐ。

花芽は新梢の先端部につく

マンゴーと同じようにレイシは前年の発育枝の先端部に花芽がつくられる（写真2-28-1）。花芽が形成されるのは十一月から一月にかけて。したがって秋季以後に枝を切り返すと花芽を捨てることになる。

なお、花芽の形成には充実した枝が一八℃以下の低温に遭うことが必要だが、この点についてはわが国では気にする必要はない。

花は咲けども実が少ない

わが国では開花しても結実する割合が少なく、経済栽培はほとんど行

レイシの花序。前年の発育枝の先端部に花芽がつく（写真 2-28-1）

なわれなかった。開花期に雨が降ると結実しないので、雨除けが必要だし、受粉はミツバチなどの訪花昆虫によって行なわれるが、幼果期に強風で揺すられると生理落果しやすいので、この時期の風除けも重要だ。

② 果実の成り方と仕立て方

仕立ては開心自然形

購入した苗木の根鉢を崩さないように浅植えする。

接ぎ木苗で接ぎ木部から上二〇～三〇cm、取り木苗なら地際から二〇～三〇cmのところから伸びている枝を三本選び（主枝候補枝として）、そのまま伸ばして主枝とする。苗木にそうした候補枝がない場合は、主幹を地上部二〇～三〇cmのところで切り返し、先端部から出てくる三本の新梢を主枝として伸ばす。主枝、亜主枝、側枝を形成する。

側枝上に長い枝は必要ない。レイシは貯蔵養分を細い枝や葉に蓄える性質がある。細い枝数を増やすために、新梢先端部の摘心をくり返し行なう。

乾燥ストレスで生理落果、こまめなかん水を

春先から花芽が伸びてくる。この頃から開花、結実、果実生育にかけては乾燥ストレスを与えないよう、かん水を少量ずつ回数多く行なう。

レイシは乾燥ストレスで生理落果が多くなる。この時期のかん水はとくに大切である。

好みで収穫時期を決める

果実が成熟してくると、果皮が緑色から桃色、紅色となり、それを過ぎると紅色が茶色っぽく（過熟に）なって落果する。お好みで、やや酸味のあるのが好きな人は、緑色が少し残った状態で収穫するとよい。

「レイシは枝を離れるや、一日にして色変じ、二日にして香味失せ、三日にして色、香、味ことごとく尽く」と言われる。本当の風味は枝から果実を直接もぎ取ってすぐに食べることでしか味わえないということ。自分で栽培する以外にレイシの本当の風味を堪能することはできないのだ。

十月以後はやや乾燥気味に

夏の収穫後せん定で発生した新梢が充実する十月頃の高温で再度発芽してくる。これを秋芽と呼ぶが、秋芽はその後すぐに冬を迎えるため充実できず、花芽がつきにくい。

無駄な秋芽の発生を抑えるには土壌乾燥が有効なので、十月以後はかん水量をやや控えめにする。また、九月下旬に環状剥皮処理すると、秋芽の発生の抑制と花芽分化の促進が期待できる。

施肥は緩効性肥料を

レイシの根は化成肥料だと肥あたり（濃度障害）しやすい。とくに植付けから一年間は高度化成肥料の使用は禁物である。使うなら複合緩効性肥料（一〇：一〇：一〇）がよく、一度に多くを施肥しないで、数回に分けて行なう。

年間施肥量は、一年生樹で六〇g、二年生樹で一二〇g、三年生樹で二〇〇g程度である。

いろいろな品種を楽しもう

鹿児島県で栽培されているのは在来種と呼ばれるもので、江戸時代に導入されたレイシの子孫である。

沖縄には、台湾で栽培されている「黒葉」「玉荷包」（写真2-28-2）、「糯米」や「三月紅」という品種が導入されている。筆者はハワイの遺伝資源保存局から二〇品種ほどを導入している。

ちなみに、中国の広州の増城に産する「挂緑」という品種の果実が二〇〇一年に一粒七〇万円で落札され、世界一高価な果実としてギネスブックに登録された。翌年には七二〇万円の値がついたという。

レイシの結実（品種は玉荷包）
（写真 2-28-2）

Data

- ムクロジ科リュウガン属，インドから中国南部原産。
- おもな品種　粉穀，土種（台湾），チョンプー，ハエウ，ビオウキオウ，ピンポン（タイ），コハラ（フロリダ）など。
- 開花期は鹿児島で３～５月。雌として機能する両性花と雄花が混在する。虫媒花。ミツバチ，マルハナバチの放飼が受粉に効果的。
- 収穫は鹿児島で９～10月。果房中の果実を試食して，甘ければ収穫。

リュウガン

（ロンガン）

longan

（リュウガン栽培暦（鹿児島県））

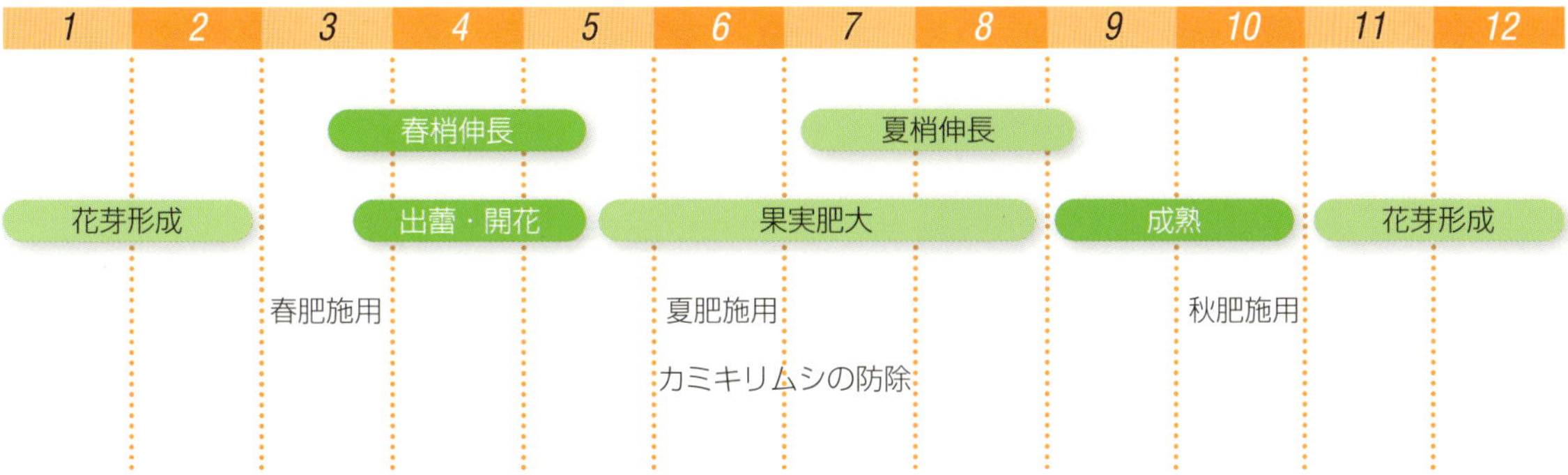
（月）
1
2
3
4
5
6
7
8
9
10
11
12
春梢伸長
夏梢伸長
花芽形成
出蕾・開花
果実肥大
成熟
花芽形成
春肥施用
夏肥施用
秋肥施用
カミキリムシの防除

① 生育の特徴とつくり方

レイシより少し耐寒性あり

近縁種のレイシよりもやや耐寒性はあるが、露地栽培は鹿児島県や和歌山県串本町などの無霜地帯に限られる。筆者はハウスのポット栽培で植付け二年目から結実させた経験がある。このときの冬季のハウスの最低気温は五℃であった。

生育適温は二〇～二八℃で、一一℃以下では生長を停止する。しかし、樹はマイナス四℃程度の一時的な低温には耐えることができる。

花芽は充実した枝の先端部に

花芽はレイシと同様、前年の夏または初秋までに生長を停止した枝の頂部につく。花芽の分化は十一月以降に行なわれる。レイシでは初夏に収穫されて、収穫後に切り返しせん定ができたが、リュウガンは九月以降の収穫となるので、収穫後の切り返しせん定ができない。このため、隔年結果性が高くなる。

② 果実の成り方と仕立て方

成る枝、成らない枝を半々に

植付けと整枝は、レイシと同様である。

結実期に入ってからのせん定は、開花終了時に未結果枝の切り返しによる予備枝つくりが主体となる。着花して幼果が成っている枝はそのままにして、前年結実して着花が見られなかった枝だけを切り返すのである。果実を成らせる枝と成らせない枝を半々にすれば、毎年半分の枝で

リュウガンの結実（写真 2-29-1）

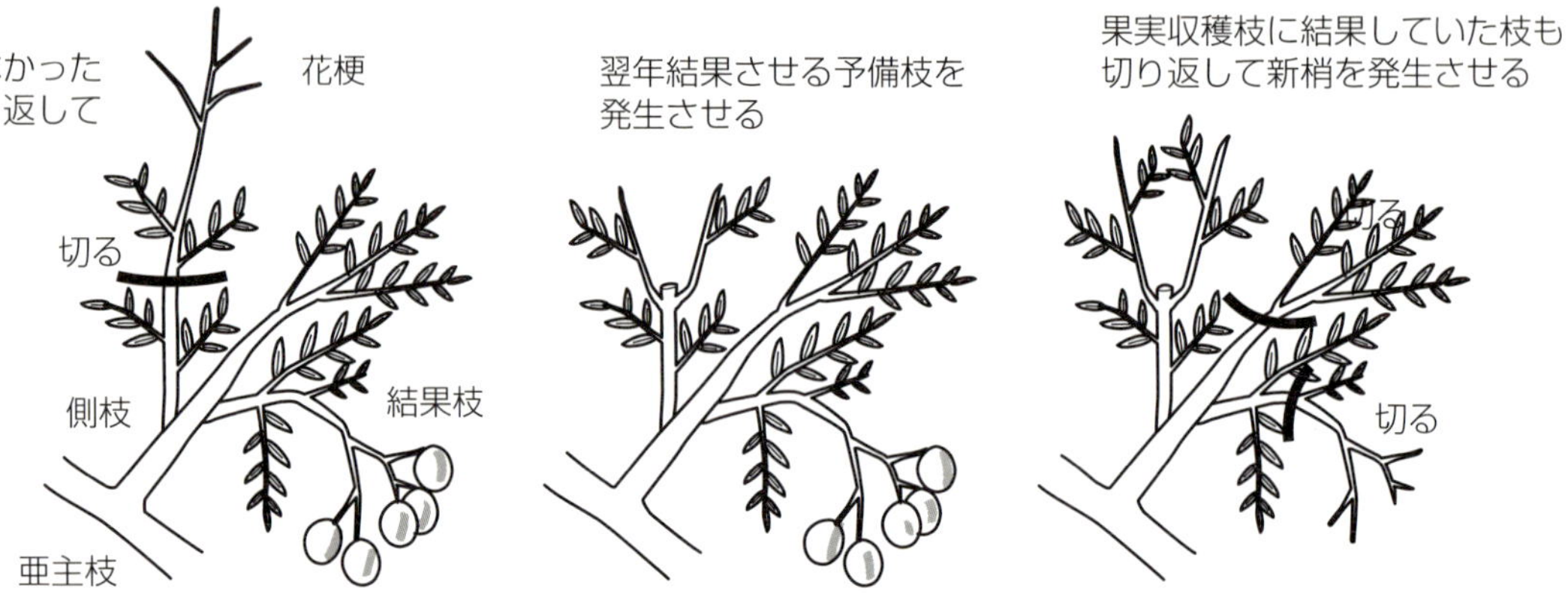
結果しなかった
枝は切り返して

翌年結果させる予備枝を

果実収穫枝に結果していた枝も

図 3-29-1　結果枝と予備枝を半々に

果実生産が行なわれ、残りの半分は次年度のための予備枝として生育させる（図2-29-1）。

かん水の重要性

花芽発育期から果実生産期にかけてのかん水はレイシに準じる。

レイシよりも豊産性

リュウガンはレイシに比べて豊産で（写真2-29-2）、一花房中に着果する果実がはるかに多くなる。全部成らせると果実が小さくなるので、一果房当たり二〇～三〇果程度に間引き摘果するとよい。

リュウガンの結果状態（写真 2-29-2）

収穫期は九月以降

四～五月に開花・結実したものは九～十月に成熟する。レイシよりも果実の生育期間が長い。レイシは適期に収穫しないと落果しやすいが、リュウガンは成熟しても果実が成ったままである。また、果皮色は熟しても茶色のままで、レイシのように変化しない。このため、とり遅れることが多いが、樹上に長く貯蔵できる。過熟になると果肉が発酵してくるので、果実を試しに収穫して十分な糖度があると判断したら、随時収穫する。

リュウガンの大果系品種（写真 2-29-3）

中国人が好む栄養価の高い果実

リュウガンは生食しても甘くて美味しいが乾果としての利用も多い。カルシウム，リン，鉄分，アデニン，コリンなど，栄養価が高く，乾燥させたものは滋養強壮剤として伝統的な漢方薬である。また，薬膳料理の材料としてなくてはならないものである。さらに，中国では婚礼の引き出物その他縁起物として，日常生活に深く浸透している果物でもある。

わが国には大きさの異なる品種が導入されている。写真は筆者が和歌山県で結実させた品種の一部である。フクヤンとタイウイエンは果実が大きいが，糖度は 15 ～ 16 度で，その他の小さな品種では糖度が 20 度を超えるものが多かった。

栽培が容易で着果性がよいリュウガンは，わが国でもっと栽培されてもよい品目の一つである。

Data

- フトモモ科フトモモ属，マレー半島，アンダマン諸島，ニコバル諸島原産。
- おもな品種　タップティムチャン，チョンプー（タイ），黒真珠（台湾）など。
- 3～5月にかけて開花がみられる。両性花。
- 開花後1.5～2ヵ月で成熟，5～7月に収穫できる。

レンブ

java apple, wax jambu

（レンブ栽培暦（石垣市））

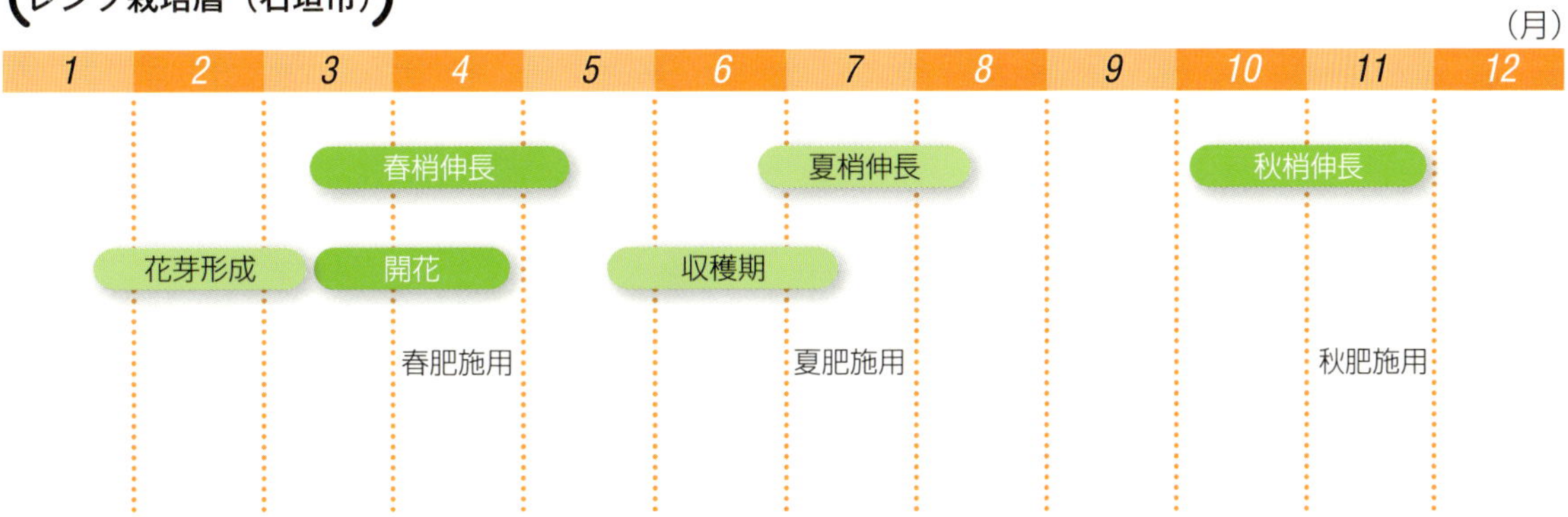

（月）
1 2 3 4 5 6 7 8 9 10 11 12
春梢伸長
夏梢伸長
秋梢伸長
花芽形成
開花
収穫期
春肥施用
夏肥施用
秋肥施用

① 生育の特徴とつくり方

冬季は室内で保温

熱帯・亜熱帯気候での栽培に適する。生育適温は二五～三〇℃であるが、沖縄では露地栽培でよく結実している。露地での越冬は鹿児島県の無霜地域でぎりぎりか。本州での栽培は冬季の保温が必要である。

レンブの近縁種であるフトモモも同じような環境下で栽培できるので、これも栽培してみるとおもしろい。フトモモの果実のほうが糖度は高い。

レンブの台木にフトモモを使用

レンブの種子は不完全なものが多く、台木用の種子が得にくい。一方、近縁種のフトモモの果実中には大きな種子が入っている。このフトモモの実生を台木としてレンブを接ぎ木してみたが、親和性がよく結実している。フトモモへの接ぎ木はすこぶる容易である。

湿潤土壌でもよく生育

土質は選ばない。果実生産には水分を多く必要とする。弱酸性土壌がよいが、アルカリ土壌でもよく生育している。

虫媒花でよく結実する

花は側枝の葉腋に着生し、花自体を楽しむこともできる（写真2-30-1）。春季から初夏にかけて着花する。着花しない場合は、新梢を充実させてから乾燥ストレスを与

レンブの花
（松浦正博提供）
（写真 2-30-1）

えてやれば着花する。

観賞用果樹としての価値

大きく白色をしたレンブの花は観賞用として優れる。しかし、近縁種のマレーフトモモの花はピンクから紅色をしており、開花した花が地面に落花して赤いカーペットを敷いたようになる様は壮観である。

② 果実の成り方と仕立て方

ポット栽培でも容易に結果

結実性がよいので、二〇ℓポットの栽培でも容易に結実させられる。盃状形整枝にすると徒長枝が多く発生する。カンキツのような開心自然形のほうが栽培しやすい。

台湾やタイでは、優良品種が選抜されている（写真2－30－2）。果皮色には赤色系、緑色系、白色系がある。沖縄などから三年生以上の大苗を購入すると、翌年には着花する。

収穫後にせん定してコンパクトに

収穫後に枯れ枝や密集した枝、直立した徒長枝を間引く。その後に伸びすぎた枝を切り返しせん定する。切り返し程度が強すぎると徒長枝が発生し、翌年の開花時期も遅れる。

タイの優良品種「タップティムチャン」（写真 2-30-2）

水ストレスで容易に花芽分化、分化後はこまめにかん水

新梢が発生して伸長を停止し、葉の緑色が濃くなって、次の発芽に備えて先端の芽が膨らみ始めた頃がもっとも枝が充実したときである。発芽してしまうと貯蔵養分が芽に取られてしまうので、発芽する前に乾燥や低温ストレスで発芽できないようにしてやると花芽が分化してくる。

わが国では、冬季の低温で生長が停止し、地温が低くて水分を吸い上げられない状態になるので、かん水量をやや控えめにするだけでも花芽は容易に分化して、気温の上昇とともにその花芽が動き出してくる。花芽が確認できたら、かん水を怠ってはならない。毎日こまめにかん水することで、大きな果実が収穫できる。

収穫期は着色で判断

赤色系の品種は真っ赤に着色するので収穫適期がわかりやすい。着色後樹に長く置くと落果するので、その前に収穫する。白色系品種では熟期に緑色から白色に変化するから判断できるが、緑色系ではやや困難である。特別に甘い果実ではないが、サクサク感とみずみずしさを味わえる果物である。

食味は淡白

レンブ（写真2－30－3）の食味は淡白であるが、ミズレンブに比べればやや良好である。生果として食べる場合には、塩水か砂糖水に浸けてから食べるほうがおいしい。砂糖漬けにしたお菓子として加工することでよりおいしくなる。

カットしたレンブの果実（松浦正博提供）（写真 2-30-3）

＊以下は、純熱帯性果樹で一定の栽培環境が必要ながら挑戦してみるのもおもしろい四種を紹介した――

Data

- パンヤ科ドリアン属，ボルネオ，スマトラ，マライ原産。
- おもな品種　チャニー，モントン，カドゥン，カンヤオ（タイ），D-24（マレーシア）。
- 石垣島で6月に開花した。人工受粉して結実に成功したが，収穫には至らなかった。
  果実は受粉後4ヵ月で落果するので，順調に生育させられれば10月に収穫されるはず。
- 両性花で夜に開花して花粉を放出。一夜限りの開花で受粉させねばならない。熱帯ではコウモリが受粉させるというが，タイでは人工受粉も行なっている。

ドリアン

durian

（ドリアン栽培暦（石垣市ハウス栽培））

① 生育の特徴とつくり方

純粋な熱帯性果樹

純熱帯性果樹で、最低気温一五℃以下のところでは栽培されていない。また、二〇℃以下では花粉の発芽力が低下し、受粉しても結実しにくい。樹勢が強く、放っておくとまっすぐ上方向に伸びて一五m以上の大木となる。

酸性土壌で栽培

pH七・五以上のアルカリ土壌での生育は悪い。フロリダ州のマイアミはアルカリ土壌なので、酸性土壌を客土して栽培している。

ポット栽培では微量要素の欠乏症状が出やすいので、養液土耕栽培用の液肥（大塚化学のタンクミックスAとBなど）を定期的にかん水に混ぜてやるとよい。

フィトフトラ菌に弱い

樹勢は強く生育も早いが、枝や幹にフィトフトラ菌が入って枯らしてしまうことが多い。雨風が強いとこの病気になりやすいので、雨風を防げる場所での栽培に限る。

定植三年後で着花

石垣島で接ぎ木苗を九〇ℓプラスチック製鉢に定植し、三年後には着花した経験がある（写真2-31-1）。タイでは定植後四～五年たって、枝が太くなってから結実させている。

ドリアンのポット栽培樹。
（下地俊充提供）
（写真 2-31-1）

2 果実の成り方と仕立て方

ポットでの根域制限栽培

一〇〇ℓ程度のポットに、排水性のよい有機質に富む栽培用土を入れて、接ぎ木苗を定植する。日本でのポット栽培経験から、ポットの中で根がいっぱいに詰まってしまうと急に微量要素欠乏症状を呈して衰弱する。鉢増ししてやると急に回復する。このため、ポットは将来容積を増やせる構造のものがふさわしい。

例えば、深さは五〇cm程度もあればよいから、プラスチック性の波板を購入し、これを二重にして円形とし結束バンドで固定する。この円筒の内側に防根透水性不織布を入れてから土壌を入れる。不織布は将来の拡張を想定して大きめのものとし、波板の外側に垂らしておく。拡張時には結束バンドを緩め、二重にしておいた波板を引き出して円周を拡大し、用土を加えてふたたび結束バンドで固定する（11ページ参照）。

一年目は直射光で日焼けしやすいので、多少の遮光をして保護してやる。直接雨や風が当たると病気になりやすいので、ハウス栽培が必須となる。樹高を二m以下に抑えても、枝は横方向に半径三mは伸びる。そのことを考慮した大きさのハウスが必要となる。

主枝は横方向に伸びる

ドリアンはスギやヒノキのように幹はまっすぐ上に伸び、主枝は横に伸びる特性をもつ。これをどのように仕立てるかというと、定植したら主幹を地上二m程度までまっすぐに伸ばしてから切り返す。先端部から発生する新梢は徹底的に切除する。地上七〇cmの上から発生してくる主枝（候補枝）を、放射状に外側に誘引しながら伸ばしていく。上下で枝が重ならないように間引きしながら配置する。

主枝は自分の重さで下垂する傾向があるので、斜め上方向に枝吊りをする。主枝の基部に発生する側枝は早めにかき取り、付け根から一m程度までは側枝を置かない。そして一mから先にできるだけ多くの枝葉をつけて、主枝を肥大させる。つまり

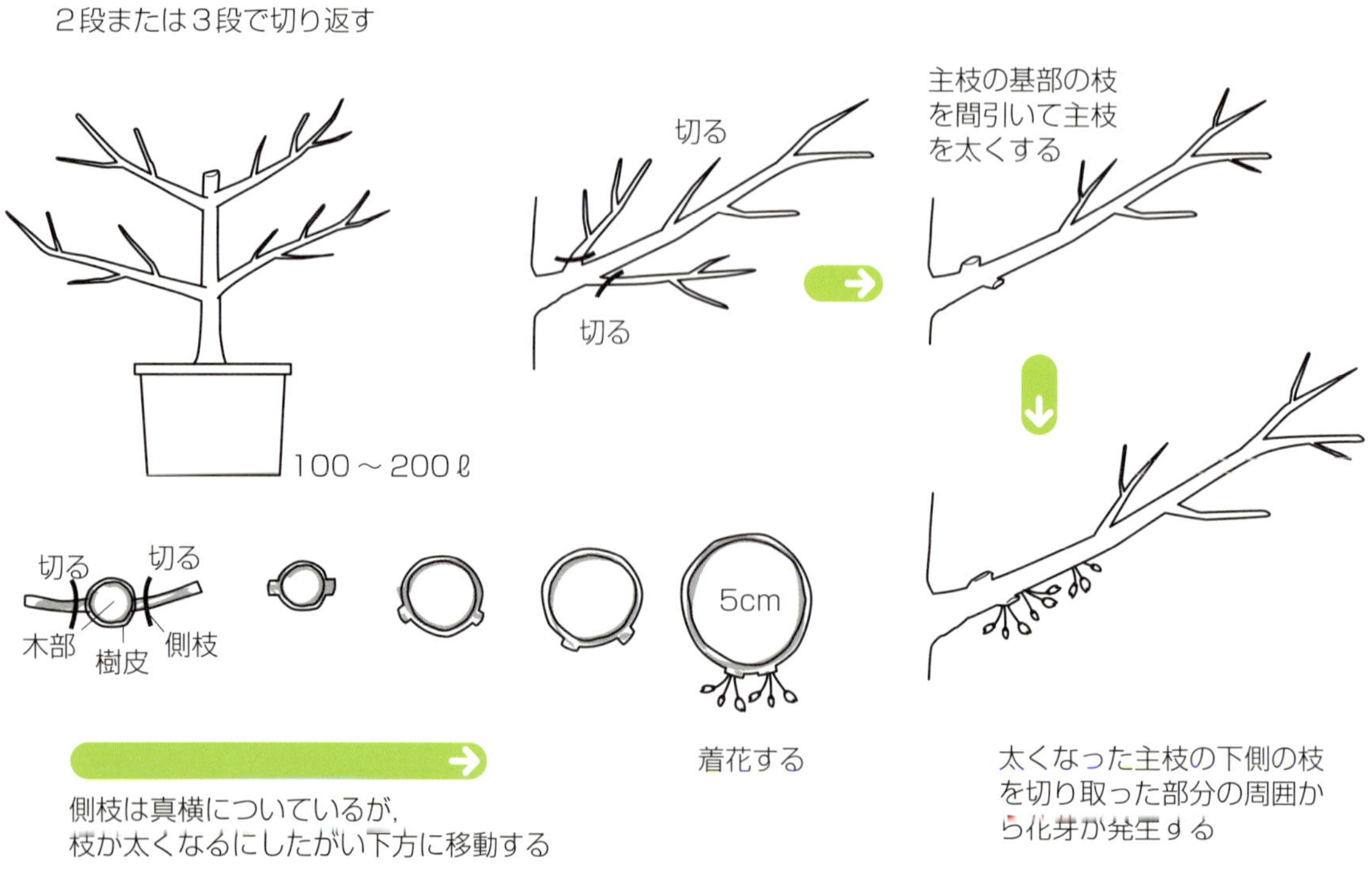
2段または3段で切り返す
100～200ℓ
切る
切る
主枝の基部の枝
を間引いて主枝
を太くする
切る
切る
木部
樹皮
側枝
5cm
着花する
側枝は真横についているが，
枝が太くなるにしたがい下方に移動する
太くなった主枝の下側の枝
を切り取った部分の周囲か
ら花芽が発生する

図 2-31-1　ドリアンの整枝法と結果部位（葉は省略）

樹冠の内部は主枝だけで、枝葉のない裸枝とする。

ドリアンの花（6月22日、石垣島）（写真2-31-2）

ドリアンの結実（写真2-31-3）

早く主枝を太らせ、花芽をつける

主枝がある程度の太さにならないと着花しない。施肥とかん水をこまめに行ない、主枝を早く太らせることが、早く着花させる秘訣である。また、主枝に日光が当たるように上部の枝葉を間引いてやることも着花を促進するポイントだ。

花芽は、主枝の太さが基部の直径で五cm程度くらいになると、主枝の下部から出てくる。これは、主枝の横方向から発生した枝を間引いた切り口が、主枝上面の肥大に伴ってしだいに下面に移動し、この切り口の痕跡部周辺から花芽が出てくるからである。早く主枝を太くするということは、花芽のつく枝の切り口を早く主枝の下面に移動させるということである（図2-31-1）。

夜中に人工受粉する

花は枝の下部に直接つき（写真2-31-2）、夕方から開花して翌朝には終了する。夜中に雄しべから花粉が放出されるのを待って、鶏の羽などで撫でるようにして長く伸びた柱頭に花粉を付着させる。「モントン」という品種などは自家結実性が高いが、異品種を栽培して他家受粉することで結実性が高くなる。

収穫は落果を待つ

人工受粉が成功しなかった花は開花後四日程度で落花する。受精に成功した花の幼果は一週間で薄茶色から薄緑色に変わり、子房が急速に肥大を始める。受粉二週間後には果皮表面の刺状突起も顕著になってくる。受粉から五週目以後一三週までは果実の肥大がより急速になり、その後は肥大速度が緩慢となって一六週で落果に至る（写真2-31-3、結実状態の写真）。

落果した果実を収穫するのがベストであるが、いかに分厚くて硬い果皮をもつドリアンでも高所から落ちると傷がついて腐敗や急速な追熟の原因となる。そこで、ビニル紐などで果実を個別に縛って枝に誘引しておき、果実が落果する直前に果梗を切断して収穫し、樹の下で待ち構えている人に果実を放り投げて受け止めてもらう方法が取られている。果実を受け止める人は命がけである。

食べ頃は打音で

収穫した果実は室温で置いて追熟させる。木の棒で果皮をたたいた音（打音）の状態で食べ頃の果実を見分けている。我々がスイカの熟れごろを手でたたいて打音で見分けるのと似ている。

種衣を食べる

分厚い果皮の内側には一三個程度の大きな種子があり、この種子の周りを包み込んでいる「種衣」という部分を食べる。追熟が順調に進み食べ頃の種衣は軟らかいチーズのような食感で甘くておいしいが、過熟になると軟らかくなり強烈な臭気を発するようになる。このような状態の果実に出会った人は大変不幸である。

やや未熟な果実を収穫して、追熟していない種衣を薄くスライスして油で揚げたものは、ドリアンチップスと呼ばれ、これだと匂いの嫌いな人でも食べられるはず。

Data

- オトギリソウ科フクギ属，スンダ列島，マライ半島原産。
- おもな品種　品種はとくになく，単一種のみ栽培されている。
- 雌雄異株とされるが，雄株は見られず，仮雄しべをもつ雌株のみがみられる。
- 単為生殖により雌株のみで結実して果実内に種子ができる。この種子は遺伝的に母樹と同じであるので，同一種のみが増殖されて栽培される。
- 石垣島のハウス栽培では２～３月に開花，８月に収穫。

マンゴスチン

Mangosteen

マンゴスチン栽培暦（石垣市ハウス内）

（月）

1	2	3	4	5	6	7	8	9	10	11	12
		春梢伸長			夏梢伸長			秋梢伸長		秋梢伸長	
	開花期	開花期	果実肥大期	果実肥大期	果実肥大期	果実肥大期	収穫期	収穫期			
土壌乾燥	かん水量増加	かん水量増加							かん水は少なめに	かん水は少なめに	土壌乾燥
		春肥施用			夏肥施用			秋肥施用			

① 生育の特徴とつくり方

石垣島では無加温ハウスでも越冬

ドリアンと同様、純熱帯性の果樹であるが、石垣島では無加温ハウスでも越冬している。冬季一〇℃以上を維持できれば越冬可能である。

熱帯では一〇mを超える高木となるが、わが国では根域制限することと、冬季の低温による生育停滞とで、三m程度に維持することは可能である（写真2-32-1）。

結実したマンゴスチン。90ℓポット栽培
（写真 2-32-1）

酸性で排水性のよい肥沃な土壌で栽培

ドリアン同様、pH五・〇～六・五の酸性土壌での栽培に適している。アルカリ性土壌だと、すぐに微量要素欠乏症状が出る。

また、熱帯地方では低湿地帯でもうね立てして栽培されているが、このような土壌水分の多い地域では樹ばかり大きくなって結実しにくい。やはり排水性のよい肥沃な土壌で栽培し、花芽分化のための乾燥ストレスを与えやすい条件で栽培すべきである。

ポット栽培なら定植後三～五年で結実

マンゴスチンの特徴は雌の樹しか存在せず、単為結果して果実中に種子が形成されることである。着花しだせば勝手に結実してくれるのである。

着花し始めるまでに年数がかかるのが問題だが、石垣島では接ぎ木苗をポットで根域制限して栽培することで、定植後三～五年で結実させられることを実証している。

② 果実の成り方と仕立て方

小枝の先端に花芽がつく

樹の生育はドリアンと同様、主幹がまっすぐ上に伸び、主幹から多数の主枝（横枝）が発生する。主枝から亜主枝を発生させ、亜主枝から側枝を、側枝から小枝を多数発生させる。この小枝の先端に花芽がつく。

ポットでドリアンと同様に栽培

接ぎ木苗で、できる限り大きな苗木を購入する。ポット栽培で主幹形整枝とする。地上から三m程度で切り返し、その後は先端部から発生する芽をすべてかき取り、下部の枝葉を増加させるように肥培管理する。

直射光が当たると葉に日焼けを起こしやすいので、少し遮光して栽培する。気温は三五℃以上にならなければ高いほど生育がよい。かん水と施肥はこまめに行ない、湿度は高めで栽培すると生育がよい。

水ストレスで花芽をつける

樹が三m程度の高さになったら、冬季から春先にかけてかん水は、土壌から蒸発する分を補う程度とし、日中に葉が萎れても、翌朝には回復する程度の乾燥ストレスをかけ続ける。

春先に新芽が発生する前に、最先端部の枝の軸が萎れるほどの水ストレスを一ヵ月ほど与えてからかん水量を増やすと、枝の先端部が割れて丸い花芽が出てくる。この水ストレスの与え具合が成否のカギとなる（写真2-32-2①、②、③、写真2-32-3）。

かん水しだいで葉芽にもなる花芽
（写真 2-32-2）

ここまでくればかん水してもきちっと花芽に（写真 2-32-2）

花芽になったらかん水して肥大させる
（写真 2-32-2）

ストレスがきつすぎれば落葉して衰弱してしまうが、落葉しても日焼けさえさせなければ、かん水で新芽が発生する。

収穫期は果皮の色で判断

果実成熟期に緑色の果皮がピンク色になり、その後黒紫色になったら収穫する。収穫した果実はただちに食べることができる。ちなみに、石垣島のハウス栽培では二～三月に開花し、八月に収穫した。

マンゴスチンは国内の温室で結実した記録があるが、開花後の生理落果などが見られ、安定的な果実生産技術はまだ確立されていない。安定生産のための肥培管理法の開発に挑戦しなければならない。

夕方６時に開花したマンゴスチンの花
（写真 2-32-3）

Data

- ムクロジ科ランブータン属またはトゲレイシ属，マレーシア，インドネシア原産。
- おもな品種　ロングリエン，シーチョンプー（タイ），ジットリー，デリチェン（シンガポール），R-134，R-162（マレーシア），シーマットジャン（フィリピン）。
- 雄木と雌木があり，虫媒花である。栽培品種は雌木で、雄花、雌花と両性花がつくが、雄花の数はごく少ないので、結実しにくい。
- 開花後13～16週で果実成熟期となる。果実の急激な肥大は，肥大後期にみられる。

ランブータン

（ランブタン）

rambutan

（ランブータン栽培暦（石垣島ハウス栽培））

1	2	3	4	5	6	7	8	9	10	11	12（月）

- 休眠期（1月中旬～4月）
- 夏梢伸長（7月）
- 秋梢伸長（9月～10月）
- 花芽形成（5月）
- 出蕾・開花（6月～7月）
- 果実肥大（8月～10月）
- 成熟（11月）
- 春肥施用（6月）
- 夏肥施用（8月）
- 秋肥施用（11月）
- 休眠期のかん水は少なめに
- かん水を多めに
- 果実肥大期に十分なかん水を
- 整枝・剪定

90ℓポットで結実させたランブータン樹（写真2-33-1）

① 生育の特徴とつくり方

冬季一〇℃以上で越冬可能

ドリアン、マンゴスチン同様、純熱帯性の果樹だが、石垣島では無加温ハウスでも越冬している。冬季一〇℃以上を維持してやれば、越冬可能である。熱帯では一〇mを超える高木となるが、わが国では根域制限することと冬季の低温による生育停滞とで三m程度に維持することは可能である（写真2－33－1）。

酸性土壌を好み、強風の当たるところは避ける

酸性土壌での栽培に適し、アルカリ性土壌では微量要素欠乏症状が出る。養液土耕栽培用の液肥を定期的にかん水に混ぜてやるとよい。

また乾燥した強風に当たると落葉しやすいので、強風の当たらない場所で栽培する。土壌乾燥に弱いので、こまめにかん水してやる。

ポット栽培で結実

ランブータンには雄木と雌木があり、両者を混植すると結果性が高まる（虫媒花）。しかし、栽培品種はたいてい雌木だけである。雌木の花房には雄花、

ランブータンの結実（写真 2-33-2）

雌花と両性花がつくが、雄花の数はごく少ない。雄花の数が少ないことが、結実しない原因である。雄花数を増やすには、植物生長調節剤のNAA（ナフタレン酢酸）を花芽分化期に散布するとよいが、わが国では農薬登録がない。

石垣島では接ぎ木苗をポット栽培することで、定植後三〜五年で結実させている。

❷ 果実の成り方と仕立て方

レイシ、リュウガンと同じ栽培で

ポット栽培が可能で、レイシやリュウガンと同様の植付け、整枝せん定、肥培管理でよい。前年生枝の先端部に着花するので、春先に前年生枝を切り返してはならない。秋季に環状剥皮することで着花数が増加する。

熟期は色で判断

品種により成熟期の果皮色が黄色系と赤系のものがある。果実の成熟期には緑色の果皮がだんだんと品種固有の色に近づいてゆく。やや酸味の残る味が好きな場合は着色初めに収穫し、酸味の少ない味を好む場合は完全着色したものを収穫する（写真2-33-2）。収穫した果実はすぐに果皮を除いて食べられる。

ランブータンについてもう一言

収穫した果実は，すぐにゴム様の感触があるトゲだらけの皮をむいて食べる（左写真）。乳白色半透明な種衣（果肉）が種子をおおっているので，これを種子ごと丸かじりする（右）。レイシよりはるかに大きく食べごたえがある。

品種によっては果肉が種子にこびりついて分離しにくいものがある。分離しやすい品種のほうが食べやすいが，この場合，種子と果肉の境目にある木質化した種皮が混ざり，食感を損なうこともある。

糖度は 17 〜 20 度で，滴定酸度は 0.18 〜 0.55%で，糖酸比が高くて甘い。収獲後に高温に置かれると果皮が 3 日程度で茶色く変色するが，10 〜 15℃だと 6 日間程度は変色しない。ポリエチレン袋に入れてこの温度で貯蔵すると，果汁の減少はきわめて少ない。

なお，7℃以下での貯蔵は低温障害を引き起こすことがある。

ランブータンの果皮をはいだ状態

Data

- パンヤ科マティシア属，南アメリカ北部原産。
- おもな品種　とくになし。
- ドリアンやジャックフルーツ同様に幹や枝に直接着花し，結実する。受粉はハミングバード，ミツバチなどで行なわれる。
- 日本での栽培経験はないが，フロリダで結実している。酸性，アルカリ性土壌とも生育し，乾燥地帯でも生育している。ブラジルでは８～10月に開花し，２～３月に収穫，フロリダでは１～２月に開花し，11月に成熟する。果実は腐るまで樹についたままである。

チュパチュパ

chupa-chupa

（チュパチュパ栽培暦（ハウス栽培、フロリダの情報より作成））

（月）
1
2
3
4
5
6
7
8
9
10
11
12
春梢伸長
夏梢伸長
秋梢伸長
花芽分化期
発芽期
開花期
果実肥大期
収穫期
せん定
かん水減少
土壌乾燥
かん水量増加
春肥施用
夏肥施用
秋肥施用

① 生育の特徴とつくり方

ドリアンと同じパンヤ科の果樹

生育が早く、一〇mを超える高木となる。しかし、根域制限による低樹高栽培が可能である。栽培法はドリアンと同じでよい。フロリダではアルカリ土壌でもよく生育しているから、ドリアンよりも土壌を選ばない。

チュパチュパの果実（写真 2-34-1）

② 果実の成り方と仕立て方

果実は主枝に直接つく

ドリアンと同様に、主枝や亜主枝に直接果実が着生する。果実はココヤシの実に大きな傘状のヘタをかぶせたような外観である（写真2-34-1）。果肉はオレンジ色で、種子の周りに多数の繊維がある（写真2-34-2）。種子の周りの果肉をチュパチュパと舐めるように食べることからチュパチュパという名がついたとか。果肉は非常に甘く美味で、日本人好みであると思われる。

その断面（写真 2-34-2）

資　料

資料１　○品種や台木の信頼性が高い熱帯果樹品種の苗木を購入できる苗木業者

ゆす村農園㈲	〒899-2514	鹿児島県日置市 伊集院町中川 604-1 info@yusumura.com http://yusumura.com/	TEL. 090-3664-4421 （お客様担当者：東愛理）	FAX. 099-255-7493	日本でもっとも多くのトロピカルフルーツ品種を保有

資料２　○用意しておきたい資材，道具

ポット	（20ℓ，40ℓ，60ℓ，90ℓ等，栽培品目に応じて）
栽培用土	山土，ピートモス，パーライトを 2:1:1 の割合で混合する
土壌施用する肥料	緩効性有機肥料（5:5:5 または 8:8:8），ＩＢ化成（10:10:10），長期肥効肥料（三菱化成ロング 120，ロング 180）等，必要に応じて
	BM ヨウリン，苦土石灰
	完熟バーク堆肥，土壌表面防草マルチ用ココピート
葉面散布する肥料	メリット等の微量要素複合葉面散布液肥
薬剤散布器	肩掛け式農薬散布器，ハンドスプレー（電動家庭用動力噴霧器とホースおよび噴霧ノズルのセットがあれば楽に薬剤散布や葉面散水によるダニやホコリの洗い流しが可能）
バケツ	10ℓ，20ℓ
貯水タンク	200ℓ
せん定・接ぎ木用具	せん定鋏，せん定用ノコギリ，トップジンＭペイストやバッチレート等の切り口癒合剤，接ぎ木ナイフ，研石または 800 番以上のサンドペーパー，接ぎ木用結束テープ，パラフィルム（メデール），誘引用紐，誘引用針金とペンチ，イボ竹等の支柱
その他の用具	スコップ（角と剣），土壌攪拌用平底トレイ（１m×１.２m程度）
かん水用具	ホース，かん水用ハスロ，自動かん水用タイマー，ドリップかん水用セット
簡単ハウス	市販の車庫用パイプガレージにビニールを被覆したもの，または１坪，２坪用パイプハウスのセット．直径 22㎜パイプでこしらえる簡易ハウス等。いずれも，台風にも飛ばされないようにするには土木現場の足場用パイプで枠組みを補強する必要がある

資料３　○資材一覧と価格例

資材（商品）名	価格 / 単位当たり円 例＊	購入上，注意すべき点など
果樹，庭木用 60ℓ鉢（黒）	1,580 円	太陽光線で劣化しにくいものを選ぶ。底部からの排水が十分にできる大きな穴があること
不織布ポット	1,600 円 /200ℓ， 1,000 円 /100ℓ	低価格の薄手のものは根がポット底部から外に出て，根域制限が十分にできないので注意
ウール植生ポット資材（土中埋め込み用）	280 ～ 960 円 / 袋	根がポットの外に出てもよい。一時的な根域制限効果が期待できればよい
電熱温床線 「農電ケーブル 2-450」	4,480 円 /40 m	単相、200 V× 500 W× 40 m，約２坪。 100 ボルト家庭用電熱線も市販されているが，温床の熱量が少ない。防水コーティングに傷があると漏電するので要チェック
電熱線用サーモスタット 「農電サーモ ND-720」	17,800 円	防水性が悪いものは漏電する可能性が高くなるので注意

資料３　○資材一覧と価格例

資材（商品）名	価格 / 単位当たり円 例 *	購入上，注意すべき点など
簡易小型ハウス「菜園ハウス」	14,800 円～ 80,000 円	間口 2.2 m，奥行 3.6 m，高さ 2 m。市販のものは強風に耐えられない場合が多いので，台風対策として鉄パイプ資材で補強する必要がある。サイドビニルの巻き上げ装置のあるものを選ぶ
ポット用栽培土	998 円（40ℓ入）	未熟な堆肥や厩肥が混入されていないもの。排水性のよいものを選ぶ。市販の栽培用土にパーライトや鹿沼土などを混ぜて排水性をよくすることが望ましい
ソフトスプリンクラー（4 本入り）	898 円	散水範囲 10 ～ 20㎝。石灰などのミネラルが多い水をかん水すると目つまりしやすいので，雨水か水道水で使用する
ミストスプリンクラー	798 円	散水範囲 30 ～ 60㎝。ソフトスプリンクラーと同様で，砂粒やごみでの目つまりを防止するためには，フィルターで濾した水を用いて散水する
散水チューブ	1,680 円 /10m	日光で劣化しにくいもの。散水量が遠方側であまり低下しないものを選ぶ
水やりタイマー	8,980 円	最低でも 1 時間単位でかん水できる設定が可能なもの
枝誘引ヒモ「ＰＶトワインロープ」3.5㎜	1,986 円 /290m	枝に食い込みにくい太さのものを選ぶ。幹の誘引には強風時に引きちぎられない丈夫なものを。ただし，きつく巻きすぎて幹に食い込むと樹勢が低下して，誘引部で折れる可能性があるので，定期的に誘引ヒモを緩めるか，1 年程度で自然に劣化して分解するものを用いて，毎年誘引をやり直す
遮光シート	600 円 / m	アルミ製， 55%，幅 2 m。栽培樹種や目的に応じた遮光率のものを選ぶ。たとえば，果実の日焼け防止などには 40% 程度の，接ぎ木後の穂部の日焼け防止には 60% 程度の遮光率のものを選ぶ
接ぎ木テープ「ニューメデール」	798 円 /5 m（25㎜幅）	接ぎ木の用途に応じた幅や強度のものを使い分ける。太い枝の高接ぎでは幅広の強度が強いものを，芽接ぎなど強度の必要ないものでは薄くて芽が伸びやすいものを選ぶ
癒合剤	648 円	市販のもので十分だが，殺菌剤の含まれるもののほうが切り口の腐敗を防止できる
電池式農薬散布器	2,980 円	電池の接触が悪くなりにくい構造のものを。使用後には電池を抜き取るべき。充電式だと便利
肩掛け半自動農薬噴霧器（9ℓ）	5,480 円	自分の体力に合った容量のものを購入。10ℓ以上の農薬を肩にかけて噴霧するのは重労働
植樹防草シート No.3	340 ～ 400 円 /㎡	ポリエステル長繊維不織布。谷口産業製
植樹防草シートハードタイプ	2.1m × 100m で 13 万円	高密度ポリエステルスパンボンド不織布
植物の根茎侵入抑止資材ルートストッパー	7,000 円 /㎡	ポリエステル長繊維不織布
植樹防草シート屋上緑化用資材	400 円 /㎡	強化ポリエチレン
防草防根シート「パオパオ 90」	250 円 / m	1.2 m幅
防霜シート「パオパオ」	120 円 / m	1.2 m幅
防虫ネット	360 円 / m	幅 1.5 m， 1 ㎜目，透明
防風ネット	200 円 / m	4 ㎜目のものが一般的であるが， 2 ㎜目のほうが防風効果が高い，ただし，防風効果が高い網目の小さなネットを使用する場合は，ネットを支える支柱も頑丈にする必要あり
土木作業用 48㎜鉄パイプとユニバーサルクランプ	6m ものの直管が約 3,000 円，自在クランプは 200 円程度	市販のものでよいが亜鉛メッキが十分なものでないと土に触れる部分が錆やすい。また，パイプの上部から雨水が入らないように穴にプラスチック製の栓をすることで，内側からの錆が防止できる

＊ホームセンターなどで筆者が確認した店頭価格。あくまで目安です

樹種	病害虫名	症状と発生しやすい条件	効果的な薬剤	その他の防除法
アセロラ	灰色膏薬病	カイガラムシの分泌物を栄養源として繁殖。膏薬を塗ったように枝幹の表面を覆う		カイガラムシを駆除する
	アブラムシ類		アクタラ顆粒水溶剤，アドマイヤーフロアブル，モスピラン顆粒水溶剤，モスピラン水溶剤	
	ハダニ類		ダニトロンフロアブル	
アテモヤ	ハダニ類		アタックオイル，マイトコーネフロアブル	
	コナカイガラムシ類		アドマイヤー顆粒水和剤	
アボカド	炭疽病	幼果期に感染して果皮の直下で潜伏し，収穫期に黒い斑点が拡大する		病気にかかった枝葉は切り取って焼却する。特に枯れ枝を除去する。果実に雨水がかからないように袋かけをする。耐病性の品種を選択する
	フィトフトラ根腐れ病	雨水が滞水しやすい地形や排水性の悪い土壌条件で発生しやすい。強風により根が切れた場合にも感染しやすい。干ばつや寒害などにより樹勢が弱ったときにも感染しやすい		抵抗性デューク-7の台木を用いる。排水のよい土壌に改良する。完熟堆肥を投入して，有益な菌の比率を増すことで，フィトフトラ菌の増殖を抑える
	コウモリガ	6～7月頃，幹や枝の中に幼虫が潜入し，形成層を環状に食害して枯死させる。虫糞が潜入部から吹き出しているので発見できる		針金などを食害部に挿し込んで刺殺する
	カメムシ	6～7月頃，果実が小さいときに種子中の液を吸うので，生理落果する。落果しない場合でも加害部が陥没し，果肉部にシコリが残る		防虫ネットで覆う
インドナツメ	コナカイガラムシ	風通しの悪い部分で増殖する。スス病の発生につながる		せん定で込み合った枝葉を除去して，風通しをよくする。テントウムシ等の天敵を用いる
グアバ*	ゴマダラカミキリムシ	樹皮に産卵し，幼虫が形成層部を環状に食害し，枯死させる	株元に木くずを発見したら，侵入口から殺虫剤を注入して殺す	針金などを食害部に挿し込んで刺殺する
	ミカンワタコナジラミ		サンマイト水和剤（グアバ果実で登録）	
	バンジロウツノエグリヒメハマキ		アクタラ顆粒水溶剤（グアバ果実で登録），スピノエース顆粒水和剤（グアバ葉で登録）	
	炭疽病	果面に円形で褐色の輪紋状の病斑が発生し，果実を腐敗させる	アミスター10フロアブル	病気にかかった枝葉は切り取って焼却する。雨水がかからないように果実に袋かけをする

資料 4　主要病害虫と生理障害およびその対策　(適用薬剤は 2013 年 11 月 20 日現在)

樹種	病害虫名	症状と発生しやすい条件	効果的な薬剤	その他の防除法
ゴレンシ（スターフルーツ）	ヤガ	果実が吸汁され，腐敗する		防虫ネットで覆う
	ハダニ類	葉に小さな吸汁痕ができ，緑色が薄くなる	カネマイトフロアブル，コテツフロアブル（カンザワハダニで登録）	水を散布して，葉の表面のホコリを洗い落とす
シロサポテ	コナカイガラムシ	風通しの悪い部分で増殖する。スス病の発生につながる		せん定で込み合った枝葉を除去して，風通しをよくする。テントウムシ等の天敵を用いる
	ヤガ	果実が吸汁され，腐敗する		防虫ネットで覆う
チェリモヤ・アテモヤ	ナメクジ	開花期に花を食害する	ラービンベイト 2 が果樹類に登録あり	株元に錆びた銅版を巻きつける
	カンザワハダニ		ダニトロンフロアブル（チェリモヤに登録） アタックオイル（アテモヤに登録）	
	コナカイガラムシ	風通しの悪い部分で増殖する。スス病の発生につながる	アドマイヤー顆粒水和剤（アテモヤに登録）	せん定で込み合った枝葉を除去して，風通しをよくする。テントウムシ等の天敵を用いる
ドラゴンフルーツ（ピタヤ）	炭腐病	果実や茎節を腐敗させる	ベンレート水和剤，アミスター 10 フロアブル	罹病苗木を持ち込まない。病斑を早めに切り取る
	裂果	果頂部が割れる		長く樹上に置かずに，着色したら収獲する。土壌水分の急激な変化をさせないよう，毎日少量かん水を行なう
	アブラムシ		アドマイヤーフロアブル	
パイナップル	パイナップルコナカイガラムシ	風通しの悪い部分で増殖する。スス病の発生につながる	ジメトエート乳剤，スプラサイド乳剤 40，ダイシストン粒剤	テントウムシ等の天敵を用いる
	根腐萎凋病	排水の悪い土壌で多発。葉が変色して先端部から枯死し，やがて株全体が枯死する	アリエッティ水和剤，オーソサイド水和剤 80	排水がよく，pH4.0 以下の土壌では菌の活性が衰える
	心腐病	夏季，雨季の風雨で葉の基部に感染し，株全体を腐らせる。排水不良園で発生しやすい	アリエッティ水和剤，フロンサイド水和剤	排水がよく，pH5.0 以下の土壌では菌の活性が衰える
パッションフルーツ	立ち枯れ病	感染で茎全体が急に萎れて枯れる		耐病性の黄色系実生苗木を台木とする。土壌消毒した土壌でポット栽培する
	疫病	茎葉，果実に多湿時に発生する。水浸状の軟腐病斑ができる	アリエッティ水和剤，リドミル MZ 水和剤，ダコニール 1000，アミスター 10 フロアブル	腐敗果実の除去，せん定して風通しをよくする
	円斑病	土壌中に生息し，降雨やかん水で開花期から収穫期にかけて，葉，茎，果実に感染し，円形の明瞭な斑点を生じる	ダコニール 1000，アミスター 10 フロアブル	雨よけ栽培とする
	炭疽病	茎，葉，成熟果実に感染。灰白色不整円形の病斑		罹病部の除去。せん定して風通しをよくする
	鉄，亜鉛欠乏症	ポット栽培を続けた場合，アルカリ性のかん水を続けた場合に発生する		鉄・亜鉛を含む微量要素肥料を年に数回施肥する

樹種	病害虫名	症状と発生しやすい条件	効果的な薬剤	その他の防除法
パッションフルーツ	アザミウマ		アドマイヤー顆粒水和剤	
	カイガラムシ		モスピラン水溶剤，モスピラン顆粒水溶剤	
	ハダニ		アタックオイル	
バナナ	黒星病	葉，果実，果軸の表面に黒色小粒点を群生する。降雨時に雨滴で伝染する	アミスター10フロアブル，ストロビードライフロアブル	排水と風通しを良くする。着果後に袋かけをする
	バナナツヤオサゾウムシ		アクタラ顆粒水溶剤，コテツフロアブル	
パパイア	ハダニ	葉に小さな吸汁痕ができ，緑色が薄くなる	アタックオイル，カネマイトフロアブル，ピラニカ水和剤，コロマイト乳剤	水を散布して，葉の表面のホコリを洗い落とす
	炭疽病	雨と風により伝播する。葉や花芽および果実に感染する。葉では不規則な病斑をつくり，花芽に感染すると着果しない。果実に感染すると，収穫後に黒い病斑が大きくなり，店持ち期間が短くなる	オーソサイド水和剤80，ダコニール1000	病気にかかった葉は切り取って焼却する
	軟腐病	冷涼，多雨期に水はけの悪い場所で多発。主幹の基部に水浸状の病斑が現れて腐敗し，樹全体が枯死する	コサイドボルドー	罹病茎や果実で増殖して伝染源となるので，早急に除去，焼却する。圃場の排水をよくする
	疫病	低温期の降雨により多発。根腐れや立ち枯れを引き起こす		病気にかかった葉は切り取って焼却する。土壌の排水性をよくする
ペカン（ピーカン）	ゴマダラカミキリ	株元に産卵し，幼虫が幹の樹皮下を食害して枯らす		針金などを食害部に挿し込んで刺殺する
	コウモリガ	幼虫が幹や主枝の樹皮下を食害して枯らす		針金などを食害部に挿し込んで刺殺する
マカデミア	ケムシ類	花芽が肥大しているときに食害する		見つけしだい，手で除去する
	ゴマフボクトウガ	株元に産卵し，幼虫が幹の形成層を食害して枯らす		木くずを見つけたら，侵入口に針金などを挿し込んで刺殺する
マンゴー	炭疽病	雨と風により伝播する。葉や花芽および果実に感染する。葉では不規則な病斑をつくり，花芽に感染すると着果しない。果実に感染すると，収穫後に黒い病斑が大きくなり，店持ち期間が短くなる	ジマンダイセン水和剤，ストロビードライフロアブル，アミスター10フロアブル，オーソサイド水和剤80，ベルクート水和剤	病気にかかった枝葉は切り取って焼却する。雨水がかからないように屋根かけをする。耐病性の品種を選択する
	うどんこ病	温暖，多湿条件で花房に発生する	トリフミン水和剤	雨除けをする

資料4　主要病害虫と生理障害およびその対策 （適用薬剤は2013年11月20日現在）

樹種	病害虫名	症状と発生しやすい条件	効果的な薬剤	その他の防除法
マンゴー	かいよう病		ICボルドー66D	
	軸腐病		スミレックス水和剤	
	灰色かび病		ロブラール水和剤，フルピカフロアブル，ボトキラー水和剤	
	カイガラムシ		モスピラン水溶剤，アプロードフロアブル，モスピラン顆粒水溶剤	
	コナカイガラムシ		ダントツ水溶剤，ベニカ水溶剤	
	アザミウマ	新葉が加害されると落葉する。果皮にサメ肌様の傷跡が残る	アドマイヤー顆粒水和剤，モスピラン水溶剤，アーデント水和剤，アクタラ顆粒水溶剤，ダントツ水溶剤，ベニカ水溶剤，アザミバスター水和剤	黄色の誘引粘着トラップ，シルバーマルチ，天敵の利用
	チャノキイロアザミウマ		スプラサイド乳剤40，アドマイヤー水和剤，コテツフロアブル，スピノエース顆粒水和剤，ボタニガードESほか	
	チャノホコリダニ		サンマイト水和剤	
	ドクガ		ロムダンフロアブル	
	ハダニ		スピンドロン乳剤，アタックオイル，バロックフロアブル，カネマイトフロアブル，ダニ太郎ほか	
	ミカンコミバエ		メチルオイゲノール，ユーゲサイドD	
	ハマキムシ		ロムダンフロアブル	
レイシ	ヤガ	果実が吸汁され，腐敗する		防虫ネットで覆う
	ゴマダラカミキリムシ	株元に産卵し，幼虫が幹の形成層を食害して枯らす		木くずを見つけたら，侵入口に薬剤を注入する
	コウノアケハダニ		アタックオイル	
リュウガン	ヤガ	果実が吸汁され，腐敗する		防虫ネットで覆う
果樹（苗木）	アブラムシ類		ダイシストン粒剤	
	グンバイムシ		ダイシストン粒剤	
	ハダニ類		ダイシストン粒剤	

●熱帯果樹に対する登録農薬は少ないが，果樹類として登録のある農薬は使用できる。実際の使用にあたってはラベルをよく確認し，間違いのないよう十分注意されたい。ルーラル電子図書館の登録農薬検索コーナーの作物名から登録農薬を探すこともできる。東京都病害虫防除所のホームページ（http:///www.jppn.ne.jp/tokyo）に熱帯果樹で登録農薬一覧表がある。

＊なお，グアバの葉は農薬取締法上は野菜なので，葉を食用として収穫利用する場合には果樹類で登録がある農薬は使用できず，野菜類で登録のある農薬を使用する。

あとがき

年齢を重ねると、「百果是真味」という言葉の意味が少しずつ理解できるようになってきました。さまざまな熱帯果樹にはさまざまな味があります。最高の環境で育て、最適な時期に収穫して、もっともおいしいときに食べる。しかも、食べる人の健康状態も健全でなければ真味は味わえません。私たちの発する情報で一人でも多くの人が熱帯果樹に興味を持ち、その真味を味わえる手助けになれば幸いです。

最後に、これまでにお世話になった諸先輩をはじめ、多くの農家や関係機関の方々からは多くのことを学ばせていただいた。ここに深く御礼申し上げたい。とくに鹿児島大学名誉教授の石畑清武氏には、著者が熱帯果樹栽培研究に取り組み始めた頃からさまざまなご指導と激励を頂いた。石畑氏の熱帯果樹への情熱を少しでも引き継いで、次世代に伝えるのが著者の役割でもある。

本書をまとめるにあたり、大変お世話になった農文協編集局に深く御礼申し上げる。

二〇一三年　十一月

米本仁巳

著者　**米本仁巳**（よねもと　よしみ）

元国際農林水産業研究センター生産環境分野長，農学博士。現在は，北海道の神内南方系果樹研究所長。著書に，『新特産シリーズ　アボカド』『新特産シリーズ　マンゴー』『熱帯果樹の栽培』『マンゴーの絵本』（以上，いずれも農文協）など。

温帯でこそ，より品質の高いトロピカルフルーツが栽培できることを多くの人に実践してもらおうと「日本熱帯果樹協会」（http://www.jtfa.info/）を立ち上げ，さまざまな情報発信も始めている。

庭先でつくるトロピカルフルーツ
小さく育てておいしい34種

2014年1月10日　第1刷発行
2022年1月10日　第6刷発行

著者　**米本仁巳**
発行所　一般社団法人　農山漁村文化協会
〒107-8668　東京都港区赤坂7-6-1
電話　03(3585)1142(営業)　03(3585)1147(編集)
FAX　03（3585）3668　振替　00120-3-144478
URL https://www.ruralnet.or.jp/

DTP制作／**フォークリリック**
印刷・製本／**㈱シナノ**

ISBN978-4-540-13110-3

だれでもできる
果樹の接ぎ木・さし木・とり木
―上手な苗木のつくり方

小池洋男編著／玉井浩ほか著　一五〇〇円＋税

苗木として仕立て上げる、あるいは高接ぎ枝が結果するまでのケアこそが、肝心カナメ。切り方、接ぎ方、さし方の実際から、本当に大事な接いだあとの管理まで豊富な図と写真で紹介。初心者からベテランまで役立つ。

カラーリーフ
―421種の樹木・草花と庭づくり

中野嘉明著　二三〇〇円＋税

木本約250種、草本約170種を収録、写真入りで葉色、耐寒・耐陰性、利用樹高や草丈等を紹介しつつ、葉色の系統、樹高（草丈）、常緑・落葉（夏緑）別に分類。カラーリーフガーデンの総括的ガイドブック。

大判　図解家庭園芸
用土と肥料の選び方・使い方

加藤哲郎著　二五〇〇円＋税

畑編とコンテナ編に分けて、コツを満載。畑では土のタイプで堆肥・土改剤・肥料を使い分けし、コンテナでは植物に合わせて容器・用土を選ぶことが第一歩。主要野菜34種、鉢花・ラン類などの施肥設計表つき。

発酵の力を暮らしに　土に
米ぬか　とことん活用読本

農文協編　一四〇〇円＋税

食べる―米ぬかでつくる暮らしの中の発酵食／ボカシ肥―名人の秘伝公開／畑の土を肥やす―米ぬかで土ごと発酵／田んぼの生きものを豊かに―生物たちが土をトロトロに／病害虫を防ぐ―米ぬか菌体防除法／米ぬか利用法

身近な素材―なんでもリサイクル
堆肥　とことん活用読本

農文協編　一一四三円＋税

身近な素材で堆肥づくり／堆肥のつかい方／いろいろな堆肥づくり／家畜糞尿を宝に変える／堆肥づくりの原理・素材の性質／伝統農法で利用されてきた落ち葉／山の落ち葉で腐葉土づくり／生ごみ／きのこが生える畑